普通高等院校"十三五"规划教材

会计学原理

KUAIJIXUE YUANLI

罗云芳　赵　利　张华英◎主　编

聂顺江　杨　蕊　杨　文　濮兆平　安永红　欧高林◎副主编

清华大学出版社
北　京

内容简介

　　会计学原理是财会类专业的一门重要必修课，也是经济学和管理学所属专业课程，特别是工商管理类专业普遍开设的一门重要基础课。本书较全面和深入地介绍了会计科目与账户、复式记账、借贷记账法在制造企业的应用、会计凭证、会计账簿、账务处理程序、财产清查、财务会计报告等内容。本书中既有详细的理论知识介绍，又有生动的案例分析，便于学生边学边练，轻松掌握书中内容。

　　本书适合高等院校财会类专业和独立开设会计学原理的经济管理类专业基础课程教学之用，也可作为其他会计工作者的培训教材和参考书。

图书在版编目（CIP）数据

　会计学原理 / 罗云芳，赵利，张华英主编. —北京：清华大学出版社，2018（2025.9重印）
（普通高等院校"十三五"规划教材）
　ISBN 978-7-302-50421-4

　Ⅰ.①会…　Ⅱ.①罗…②赵…③张…　Ⅲ.①会计学-高等学校-教材　Ⅳ.①F230

　中国版本图书馆 CIP 数据核字（2018）第 123019 号

责任编辑：刘志彬
封面设计：汉风唐韵
责任校对：宋玉莲
责任印制：刘海龙

出版发行：清华大学出版社
　　　　网　　　址：https://www.tup.com.cn，https://www.wqxuetang.com
　　　　地　　　址：北京清华大学学研大厦 A 座　　　　邮　　编：100084
　　　　社 总 机：010-83470000　　　　　　　　　　　邮　　购：010-62786544
　　　　投稿与读者服务：010-62776969，c-service@tup.tsinghua.edu.cn
　　　　质量反馈：010-62772015，zhiliang@tup.tsinghua.edu.cn
印 装 者：三河市铭诚印务有限公司
经　　销：全国新华书店
开　　本：185mm×260mm　　　印　　张：16.5　　　字　　数：404 千字
版　　次：2018 年 8 月第 1 版　　　　　　　　　印　　次：2025 年 9 月第 8 次印刷
定　　价：49.50 元

产品编号：080190-01

前　言

　　"会计学原理"也称"基础会计学"或"会计学基础"，是财会类专业的一门重要必修课，也是经济学和管理学所属专业课程，尤其是工商管理类专业普遍开设的一门重要的专业基础课。通过本课程的学习，掌握会计概念与程序、会计职能与作用、会计要素与科目、账户与复式记账、会计凭证与账簿、财务报告与会计报表、会计工作组织等内容，财会类专业学生能较好地把握会计基本理论与方法，为进一步学习"中级财务会计"等后续课程奠定必要理论基础，非财会类专业学生也能较好地掌握经济活动的价值特征，为深入理解及掌握其他相关专业课程的内容提供必要的价值基础。

　　虽然随着科学技术的进步及在会计工作中的应用不断深入，原本需要耗费大量人力资源的繁杂会计核算工作已经逐渐被各种财务软件程序所取代，但会计的本质及其发展路线并没有因为财务软件的使用和信息集成系统的出现而发生实质性的改变，改变的只是会计核算工作的效率，以及会计信息系统的功能。财务软件有关会计核算的核心内容也不会脱离会计的基本原理以及会计数据的形成规则而发挥作用。深入学习本书，掌握会计的基本理论知识与方法的相关内容，对于后续课程的学习，以及经济管理工作的开展仍然具有十分重要的意义。

　　本书既保留了会计学原理的传统内容，又吸收了会计基础理论研究的最新成果，同时还体现了我国会计准则体系的最新要求；既有详细的理论介绍，又有生动的案例分析，便于学生边学边练，轻松掌握其中的内容。本书包括了绪论、会计科目与账户、复式记账、借贷记账法在制造企业的应用、会计凭证、会计账簿、账务处理程序、财产清查、财务报告等章节，涵盖了会计基础理论与方法的基本内容。作者具有较深厚的会计理论功底和丰富的会计专业教学实践经验，但由于时间有限，而且会计学的部分内容也处于不断发展之中，书中难免存在疏漏和不足之处，恳请读者给予批评指正。

编　者

目　录

第一章
绪 论

知识目标

1. 了解会计的产生与发展历程，掌握会计的含义，熟悉会计的基本职能与目标。
2. 了解会计对象，掌握会计要素的具体分类。
3. 了解会计核算方法，理解具体会计方法在会计核算中的作用。
4. 了解会计核算工作及组织，了解不同会计工作岗位的职责和要求。
5. 了解会计规范的必要性及主要观点，掌握我国会计规范体系，掌握会计核算前提条件和会计记账基础；理解并掌握会计信息的质量要求。

案例导入

小张、小王和小李都是会计学专业的学生。开学之初，他们就会计是什么展开了一场激烈的讨论。小张认为会计是一项以核算为主的职业；小王认为会计是一门应用性很强的管理学科；小李则认为会计是一门非常重要的商业语言。

思考： 你同意哪一种观点呢？你认为会计究竟是什么？它又是如何产生和发展的呢？

第 一 节　会计的概述

会计是人类社会生产发展到一定阶段的产物。它应人类社会经济生活的需要和生产管理的要求而产生，随着生产的发展而发展。经过漫长的历史发展，会计的内容和方法在不断完善，职能范围也在逐渐扩大。

一、会计的产生与发展

会计有着悠久的历史，从原始社会的会计萌芽发展到现代的复式记账，从生产生活的部分附属发展到具有独立的职能，从会计的命名及会计机构的出现发展到完整的会计学科体系，经历了漫长的历史过程。会计的产生与发展大致经历了以下四个阶段。

（一）原始簿记阶段

原始社会末期，生产力有了一定发展，生产活动也呈现多样化，生产产生了剩余产品，人们用简单的计量与记录方法把生产耗费和劳动成果记载下来，主要用来计算劳动成果以供分配，这就是会计的萌芽。由于当时生产力水平比较低，在很长时期内，人们主要关心的是生产本身，会计最初是生产职能的附带职能。后来，当社会生产发展到一定程度，出现了私人财产以后，人们为了保护私有权和不断增加其私有财产，生产过程便逐步过渡到用货币形式进行计量和记录，使会计逐渐从生产职能中分离出来，成为独立的职能。

进入奴隶社会后，生产力有了进一步的发展，劳动生产率也有所提高，生产剩余越来越多，于是便设立专门的机构和人员，对财富进行记录与管理。与此同时，会计也逐渐成为国家事务中的一项专门工作，出现了"官厅会计"。我国商代是"官厅会计"的创始时期。

到了我国西周时期王朝"官厅会计"有了进一步发展，明确由"大宰"与"司会"分别掌管王朝的财富和记账，出现了"会计"的专用名词，对其的解释是"零星算之为计，总合算之为会"。其职能是对王朝的财富收支进行"月计岁会"。其中既有日常的零星核算，又有岁终的综合核算，通过日积月累到岁终的核算，达到正确考核王朝财政收支的目的。同时，西周王朝也建立了较为严格的会计机构，设立了专管钱粮赋税的官员，出现了源于"以参互考日成，以月要考月成，以岁会考岁成"的"日成""月成""岁成"等报告文书，具有旬报、月报、年报等会计报表的雏形，发挥了会计既能对经济活动进行记录、核算，又能对经济活动进行审核、监督的作用。我国"会计"命名的出现，是我国会计理论产生、发展的一种表现，而这样完备的会计机构的出现，也是我国会计发展史上的一个突出进步。

（二）商业簿记阶段

到了封建社会时期，社会经济繁荣，生产规模扩大，管理不断加强。生产力的发展促进了会计方法的改进，会计账簿和会计报表的设置也日益完善。唐、宋时期，我国创建了"四柱结算法"，四柱清册计算公式即"旧管＋新收－开除＝实在"。公式中旧管为期初余额，新收为本期收入，开除为本期支出，实在为期末余额。"四柱结算法"为我国通行的收付记账法奠定了基础。

明清时期，"四柱结算法"已成为系统反映王朝经济活动或商业经济活动全过程的科学方法，成为中式会计方法的精髓。这个时期还出现了比较完善的会计核算方法，如"龙门账""四脚账"等。这是我国会计发展史上的一个飞跃，也为复式记账原理的确立奠定了基础。

13 世纪初，在意大利的佛罗伦萨产生了借贷记账法。

15 世纪末，意大利数学家卢卡·帕乔利在《算术、几何、比及比例概要》一书中第一次从理论上系统地介绍了威尼斯的复式记账法，被会计界推崇为会计发展史上的重要里程碑。

17 世纪，荷兰学者西蒙·斯蒂文在其著作中确立了复式记账年度平衡原理。复式记账方法得到完善和推广。

（三）工业会计阶段

18 世纪的 60 年代，随着英国工业革命的开始，机器大时代代替工场手工业生产规模空前扩大，与机器大工业相联系的成本计算方法及折旧基准的建立，使会计的权责发生制理念及收入与费用配比的原则在实务界得到了广泛的运用。20 世纪初，泰勒的《科学管理原理》一书出版。这种先进的管理方法和技术被引入了会计领域，对现代会计的产生与发展起着至关重要的作用，导致了成本会计的产生。

（四）现代会计阶段

20 世纪 30 年代，席卷西方主要资本主义国家的经济危机使人们认识到，会计不仅只是对经济活动的事后反映，也应该对成本有所预计和控制，更重要的是应对企业未来的经营管理提出多种可行方案，事先预测效果并作为企业未来经营决策的依据，以便获得最大的经济效益。公认的会计原则首先在美国出现。随着美国经济的迅速发展，管理会计应运而生。

20 世纪 60 年代，计算机技术运用到会计领域，出现了会计电算化，会计信息时代到来。

二、会计的含义

会计的含义，从不同的角度有不同的阐释，主要有管理活动论观点和信息系统论观点两种。

（一）管理活动论观点

会计管理活动论形成于 20 世纪 80 年代。1980 年，在广东佛山举行的中国会计学会成立大会上，杨纪琬和阎达五两位教授提出"会计管理"概念，认为"会计是社会管理活动""会计管理的内容可以抽象为价值管理"。会计管理活动论是我国学者提出的会计理论，表达了中国的学者对会计基本理论的见解。

会计是人类有意识的价值管理活动。马克思说："过程越是按照社会的规模进行，越是失去纯粹个人的性质，作为对过程的控制和观念总结的簿记就越是必要。"据此，他们提出会计具有管理的职能。对于会计管理，阎达五教授指出："价值是商品经济产物，有商品就有价值，对价值运动的过程控制和'观念总结'主要是由会计来实现的。"

与其他管理相同，会计管理也有自然属性和社会属性。所谓自然属性，就是指运用观察、计量、登记等一整套科学的方法，促使生产过程中人的因素和物的因素有效地结合，使之迅速转化为生产力。所谓社会属性，是指通过科学的会计管理，完善社会制度、调整生产过程中人与人的关系，使之能够适应生产力的发展。

（二）信息系统论观点

会计信息系统论是舶来之物。于 20 世纪 80 年代引入中国。余绪缨和葛家澍两位教授首先提倡会计信息系统论。

会计从本质上来说是个信息系统，联系着信息源与信息宿，包括信息的获取、传输、贮存和处理等环节。

会计是个信息系统，凭借提供客观准确的经济信息，为辅助管理服务；作为信息系统的会计能够准确地体现现代会计的提供信息与数据的功能。

三、会计的基本职能

会计的职能是指会计在经济管理过程中所具有的功能，具有长期的稳定性，但生产力发展水平和经营管理水平的高低，对会计职能的体现具有决定性的影响。在生产力水平较低下的时代，会计的功能体现于简单的计量、记录，以反映为主；而在生产力水平较发达、管理水平较高的今天，会计职能的体现也在不断丰富和发展，会计已不仅仅是记账、算账、报账。

（一）会计核算

会计核算贯穿于经济活动的全过程，是会计最基本的职能，是指会计以货币为主要计量单位，对特定对象（或称特定主体）的经济活动进行记账、算账，并将算账的结果向利益相关者进行披露的过程。记账是指对特定对象的经济活动采用一定的记账方法，在账簿中进行登记。算账是指在记账基础上，对企业单位一定时期的收入、费用（成本）、利润和一定日期的资产、负债、所有者权益进行计算（行政、事业单位是对一定时期的收入、支出、结余和一定日期的资产、负债、净资产进行计算）。

（二）会计监督

会计监督职能也称控制职能，是指会计人员在进行会计核算的同时，对持定对象经济业务的合法性、合理性进行审查。合法性是指保证各项经济业务符合国家的有关法律法规，遵守财经纪律，执行国家的各项方针政策，杜绝违法乱纪行为。合理性审查是指检查各项财务收支是否符合特定对象的财务收支计划，是否有利于预算目标的实现，是否有奢侈浪费行为，是否有违背内部控制制度要求等现象，为增收节支、提高经济效益严格把关。

会计的上述两种职能是相辅相成、辩证统一的关系。进行会计核算是提供会计信息、实施会计监督的基础，没有会计核算，就无法提供会计信息，实施会计监督也就失去了依据。而实施会计监督又是进行会计核算和提供会计信息的质量保证，失去监督的核算，难以保证核算所提供信息的真实性和可靠性。

随着生产力水平的日益提高、社会经济关系的日益复杂和管理理论的不断深化，会计所发挥的作用日益重要，职能也在不断丰富和发展。除基本职能外，会计还具有预测经济发展前景、参与经济决策、评价经营业绩等功能。

四、会计的目标

（一）加强会计核算，提供有用的会计信息

加强会计核算是会计的首要目标。会计核算要正确计算各项收入和支出，严格掌握成本和开支，合法、真实、正确、完整地核算经济利益，如实反映企业财务状况、经营成果和现金流量，为企业的会计信息使用者提供真实、正确、完整的会计信息，满足企业内部和外部的信息使用者决策的需要。

（二）严格会计监督，确保经济活动的合法、合规及有序运行

按照我国《会计法》的规定，企业应建立、健全会计监督制度，定期审查会计资料的真实性、正确性和财务收支合法性，保证会计信息质量，监督企业生产经营活动中的重大对外投资、资产处置、资金调度和其他重要经济业务事项的决策；控制企业各项收入、费用、利得、损失和利润的实现；保护企业资源的完整；制止违反会计法规、财务制度的收支行为，从而保护企业所有者和债权人的权益，维护社会主义市场经济秩序。

（三）强化责任考核，促进企业经济效益提高

提高经济效益是企业生产经营活动的根本宗旨，也是会计工作的主要目标。会计部门要利用一切有利条件，除按规定进行会计核算和实行会计监督以外，还要参与制订企业各项计划和预算，分析、考核企业财务状况、经营成果和现金流量，发挥会计工作在企业管理中的职能作用，从而促进企业经济效益的提高。

第二节 会计对象与会计要素

一、会计对象的含义

会计对象是指会计核算和监督的内容。会计作为一种管理活动，是在各个企业或行政、事业单位里进行的，由于每个单位的经济活动性质和内容不同，会计的具体对象也不完全相同。一般意义上讲，会计对象就是社会再生产过程中的资金运动。

不同类型的单位，在社会再生产过程中所担负的任务不同，经济活动的内容不同。因此，它们资金运动的具体形式和内容也不一样，也就是具体对象不同（比如，企业与行政事业单位的会计研究对象不同）。但它们的所有财产物资都是以货币形式表现出来的，所有的经济活动和收支都可以体现为货币表示的资金运动，因此，抽象地说会计核算和监督的内容就是资金运动。

二、资金运动的基本过程

所谓资金运动，就是资金占用形态的变化。单位性质不同，经济活动的特点也不相同，其会计对象的内容也有区别、资金运动的过程也有差异。

制造企业的主要经济活动是生产市场需要的产品，通过销售产品获利。它的资金运动一般是先通过资金筹集过程筹集到货币资金，再经过采购、生产、销售等资金运动过程实现资金回笼。生产企业在取得资金后，首先购买生产需要的机器设备和原材料等进行生产准备，把货币资金转化为固定资产和易耗材料；其次通过生产，利用机器和劳动手段将原材料转化为合格的产品，将生产资金转换为产品资金（比如生活中使用的冰箱、彩电）；最后通过销售过程把产品销售出去取得销售收入，产品资金转化为货币资金。制造企业的资金在运动中经历了五个阶段：筹集资金、生产准备、生产产品、销售产品、回笼资金，如图 1-1 所示。

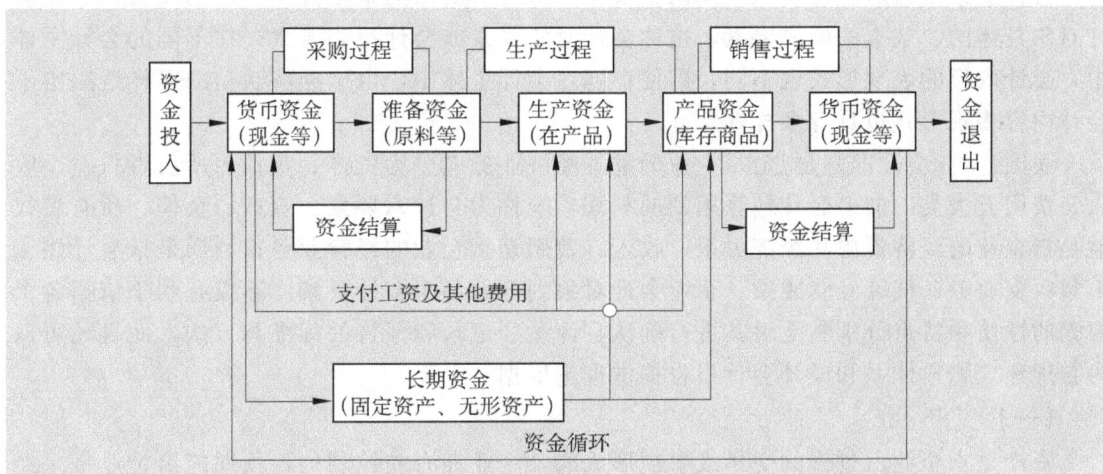

图 1-1 制造企业资金循环

商品流通企业的主要经济业务是组织商品流通，经营过程就是买进商品再卖出商品两个过程，和制造企业的区别是它没有生产准备和生产产品的过程。因此，商品流通企业的资金运动主要是按照"货币→商品（库存商品）→货币"的方式不断进行循环。在商品购入阶段，企业用货币购入商品，货币资金转化为商品资金；在商品销售阶段，通过销售商品，取得销售收入的货币，商品资金又转化为货币资金，如图1-2所示。

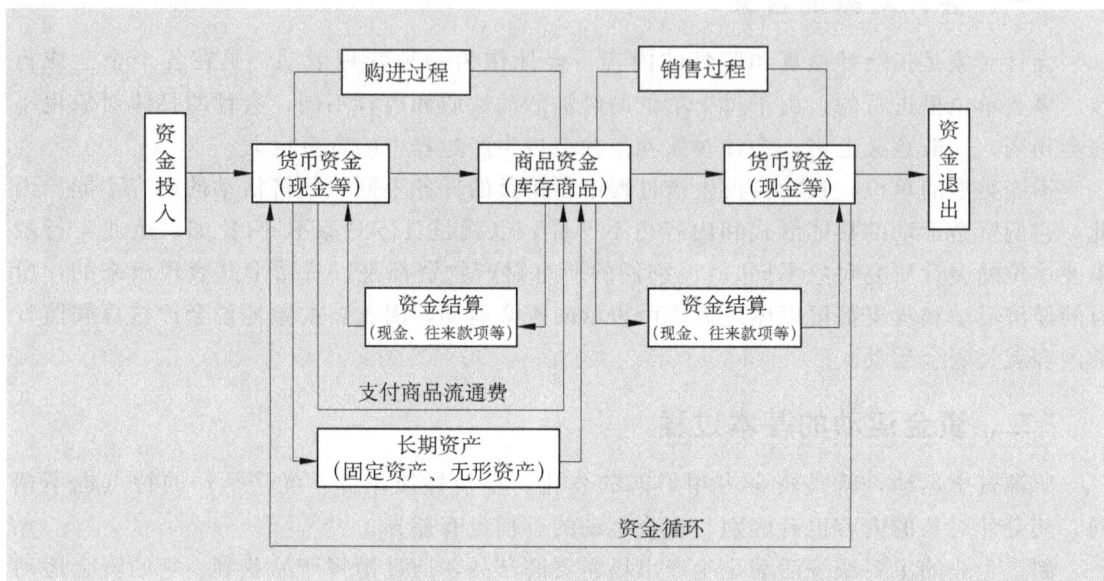

图 1-2　商业企业资金循环

综上所述，尽管不同类型的企业资金运动有一定的差别，但企业的资金在运动的过程中，都会从一种形态转换成另一种形态。为了准确地核算资金运动，我们有必要对资金运动进行基本分类。

三、会计要素

会计要素是指对会计对象具体内容按其经济特征所做的基本分类形成的项目，它是会计对象具体的、基本的构成要素，也称会计对象要素或会计报表要素。在不同的会计主体中，会计内容的表现形式也不同，即使在同一会计主体中，由于经济活动的多样性决定了会计内容表现形式也具有多样性。

我国《企业会计准则》规定，企业的基本经济业务应分为资产、负债、所有者权益、收入、费用五大类，加上会计核算用到的利润，统称为会计六要素。资产、负债、所有者权益是指企业的经济资源和经济关系；收入、费用是指企业的经营业务；利润是指会计用于汇集收支业务、核算经营成果。企业会计对象划分的各个会计要素，不仅有利于依据各个要素的性质和特点分别制定对其进行确认、计量、记录和报告的标准和方法，而且还可以为合理建立账户体系和设计会计报告提供理论依据。

（一）资产

资产是指企业由过去的交易或事项形成的，企业拥有或控制的，预期能给企业带来经济利益的资源。企业资产具备以下主要特征：

资产的本质是一种资源，凡是能为企业带来经济效益的资源都可以称为资产。资产包括财产、债权和其他权利等。财产是指有实物形态的资产，如货币、物资等。债权是指其他单位或个人欠企业的款项。其他权利是指无实物形态的商誉、专利权、商标权、非专利技术、场地使用权等。资产不论有无实物形态，都应该能为企业带来经济效益。它们中有的作为购买力使用，如货币资金；有的是要求对方付款的权利，如应收款；有的需要通过出售转为货币或债权，如存货；有的可以提供某种服务，如机器设备等；也有的会给企业带来商机或技术信誉，如商标权、商营、专利权等。

同时资产又区别于财产、物资和资金，主要表现为：①资产不完全等于财产。财产是按产权来划分的，产权属于企业的就是企业的财产，产权不属于企业的就不属于企业财产。例如租用设备和分期付款购入的设备，在没有全部付清款项前，不属于企业的财产，但可以列入企业的资产。因为该设备管理和提供服务产生的经济效益属于本企业。②资产不等于物资。物资有实物形态，资产却不一定有实物形态。资产包括有形和无形两种形态。例如商誉虽然无形，但能为企业带来经济效益，所以也属于企业的资产。③资产不等于资金。资金仅指财产和物资用货币计量的价值表现形式。

资产作为会计信息的基本概念含义非常广泛，既包括使用价值又包括无形的价值，资产的使用价值是资产的自然属性，无形资产的价值则反映了资产的社会属性。

企业的资产分布及存在形态，如图 1-3 所示。

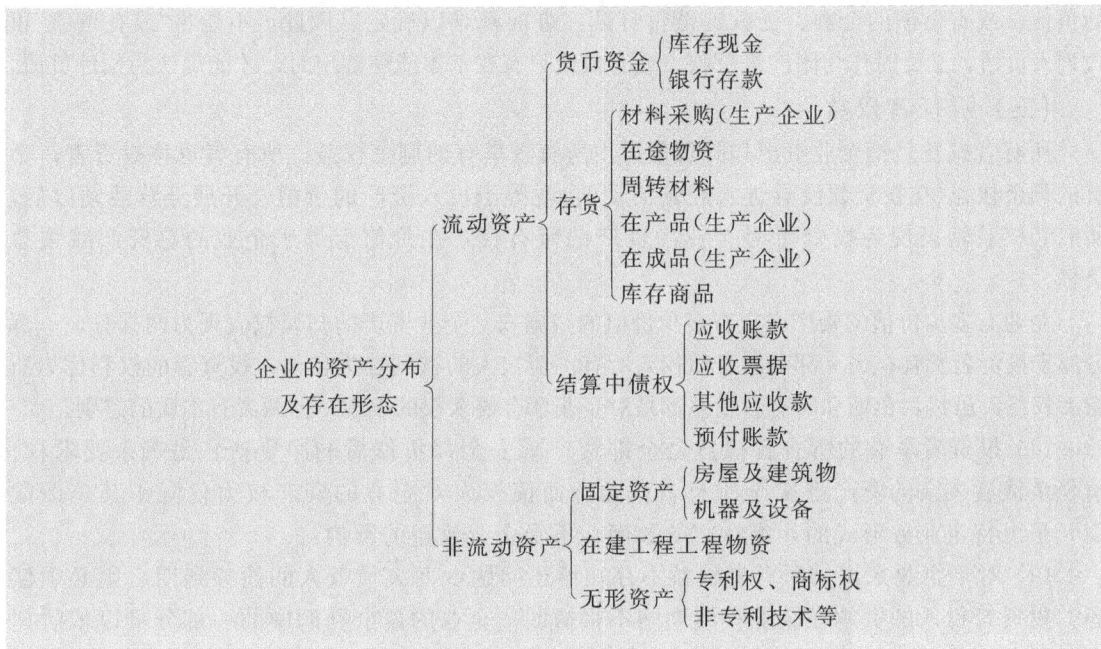

图 1-3 企业的资产分布及存在形态

（二）负债

负债也称债权人权益，是企业由过去的交易或事项形成的，预期会导致经济利益流出企业的现实义务。通常需要企业用资产或劳务来偿还。负债有以下几个特点。

（1）负债的本质是由于过去业务活动所形成的一种经济责任，也是企业的一种资金来源，如图 1-4 所示。通常是企业通过借款或取得商品、劳务、权力时所形成的企业对债务人的一种偿还责任。这种责任将来会用企业的资产或劳务等牺牲经济利益的方式来偿还。

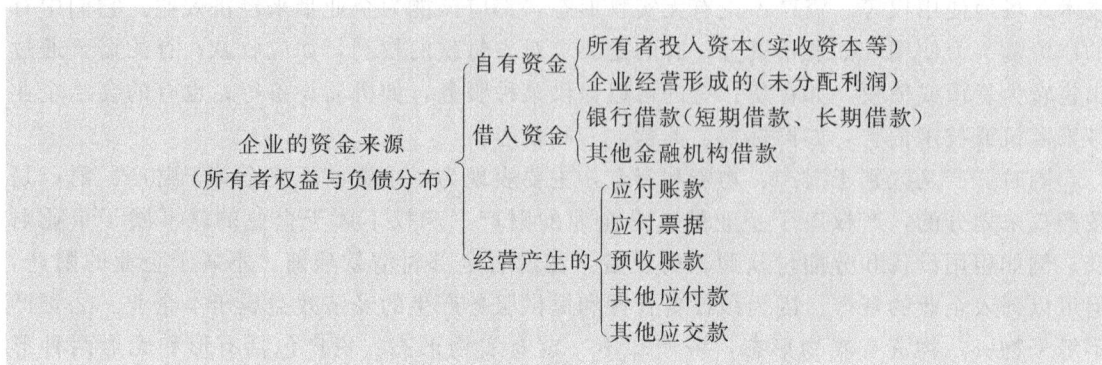

企业的资金来源
（所有者权益与负债分布）
- 自有资金
  - 所有者投入资本（实收资本等）
  - 企业经营形成的（未分配利润）
- 借入资金
  - 银行借款（短期借款、长期借款）
  - 其他金融机构借款
- 经营产生的
  - 应付账款
  - 应付票据
  - 预收账款
  - 其他应付款
  - 其他应交款

图 1-4　企业的资金来源：所有者权益与负债分布

（2）负债都有确切的受款日和偿还日期。按照我国《企业会计准则》的规定，负债仅指现实已经存在的债务，不包括将来可能发生的债务。例如，已售产品将来可能会发生因质量问题而引发的顾客要求的赔偿款，已办理贴现的商业票据，付款人可能到期无力支付，贴现银行要求企业还款。这类事项在会计上称为"或有负债"，它们在没有真正发生前，是并非现实的负债。或有负债的金额、受款、偿付日期，事前都难以确定。因此，不能将"或有负债"正式列入负债，必要时作为附注来反映。或有负债只有在基本能够确定时，才能确认为预计负债。

（三）所有者权益

所有者权益是指企业资产扣除负债后由所有者享有的剩余权益。所有者也称投资者，享有的剩余权益（在投资款没有进入经营活动前）就等于投入资产的价值。开展经营活动以后，所有者权益就表现为投资者对企业净资产的所有权，在价值上等于企业的总资产减去总负债。

企业有多少价值的资产必定有多少价值的归属权。企业资产的归属权表现为两部分，一部分属于投资者所有；另一部分属于债权人所有。债权人的权利称为负债，投资者的权利称为所有者权益。虽然，负债和所有者权益都是对企业享有要求权的表现，但两者有本质的差别。

（1）投资者享有的所有者权益是全部资产减去全部负债后的净资产，是剩余要求权；清偿负债后剩余的资产都属于所有者权益。而债权人对企业的资产权力仅限于其负债额度，是由特定业务形成的，有特定的数额，不受企业效益的影响。

（2）对于企业来说，所有者权益不存在偿还问题，而欠债权人的债务到期后则必须偿还，投资者投入的资本在企业存续期间不得撤回。企业的盈余利润中的一部分可以依法律和企业章程进行分配；另一部分可作为积累留在企业里继续参加经营周转。

（3）投资者可按出资股份分享利润，但不能取得固定利息；债权人可以按预约的利率取得利息，但不能分享利润。企业赚钱多，投资者多得；企业亏损，投资者要分担损失。但企业不管盈亏如何，都必须偿还债权人应得的本息。因此，投资者风险大，债权人风险小。

（4）投资者凭借其权益可以依法控制或者参与企业的经营管理，而债权人却无权参与企业经营，与企业只有债权债务关系，这种经济权利以债务额度为限。

（5）在企业终止清算时，优先偿还债权人的债务，剩余的资产再分配给投资者。

企业的所有者权益通常包括实收资本或股本、资本公积、盈余公积和未分配利润等。

（四）收入

收入是指企业在日常活动中形成的，会导致所有者权益增加的，与所有者投入资本无关的经济利益的总流入。根据我国企业会计准则及相关的会计实践，收入通常包括商品销售收入，提供劳务收入和让渡资产使用权收入。

商品收入一般指企业在销售商品或商品交易活动中实现营业收入的价值。一般销售活动要分三步完成：第一步是双方签订交易协定。由于双方交易协定不涉及资产，所以不会在会计上反映。第二步是销售商品。商品销售时，会计就要核算库存商品的销售成本。第三步是收到货款或者对方承认收到商品。只有双方完成产权转移手续，才能确认交易实现。在营业收入成立时要符合两个条件：第一，双方交易已经完成。第二，商品和劳务已交付对方，并取得对方款项或承诺付款的义务。销售退回和销售折扣业务应作为主营业收入的减少项目记账。

我国《企业会计准则》对收入要素的定义是狭义的概念而不是广义的，收入要素仅指企业通过商品或劳务交易获取资产的业务。如果没有提供任何商品或劳务所取得的资产，在原则上不属于营业收入。

正确理解收入的概念应注意以下几点。

（1）收入是指通过日常活动取得的经营业绩。因此，收入不等于现金或现金等价物的流入，也不是投资活动、举债活动、接受捐赠等取得的资产。

（2）预收的款项在没有完成所作的承诺以前不属于营业收入，而属于企业的负债，只有当企业交付了商品或劳务，清偿了这笔债务以后才能确认为营业收入成立。

（3）商品已经交付或劳务已经提供，并得到对方认可形成了债权资产的，也属于营业收入。

（4）收入要素是指经营交易活动的业绩，这种经营业绩的价值就是所增资产的价值。因此，收入不是指所增加的资产，而是指交易活动所实现的价值与经营活动所增加的资产。

（5）在商品经济社会里，收入有不同的来源，但会计要素涉及的收入仅指来源于企业日常活动的收入。

（五）费用

费用是指企业在日常活动中发生的、会导致所有者权益减少的，与向投资者分配股利无关的经济利益的总流出。

我国企业会计准则中对费用的定义是一个狭义的概念，仅限于提供商品和劳务资产的消耗。广义的费用还包括投资损失和营业外支出等与赚取营业收入无关的资产耗费。正确理解费用概念应注意以下几点：

（1）费用发生的原因很多，本会计要素涉及的费用仅指与收入配比的费用。是企业在生产经营过程中为取得收入而发生的各项资产的耗费，这是指狭义的费用，投资损失和营业外支出归于利润损失。

（2）费用和资产有密切联系。企业经营所投入的所有资产，最终都转化为费用成本，形成新的资产，再收回投资。企业的资产运动就是如此周而复始的。收入大于费用时，也就是取得新资产的价值大于所消耗的资产的价值，即盈利，否则就会发生亏损。

（3）费用和成本，有时会混用，但应明确区分。一般性的消耗都称为"费用"，而在强调取得某项新资产所发生的耗费时要使用"成本"概念，如材料采购成本、产品成本、固定资产项目成本、销售成本等。

在会计要素中定义费用要素，而不定义成本要素。这是因为，费用概念比成本概念的含义更广泛，经营中所有的资产减少都可以归为费用，而成本仅指为了取得某项资产所发生的费用。在企业里为取得营业收入所付出的费用称为营业成本；为生产产品所消耗的费用称为生产成本；为某一项目所付出的费用称为项目成本。除此以外，企业为维持正常经营所支出的办公费、开办费、招待费、应付利息、咨询费等费用，不纳入产品成本、营业成本、劳务成本或项目成本。

（六）利润

利润是指企业在一定会计期间的经营成果，包括收入减去费用后的净额，以及直接计入当期利润的利得和损失。

企业在核算收入、支出业务以前，只能用期末总资产减去总负债和总投资的方法来计算企业经营利润。自从会计核算收入、支出业务后，就用与资产增减价值相等的收入、费用的差额来计算利润。当收入业务所取得的资产大于费用消耗的资产时，其差额就是利润；反之，就是亏损。因此，会计核算时必须增加一个汇集收入、支出业务核算经营成果的利润要素。

由于会计要素是会计对象具体化后，按其内容进行分类形成的项目，所以，不同的会计准则对此可以有不同的分类。与我国的情况不同，美国会计准则有 10 个会计要素，国际会计准则有 5 个会计要素，其他国家也有不尽相同的情况。

第 三 节　会计核算方法

一、会计方法

会计方法是用来核算和监督会计对象，完成会计工作任务的一种手段。会计方法是人们在长期的会计工作实践中总结创立的，并随着社会生产力的发展，会计管理活动的复杂化而逐步完善和提高。会计方法具有会计的自然属性，先进的会计方法是全人类共同拥有的财富，不受社会制度制约，包括会计核算方法、会计检查方法和会计分析方法。会计核算方法是基础，会计检查方法是会计核算方法的继续，会计分析方法是会计核算方法的补充，三者是一个完整的科学方法体系。

二、会计核算方法的种类

会计核算方法是一个完整的科学方法体系，相互联系、相互制约，包括设置科目和账户、复式记账、填制和审核会计凭证、登记账簿、成本计算、财产清查、编制财务会计报表、会计资料分析利用八种专门方法。

（一）设置科目和账户

根据会计对象的特点和经济管理的要求，科学地确定会计对象分类项目的过程，是分类核算和监督会计对象的专门方法。会计对象的具体内容是多种多样的，如财产物资就有各种存在的形态，厂房建筑物、机器设备、各种材料、半成品等，它们在生产中不但作用不同，而且管理的要求也不同。在会计实践中，设置会计科目和账户实际就是对会计要素的进一步细分。

（二）复式记账

复式记账是对发生的每笔经济业务以相等的金额在相关的两个或两个以上的账户登记的专门方法。复试记账法使得每项经济业务所涉及的两个或两个以上的账户之间产生的一种平衡关系，这样就可以了解和掌握经济业务的内容，检查会计记录的正确性。在现实生活中，任何一项经济业务的发生都有来龙去脉，如企业银行存款减少 1 000 元，去向是什么？或购买材料，或提取现金备用等，如果购买材料，材料就会同时增加 1 000 元。

（三）填制和审核会计凭证

填制和审核凭证是为会计记录提供完整的、真实的原始资料，保证账簿记录正确、完整的方法。会计凭证是记录经济业务和明确经济责任的书面证明，是登记账簿的依据。会计凭证分为原始凭证和记账凭证。对于已经发生的经济业务，都必须由经办人或单位填制原始凭证，并签名盖章。所有原始凭证都必须经过会计部门和其他部门的审核。只有审核后并认为是正确无误的原始凭证，才能作为填制记账凭证和登记账簿的依据。所以填制和审核凭证是保证会计资料真实性、正确性的有效手段。

（四）登记账簿

账簿是由具有一定的格式、相互联系的账页组成的。登记账簿就是根据审核无误的会计凭证，用复式记账的方法，也是按经济业务的内容连续、系统地记录在账页上的一种专门方法。按经济业务发生的顺序，分门别类地在账户的载体——账簿中记录的专门方法。通过登记账簿，就能将分散的经济业务进行汇总，连续、系统地提供每一类经济活动完整的资料以供了解经济活发展变化的全过程。所以登记账簿是会计核算的主要方法。

（五）成本计算

成本计算实际上是一种会计计量活动，它所要解决的是会计核算对象的货币计价问题，因此广义的成本计算存在于各种经济活动之中，任何一项经济活动只要纳入会计核算的系统，就有一个货币计量问题，而货币计量也就是确定用何种成本入账的问题。所谓的成本计算就是对应计入一定对象的全部费用进行归集、计算，并确定各个对象总成本和单位成本的会计方法。

（六）财产清查

财产清查是指通过盘点实物，核对往来账项来查明财产物资实存数额。从会计的角度来看，其目的就是检查财产的实际结存数量是否与账面记录一致。

为了保证会计账簿的记录正确可靠，做到账实相符，企业必须定期或不定期地对各项财产物资、往来账项进行清查。在清查中，如果发现账实不符应及时调整账簿记录，使账存数与实存数相一致，并查明账实不符的原因，进一步明确责任。如果发现财产物资有积压、残损等情况，应及时提出加强管理的建议，确保企业财产物资的安全完整和有效利用以及会计资料的真实、完整、可靠。通过盘点实物等查明财产的实存数与账存数是否相符的方法。

（七）编制财务会计报表

编制财务会计报表是定期反映企业的财务状况、经营成果和现金流量等情况的方法。

会计报表是根据日常核算资料编制的，反映单位在特定日期的财务状况和特定期间经营成果、现金流量及所有者权益变动情况的书面文件，为会计信息的使用者提供了全面的、综合的会计信息。会计报表提供的信息，既是考核单位生产经营计划的完成情况，评价单位工作业绩的依据，也是投资者、债权人了解单位财务状况和经营成果，以便做出决策的依据。因此，编制会计报表不论是对企业经营者、投资者、债权人，还是其他与单位有利害关系的单位和个人都是十分必要的。

（八）会计资料分析与利用

会计资料的分析与利用就是对会计提供的信息进行分析，从中获取所需信息，计算相关指标，据以作出相关经济决策的过程。

上述各种会计核算方法既相对独立，又相互联系、密切结合构成了一个完整的方法体系，要全面、完整、真实地核算和监督单位的经济活动，就需要综合运用这些方法。但在运用这几种会计核算方法时，有些方法可以同时使用，有些方法使用时则有先后顺序。对于已发生的经济业务需要填制和审核会计凭证；根据审核无误的会计凭证，采用复式记账方法登记账簿；根据归集的费用计算成本；期末进行财产清查，在保证账实相符的基础上编制会计报表。其相互联系的关系简括如图1-5所示。

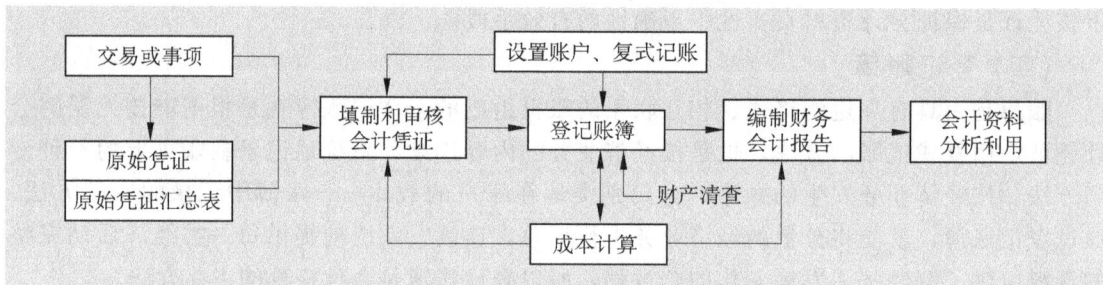

图 1-5　会计核算方法关系

三、会计的记账基础

（一）权责发生制

权责发生制也称为应计制或应收应付制，是以权力和责任是否发生变化为标准来确认本期的收入和费用。当期已经实现的收入和已经发生或应当负担的费用，无论款项是否收付，都应当作为当期的收入和费用；不属于当期的收入和费用，即使款项已在当期收付，也不应当作为当期的收入和费用，即：

符合收入确认标准的本期收入，无论其款项是否收到，均应作为本期收入处理。

符合费用确认标准的本期费用，无论其款项是否付出，均应作为本期费用处理。

不符合收入确认标准的款项，即使在本期收到，也不能作为本期收入处理。

不符合费用确认标准的款项，即使在本期付出，也不能作为本期费用处理。

例如：某企业于6月份预收货款10 000元，按合同规定，产品在7月份售出；6月份预付7月份的房屋租赁费5 000元；企业7月份售出产品一批，价款10 000元，款项将在

8月份收到；7月份发生费用3 000元，款项将在8月份支付。

按照权责发生原则：

7月份收入：10 000＋10 000＝20 000(元)

7月份费用：5 000＋3 000＝8 000(元)

7月份利润：20 000－8 000＝12 000(元)

（二）收付实现制

收付实现制是与权责发生制相对应的一种会计基础，也称现金流动制。它是以收到或支付现金作为确认收入和费用的依据。

目前，我国的行政单位会计采用的是收付实现制，事业单位除经营业务可以采用权责发生制外，其他大部分业务采用收付实现制。

第四节 会计工作的组织

一、组织会计工作的意义和要求

（一）组织会计工作的意义

会计工作组织是完成会计工作任务、发挥会计工作作用的重要保证。企业、行政事业单位应该设置合理的会计机构，配备适当的会计人员，建立和执行各项会计制度，以达到会计工作的目的设置会计机构，配备会计人员是会计工作系统运行的必要条件。科学地组织会计工作对于履行会计职能，实现会计的目标，发挥会计在经济管理中的作用，具有十分重要的意义，具体表现在以下四个方面。

（1）为会计工作的开展与有效进行提供前提条件。会计工作的开展必须要有会计机构和人员，即使不具备设置会计机构条件的单位，也需要配备专职的会计人员，以保证对单位财务进行反映与监督，满足会计信息使用者的信息需求。

（2）有利于国家经济政策和财经纪律的贯彻执行，强化企业管理，提升企业管理的水平。

（3）保证会计工作有条不紊地进行，使会计工作与其他经济管理工作分工协作、相互配合，共同完成经济管理的任务。

（4）有利于核算质量和效率的提高，保证会计信息真实可靠、内容完整。

（二）组织会计工作的要求

会计工作的组织既要符合国家相关政策规定，又要满足企业管理和企业外部利益相关者对高质量会计信息的需要；既要强调会计工作的效果，还要强调会计工作的效率。此外，还需要会计系统与企业其他相关系统的有效配合。

二、会计机构和会计人员

（一）会计机构

会计机构是组织处理会计工作的职能机构。合理设置会计机构是会计工作顺利进行的首要条件。

▶ 1. 会计机构的设置

我国会计机构实行分级管理、分工负责制度。我国《会计法》规定，国务院财政部门主管全国的会计工作；地方各级人民政府的财政部门管理本行政区域内的会计工作；各单位应根据会计业务的需要，设置本单位的会计机构或者在有关机构中设置会计人员，并指定主管人员。如果单位不具备条件，则应当委托经批准设立从事会计代理记账业务的中介机构代理记账。各级会计管理部门接受上级主管部门的指导和监督；上级主管部门在统一规划、统一领导的前提下，发挥各级政府及企业的工作积极性。

▶ 2. 会计机构组织形式

企业会计机构组织形式一般可分为独立核算机构、半独立核算机构和报账单位。

1）独立核算机构

实行独立核算的企业必须具备一定的条件，通常要有一定的自有资金，有独立经营自主权；能够编制计划，单独计算盈亏，单独在银行开设账户，并经工商行政部门注册登记。

实行独立核算单位的核算组织形式可以分为集中核算和分散核算两种。集中核算是指账务工作全部在会计部门进行的核算形式。优点是可以减少核算环节，简化核算手续，有利于全面掌握经营情况和精减人员。分散核算是指企业所属的分厂、分公司、分部的凭证、账表向会计部门报账（这种单位称为报账单位），或由部门编制本部门的财务报表送会计部门汇总（这种单位称为半独立核算单位）核算的形式。一个企业实行集中核算还是分散核算，应根据企业规模的大小和经营管理的要求而决定。

2）半独立核算机构

半独立核算机构在经营上具有一定的独立性，但不具备完全独立核算的某些必要条件。如没有独立的资金，不能在银行单独开户，就实行半独立记账并编制财务报表，然后将财务报表送会计部门汇总。优点是能使部门负责人和职工及时掌握生产经营情况和财务成果，便于动员职工参与企业管理。

3）报账单位

报账单位是指企业内部不单独计算盈亏，只记录和计算几个主要指标，进行简易核算，以考核其工作质量的单位和部门。这些单位和部门平时只向上级领用备用金，定期向上级报销，所有收入全部解缴上级，由财会部门集中进行核算。

▶ 3. 会计机构内部的岗位设置

会计机构内部要求进行合理的分工，建立并健全岗位责任制。大中型企业工作内容比较烦琐，可分资金、成本、费用、销售及综合报表等工作内容设置相应的岗位，各岗位人员既要有分工，又要有配合；既要相互牵制，又要相互协调，共同确保会计工作的顺利运行。单位可以根据业务繁简设置会计科，但必须严格执行岗位责任制。在会计人员不多的会计部门，可以根据工作内容划分每个会计人员的职权范围，实行一人一岗、一人多岗或一岗多人，各司其职，各负其责。

▶ 4. 会计的内部控制和牵制

根据内部控制的要求，会计机构内部应建立并健全稽核制度，对会计凭证、会计账簿、财务报表等会计资料的真实性和可靠性进行控制，包括账证、账账、账表、账实核对的控制，财产物资的采购、验收、保管、盘点、现金管理等方面的控制。

我国《会计法》规定，出纳人员不得监管稽核、会计档案保管和收入、费用、债权和债务账目的登记工作。坚持账、钱、物分管；会计与出纳分管；经办与审批分管，以防错误和弊端。

（二）会计人员

配备适当的会计人员，是单位会计工作得以正常开展的重要条件。

▶ 1. 设置总会计师

我国《会计法》规定，国有的和国有资产占控股地位或者主导地位的大中型企业必须设置总会计师，负责组织领导本单位的会计核算和会计监督等方面的工作。总会计师由具有会计师以上专业技术资格的人员担任。总会计师的任职资格、任免程序、职责权限按《总会计师条例》的规定办理。

▶ 2. 会计人员的职责权限

会计机构应该按管理的需求及国家的有关规定配备会计人员，并赋予必要的工作职责和权利，以便切实完成会计工作任务。

1) 会计人员的主要职责

（1）切实按照法律、法规的规定，完成会计工作任务，发挥会计工作在维护社会主义市场经济秩序、加强经济管理和提高经济效益等方面的作用。

（2）坚持原则，维护会计法律、法规制度，反对贪污浪费和违法乱纪行为。切实制止变造、伪造账目，制止违法乱纪和伪造会计报表，保障会计资料的正确性。

（3）忠于职守，廉洁奉公，自觉抵制不正之风，自觉接受内部监督，自觉接受财政、审计和税务部门的监督。

（4）重科学、讲技术、顾大局、讲效益，提高从事本职工作的素质和能力，遵守会计人员的职业道德。

2) 会计人员的主要权限

（1）有权要求本单位和有关部门的领导及工作人员认真执行财政纪律和财务会计制度，共同按政策和制度依法做好本职工作。

（2）有权监督、检查本单位有关部门的资金活动、财务收支和物资管理情况，保证财产真实，收支合法、合理。

（3）有权如实反映情况，对不真实、不合理的原始凭证不予受理，对不符合实际情况的账务记录作出反应，对不符合事实的财务报表予以抵制。

（4）有权对贪污浪费和违法收支的行为予以制止和纠正，并有权向单位领导或上级有关部门报告。

▶ 3. 会计人员素质和职业道德修养

1) 会计人员素质

会计人员素质是指会计人员从事本职工作应具备的品质和能力，是完成会计工作任务的基本条件，体现在思想道德、专业知识、工作技能和改革创新四个方面。

（1）思想道德素质，内容包括坚持原则、秉公办事、热爱本职工作和有责任感。

（2）专业知识，内容包括熟悉并掌握国家有关政策以及会计的基本理论知识。

（3）工作技能，内容包括处理会计工作的技术和提供会计信息的能力。

（4）改革创新，内容包括对社会主义市场经济的认识和掌握现代化管理技术、计算技术的要求和态度。

2）会计人员职业道德修养

会计人员的职业道德一般是指会计人员的最高行为准则。这种行为准则体现出三个特点：一是必须突出会计职业的特点，符合会计职业的要求；二是应该言简意赅，便于记忆；三是应该联系会计实际工作，但又要与会计工作有所区别。

会计人员应当遵守职业道德，树立良好的职业品质和严谨的工作作风，严守工作纪律，努力提高工作效率和工作质量。具体应做到以下几点。

（1）敬业爱岗，即热爱本职工作，努力钻研业务，使自己所学的知识和技能适应工作的要求。

（2）熟悉法规，即熟悉财经法律、法规和国家统一的会计准则、制度，并结合会计工作进行广泛宣传。

（3）依法办事，即按照会计法律、法规和国家统一的会计准则、制度规定的程序和要求进行会计工作，保证所提供的会计核算合法、真实、有效、准确、及时和完整。

（4）客观公正，及办理会计事务应当实事求是、客观公正。

（5）搞好服务，即熟悉本单位的生产经营和业务管理情况，运用掌握的会计信息和会计方法，为改善本单位内部管理、提高经济效益服务。

（6）保守秘密，即应当保守本单位的商业秘密，除法律规定和单位领导人同意外，不能私自向外界提供或者泄露单位的会计信息。

三、会计档案

（一）会计档案的种类

会计档案是指会计凭证、会计账簿和财务报告等会计核算资料，是记录和反映单位经济业务的重要史料和证据，属于单位的重要经济档案，是检查企事业单位过去经济活动的重要依据。具体内容如下。

（1）会计凭证类：包括原始凭证、记账凭证、汇总凭证、其他会计凭证。

（2）会计账簿类：有总账、明细账、日记账、固定资产卡片、辅助账簿和其他会计账簿。

（3）财务报告类：有月度、季度、年度财务报告，具体有会计报表、附表、附注及文字说明、其他财务报告。

（4）其他类：包括银行存款余额调节表、银行对账单、其他应当保存的会计核算专业资料、会计档案移交清册、会计档案销毁清册。

（二）会计档案的意义

（1）会计档案是一个单位经济活动的历史记录，综合反映了单位的经济业务的发展变化。因此，充分利用会计档案，便于以后总结经济工作经验，学会生产经营管理。

（2）利用会计档案，可以对经济活动进行分析、预测，从而做出正确的决策。

（3）会计档案是落实政策、打击经济领域违法行为、清理债权债务、解决经济纠纷以及检查各种责任事故的重要依据，是进行财务审计的重要资料。

（4）会计档案在研究经济活动的发展规律，制定经济发展的方针、政策等方面，具有重要的史料参考价值。

（三）会计档案的管理要求

《会计档案管理办法》规定，大、中型企业必须建立会计档案室，小型企业应有会计档案柜并指定专人负责，要求各单位对单位档案必须做到科学管理、妥善保管、存放有序、查找方便，并严格执行安全和保密制度，具体要求如下。

（1）立卷和归档。

（2）归类和整理。

（3）制定使用和借阅手续。

（4）严格遵守保管期限和销毁手续。

根据 2016 年 1 月 1 日起实施的新《会计档案管理办法》整理的会计档案保管期限如表 1-1 所示。

表 1-1 会计档案保管期限

档 案 名 称	保 管 期 限	备 注
原始凭证	30 年	
记账凭证	30 年	
汇总凭证	30 年	
总账	30 年	包括日记总账
明细账	30 年	
日记账	30 年	现金日记账和银行存款日记账
固定资产卡片		规定资产报废清理后保管 5 年
辅助账簿	30 年	
财务会计报告（年报）	永久	包括文字分析
财务会计报告（月、季、半年报）	10 年	
会计移交清册	30 年	
会计档案保管清册	永久	
会计档案销毁清册	永久	
会计档案鉴定意见书	永久	
银行存款余额调节表	10 年	
银行对账单	10 年	

第 五 节 会 计 法 规

一、会计规范的必要性

（一）会计规范的定义

会计规范是一个广义的术语，包括所有对会计的记录、确认、计量和报告具有制约、限制和引导作用的法律、法规、原则、准则和制度等，主要有会计法、会计准则、会计制度等。

（二）建立会计规范的必要性

不论在何种经济条件下，会计主要是为信息使用者提供正确、有效的信息，而提供会计信息就必须要规范信息提供者的行为。因此，会计规范的主要作用是实现会计信息生产的标准化。

（三）财务会计目标的观点

财务会计报告的目标是向财务会计报告使用者提供与企业财务状况、经营成果和现金流量等有关的会计信息，反映企业管理层受托责任履行情况，有助于财务会计报告使用者做出正确的经济决策，这一规定体现了受托责任观及决策有用观的双需要求。

▶ 1. 受托责任观

受托责任观认为，财务会计的目标就是提供企业管理当局（受托者）履行经济管理责任的信息，向所有者（委托人）报告受托资产的使用、管理情况，以帮助所有者确认或解除受托责任。受托责任观强调会计信息的可靠性。与此相联系，在会计计量属性方面特别强调了历史成本的应用。

▶ 2. 决策有用观

决策有用观认为，会计目标就是向会计信息使用者提供对他们做出合理的投资、信贷等决策有用的信息。决策有用观强调会计信息的相关性。与此相适应，在计量属性方面强调了公允价值、现金流量现值、可变现净值的应用。

二、我国会计规范体系

（一）会计规范体系的含义及作用

▶ 1. 会计规范体系的含义

会计规范的内容繁杂多样，如果将所有属于会计规范的内容综合在一起表示，就构成一个体系。会计规范体系并不是简单地罗列这些规范的内容，而是将它们按照一定逻辑顺序、层次分明、有机地联系起来所组成的一个框架结构图。

▶ 2. 会计规范体系的作用

（1）会计规范体系是会计人员从事会计工作、提供会计信息的基本依据。

（2）会计规范体系为评价会计行为确定了客观标准。

（3）健全会计规范体系是维护社会经济秩序的一种重要工作。

（二）会计规范体系的构成

会计规范体系主要由以下四个方面构成。

▶ 1. 会计法律规范

会计法律规范包括与会计有关的法律和行政法规，是会计规范体系中最具有约束力的组成部分，是调整经济活动中会计关系的法律规范的总称，是社会法律制度在会计方面的具体体现，是调节和控制会计行为的外在制约因素，如我国的《中华人民共和国会计法》《注册会计师法》及其他有关法律；与会计有关的行政法规主要是国务院颁布的各种条例，如《企业财务会计报告条例》《总会计师条例》等。

▶ 2. 会计准则与制度规范

法律和制度都是一种社会制度，一种合理安排。会计准则与制度规范是从技术角度对会计实务处理提出的要求和准则、方法和程序的总称。从广义来看，会计制度是指国家制定的会计方面所有规范的总称，包括会计核算制度、会计人员管理制度和会计工作管理制度等。狭义的会计制度仅指会计核算制度。会计准则与制度规范主要是由财政部根据会计法律和行政规范制定并发布的各种会计准则、会计制度。

▶ 3. 会计职业道德规范

会计职业道德规范是从事会计工作的人员所应该遵守的具有本职业特征的道德准则和行为规范的总称，是对会计人员的一种主观心理素质的要求，控制和掌握着会计管理行为的方向和合理化程度。会计职业道德规范是一类比较特殊的会计规范。

▶ 4. 会计理论规范

理论是实践的总结，它来源于实践，反过来又指导实践，促进实践的发展，会计理论现已形成了比较完备的概念和结构框架。从一般意义上来看，整个成熟的会计理论都是会计规范体系的组成部分，包括会计目标、会计假设、会计要素、会计原则、会计处理程序和方法。

（三）会计规范体系的特征

▶ 1. 权威性

会计规范作为评价会计行为合理、合法的有效标准，具有充分的影响力和威望，能够让会计人员信服，而不管这种承认是自发的还是强制的，也不管这种规范是成文的还是惯例性的。

▶ 2. 统一性

会计规范体系在一定范围之内是统一的，适用的对象不是针对具体和特定的某一单位，而是适用于全国范围；不是针对某一特定业务，而是适用于任何会计行为。

▶ 3. 科学性

科学性是指会计规范体系能够体现会计工作的内在规律和内在要求，能够有效促进会计目标的实现。毋庸置疑，会计规律与会计所处的客观环境、条件相适应，体现高度的科学性。

▶ 4. 相对稳定性

会计规范体系在一定时期、一定客观环境下是相对稳定的，但并不是一成不变的，随着社会政治经济条件的发展变化，一些会计规范可能变得过时而应予以修正完善或废止，而一些新的会计规范逐渐被建立、被接受。因此，会计规范体系的建立和发展是一个动态的演进过程。

（四）会计规范体系的内容

会计规范体系的构成分三个层次。

▶ 1. 会计法律

法律是由国家最高权力机关——全国人民代表大会及其常务委员会制定的。在会计领域中，属于法律层次的规范主要指《中华人民共和国会计法》（以下简称《会计法》），是会计规范体系中权威性最高、最具法律效力的规范，是制定其他各层次会计规范的依据，是会计工作的基本大法。

《会计法》自1985年形成以来经历了多次修订。现行的《会计法》是经2017年11月召开的第十二届全国人民代表大会常务委员会第三大次会议进行第二次修正的，由7章52条组成，包括总则、会计核算、会计监督、会计机构和会计人员、法律责任等。

▶ 2. 行政法规

行政法规是由国家最高行政机关——国务院制定的。会计行政法规是根据会计法律制定，是对会计法律的具体化或对某个方面的补充，一般称为条例。

（1）《企业财务会计报告条例》，由国务院于 2000 年 6 月发布，自 2001 年 1 月 1 日起实施。它共分 6 章 46 条，包括总则、财务会计报告的构成、财务会计报告的编制、财务会计报告的对外提供和法律责任等。

（2）《总会计师条例》，由国务院于 1990 年 12 月 31 日发布，并自发布之日起施行 2011 年又进行了修订。共分 5 章 23 条，包括总则、总会计师的职责、总会计师的权限和任免与奖惩等。

▶ 3. 部门规章

部门规章是指国家主管会计工作的行政部门——财政部以及其他部委制定的会计方面的规范。制定会计部门规章必须遵循会计法律和会计行政法规的规定。

部门规章包括国家统一的会计核算制度、国家统一的会计监督制度、国家统一的会计机构和会计人员制度、国家统一的会计工作管理制度等。

（1）国家统一的会计核算制度。国家统一的会计核算制度指的是会计核算规范，包括会计准则和会计制度两种形式，如图 1-6 所示。

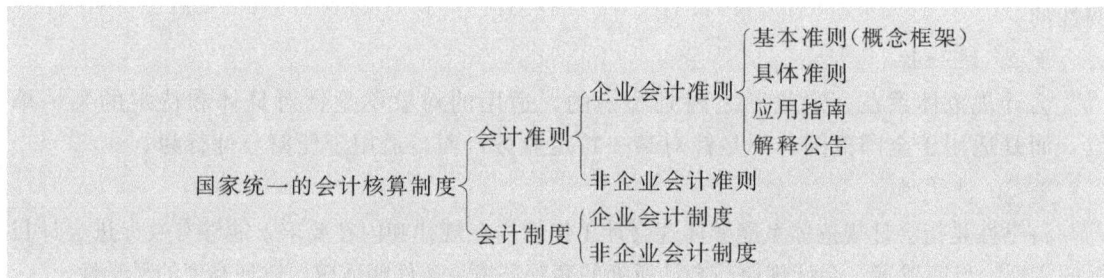

图 1-6　国家统一的会计核算制度的组成

（2）国家统一的会计监督制度。作为会计两大基本职能之一的会计监督，在我国会计规范体系中占有重要的地位。《会计法》明确规定："各单位应当建立、健全本单位内部会计监督制度。"除外，还分别就会计监督的基本要求、内容、方式和责任等做了明确规定。

财政部制定的《会计基础工作规范》，要求各单位的会计机构、会计人员对本单位的经济活动进行会计监督。

（3）国家统一的会计机构和会计人员制度。现行的国家统一的会计机构和会计人员管理制度主要有《会计人员继续教育暂行规定》。

（4）国家统一的会计工作管理制度。现行的国家统一的会计管理制度主要包括《会计档案管理办法》《会计电算化管理办法》和《会计电算化工作规范》等。

（五）会计规范体系的改革与完善

▶ 1. 会计规范体系建设的历史回顾

（1）1949—1978 年：高度集中的计划经济体制下的会计规范建设。

（2）1978—1992 年：有计划商品经济体制下的会计规范建设。

（3）1992—1999 年：社会主义市场经济体制下的会计规范建设。

（4）2000—2005 年：统一的国家会计制度建设时期。

（5）2006 年至今：与国际趋同的企业会计准则体系建立。

▶ 2. 会计规范体系的完善

（1）会计规范体系完善的目标选择。将规范的制定与执行相结合，既要建立完善的会计规范体系，又要建立有效的执行体系。

（2）会计规范体系完善的形式选择。坚持单独制定与综合体现相结合的原则，技术层面的规范宜单独制定，制度层面的规范既可单独制定，也可以体现在其他相关规范之中。

（3）会计规范体系完善的内容选择。坚持会计国际化与国家特色相结合的原则，在技术层面保持与国际趋同；走国际化的道路；在制度层面坚持中国特色，走国家化的道路。

三、会计核算的前提条件

会计核算的基本前提就是对会计核算所处经济环境在时间、空间范围上所做的合理设定。由于这些前提条件存在估计和认为设定的因素，又称为会计假设。资金运动作为会计对象是比较抽象的，具体落实到会计核算上，其反映和监督的会计范围，各项资产、负债、所有者权益及收入、费用、利润应如何确认和计量，企业需在何时结算损益、算账、报账等，都是在进行会计核算时必须明确的前提条件。

会计假设也称基本前提，是指为了保证会计工作的正常进行和会计计量，对会计核算的范围、内容、基本程序和方法所做的限定。会计假设包括会计主体、持续经营、会计分期、货币计量。

（一）会计主体

会计主体也称会计实体，是会计为之服务的特定的单位和组织。

企业的会计记录和会计报表涉及的只是会计主体范围内的经济活动，而不核算反映企业投资者或所有者的经济活动，也不核算反映其他企业或其他经济主体的经济活动。

会计主体与法律主体并不是同一概念。一般说来，法律主体必然是会计主体，但会计主体并不一定就是法律主体。会计主体，可以是独立法人，也可以是非法人；可以是一个企业，也可以是企业内部的某一单位或企业中的一个特殊的部分；可以是单一企业，也可以是由几个企业组成的企业集团。

会计主体假设限定了会计核算的空间范围，为会计人员的会计核算提供了立场。会计主体假设是持续经营、会计分期和货币计量假设以及全部会计核算原则建立的基础。

（二）持续经营

持续经营是指会计核算应以会计主体的经营活动会以既定的经营方针和目标持续、正常地进行下去，在可预见的未来以不会被破产清算为前提条件。正因为如此，一个会计主体可将其所持有的经济资源按预定的目的在正常的经营过程中耗用、出售或转让，可将其承担的债务如期偿还。明确这个基本前提，会计人员才能在此基础上选择适当的会计原则和方法。否则，将无法进行正常的会计核算。

（三）会计分期

会计分期是指把会计主体的持续不断的经济活动过程，划分为若干个首尾相连、等间距的时间段，每一个时间段为一个会计期间。会计期间分为年度、半年度、季度和月度。我国《会计法》规定以公历年度作为会计年度。

会计分期假设使会计核算可以分期结算账目、编制财务会计报告，及时提供会计信息。它使权责发生制原则、配比原则、可比性原则、及时性原则和谨慎性原则等会计核算原则的建立成为可能。

（四）货币计量

货币计量是指对所有会计的对象，采用货币作为统一的尺度进行计量。货币计量这一前提条件为会计核算指定了计量单位。

货币是商品的一般等价物，能用以计量所有会计要素，也便于综合。使实际成本原则、可比性原则和谨慎性原则等会计核算原则的建立成为可能。

会计核算应设定记账本位币。《会计法》规定，会计核算以人民币为记账本位币。业务收支以人民币以外的货币为主的单位，也可以选定某种人民币以外的货币作为记账本位币，但向国内报送的财务会计报告应当折算为人民币。

四、会计信息的质量要求

会计信息质量要求是对企业所提供的会计信息质量的基本要求，是会计信息对其使用者决策有用所应具备的基本特征，包括可靠性、相关性、可理解性、可比性、实质重于形式、重要性、谨慎性和及时性等。

（一）可靠性

可靠性要求企业应当以实际发生的交易或事项为依据进行会计确认、计量、报告，如实反映符合会计确认和计量要素的会计要素及其他相关信息，保证会计信息真实可靠、内容完整。具体包括以下要求。

（1）企业应当以实际发生的交易或事项为依据进行会计处理，不能以虚构的交易或事项为依据进行会计处理。

（2）企业应当如实反映其所应反映的交易或事项，将符合会计要素定义及其确认条件的会计要素等如实反映在报表中，刻画出企业生产经营活动的真实面貌。

（3）企业应当在符合重要性和成本效益原则的前提下，保证会计信息的完整性，其中包括编制的报表和附注的完整性，不能随意减少应披露的信息。

会计信息的可靠性需要规范广大的经济活动参与者的行为，会计人员在加工处理会计信息时会面对大量的假账真做的问题。因此，要保证会计信息质量首先要保证会计信息是真实可靠的。

（二）相关性

相关性要求企业提供的会计信息应当与会计信息使用者的经济决策需要相关，有助于会计信息使用者对企业过去、现在或未来的情况做出评价或预测。

例如，企业为了满足经营的需要向银行申请贷款时，只有提供与还款能力有关的信息，才能满足银行的需要，才具有相关性。

（三）可理解性

可理解性要求企业提供的会计信息应当清晰明了，便于会计信息使用者理解和使用。

企业提供会计信息的目的在于使用，而要使会计信息使用者有效地使用会计信息，必须能让其了解会计信息的内涵、内容，因此要求会计信息应当清晰明了，易于理解。

鉴于会计信息的专业性较强，在强调会计信息可理解性要求的同时，应假定会计信息使用者具有一定的会计专业知识，并且愿意研究会计信息。对于复杂的会计信息，为便于理解应在报表附注中披露。

例如，利润表各个项目的设计，必须能够使会计信息使用者了解编报企业的经营成果、盈利能力、经营成果的构成，才能满足可理解性的要求。

（四）可比性

可比性要求企业提供的会计信息应当具有可比性。具体包括以下内容。

（1）为了便于使用者了解企业财务状况、经营成果的变化趋势，比较不同时期的会计信息，从而全面地评价过去、预测未来，企业对于不同时期发生的相同或相似的交易或事项，应当采用一致的会计政策，不得随意变更。只有当变更会计政策后，能够提供更可靠、更相关的会计信息时，才可以按照规定程序变更。

（2）为了便于使用者评价不同企业的财务状况、经营成果的水平及其变动情况，从而有助于使用者做出科学合理的决策，不同企业发生的相同或相似的交易或事项，应当采用规定的会计政策，确保会计信息口径一致，相互可比。即对于相同或相似的交易或事项，不同企业应当采用一致的会计政策，以使不同企业按照一致的会计处理方法提供相关会计信息。

（五）实质重于形式

实质重于形式要求企业应当按照交易或事项的经济实质进行会计处理，不应仅以交易或事项的法律形式为依据。实质是指交易或事项的经济实质，形式是指会计核算依据的法律形式。会计核算时应按照交易或事项的经济实质进行核算，而不能按照其法律形式进行核算，如果企业仅以交易或事项的法律形式进行会计处理，容易导致会计信息失真。例如，企业为占领市场而提供商品，其实质是促销，按照实质核算时应将提供的商品作为销售费用处理。

在会计实务中，交易或事项的法律形式并不能完全真实地反映其实质内容。所以，会计信息要反映其所应反映的交易或事项，必须根据交易或事项的实质和经济的现实进行判断，并据此进行会计处理。

（六）重要性

重要性要求企业提供的会计信息应当反映与企业财务状况、经营成果和现金流量有关的所有重要交易或事项。

企业会计信息的省略或错报会影响使用者据此作出正确决策时，该信息就具有重要性。重要性没有统一的标准，需要根据会计人员的职业判断确定。确定的标准通常有两个方面：一是质的方面，如果提供的会计信息对决策者的决策有影响，说明该信息具有重要性，会计上应单独披露；二是量的方面，如果某一交易或事项的数量占该类数量的一定比例，就具有重要性。例如，甲企业全年的销售收入为 1 000 万元，其中一笔销售 200 万元，则该笔销售具有重要性。

（七）谨慎性

谨慎性要求企业对交易或事项进行会计处理时应当保持应有的谨慎，不高估资产或者收益，不低估负债和费用。

企业的经济活动在面临许多风险和不确定性的情况下，会计核算应尽可能减少经营者的风险负担，不高估企业的资产或收益，对可能发生的负债或费用则要多算。但是，谨慎性的应用不允许企业故意低估资产或收益，故意高估负债或费用，否则将不符合会计信息的可靠性和相关性，损害会计信息的质量。

例如，企业的生产设备在使用过程中磨损的价值是多少，具有不确定性，这时可以应用谨慎性要求，尽量将生产设备磨损价值估计高一点，则资产的价值就会低一点；当磨损的价值作为费用，在收入一定的情况下实现的利润就少一点；费用以收入补偿后企业承担设备陈旧的风险就小一点。

（八）及时性

及时性要求企业对于已经发生的交易或事项，应当及时进行会计处理，不得提前或延后。

由于会计分期的存在，企业如果不能及时提供会计信息，即使是可靠的、相关的会计信息，也可能会失去时效性，从而降低会计信息的相关性。为了保证提供的会计信息及时，企业应及时地收集、整理各种原始凭证，及时按照规定对发生的交易或事项进行会计处理，及时传递会计信息。

例如，企业规定费用报销的期限，规定提供财务报表的期限，就是为了保证会计信息具有及时性。企业持续不断的经营活动过程被人为地划分为一个个会计期间，会计按照会计期间编报财务报告，但经营活动并未中断，编报的财务报告反映的是过去期间的财务状况、经营成果，如果不能及时编报财务报告，过去的会计信息与当前的经营活动产生差距，其相关性会受到影响。

会计信息质量是会计目标的体现。会计信息首要质量特征包括客观性、相关性、可理解性和可比性。会计信息次要质量特征包括实质重于形式、重要性、谨慎性和及时性。

练习题

一、思考题

1. 什么是会计？我国对会计的阐释主要有哪些观点？

2. 会计目标是什么？结合会计目标谈谈你对会计的认识。

3. 会计职能的定义，会计的基本职能有哪些？

4. 会计核算的基本方法有哪些？

5. 什么是会计准则？我国会计法规由哪几个层次组成？

6. 会计核算的前提条件是什么？它的基本内容有哪些？

7. 我国会计信息质量要求有哪些？

二、单项选择题

1. 会计是以（　　）为主要计量单位，反映与监督一个单位的经济活动的一种经济管理工作。

A. 实物　　　　　B. 货币　　　　　C. 工时　　　　　D. 劳动量

2. 下列项目中，属于会计基本职能的是（　　）。

A. 计划职能、核算职能　　　　　B. 预测职能、监督职能

C. 核算职能、监督职能　　　　　D. 决策职能、监督职能

3. 会计对象是企事业单位的（　　）。

A. 资金运动　　　　　B. 经济活动

C. 经济资源　　　　　D. 劳动成果

4.（　　）是将一个会计主体持续经营的生产经营活动被人为地划分成若干个相等的会计期间。

A. 会计时段　　　　B. 会计分期　　　　C. 会计区间　　　　D. 会计年度

5. 以货币为主要计量单位，通过确认、计量、记录、计算、报告等环节，对特定主体的经济活动进行记账、算账、报账，为有关方面提供会计信息功能的是（　　）。

A. 会计核算职能　　B. 会计监督职能　　C. 会计计划职能　　D. 会计预测职能

6. 在会计核算的基本前提中，确定会计核算空间范围的是（　　）。

A. 会计主体　　　　B. 持续经营　　　　C. 会计分期　　　　D. 货币计量

7. 会计核算必须以（　　）为核算的基础和假设条件。

A. 会计主体　　　　B. 持续经营　　　　C. 会计分期　　　　D. 货币计量

8. 会计核算工作的起点是（　　）。

A. 复式记账　　　　　　　　　　　B. 登记账簿

C. 填制和审核会计凭证　　　　　　D. 编制会计报表

9. 会计核算的内容是指特定主体的（　　），包括资金投入、运用、退出三个阶段。

A. 资金运动　　　　B. 资金循环　　　　C. 实物运动　　　　D. 经济资源

三、多项选择题

1. 会计核算的基本前提包括（　　）。

A. 会计主体　　　　B. 持续经营　　　　C. 会计分期　　　　D. 货币计量

2. 下列各项中，属于会计要素的有（　　）。

A. 资产　　　　　　B. 固定资产　　　　C. 负债　　　　　　D. 费用

3. 会计对象是指（　　）的内容。

A. 会计核算　　　　B. 实物流转　　　　C. 会计监督　　　　D. 财务活动

4. 下列选项中，反映企业财务状况的会计要素包括（　　）。

A. 资产　　　　　　B. 收入　　　　　　C. 费用　　　　　　D. 所有者权益

5. 下列选项中，反映企业经营成果的会计要素包括（　　）。

A. 负债　　　　　　B. 资产　　　　　　C. 利润　　　　　　D. 费用

6. 下列组织可以作为一个会计主体进行会计核算的有（　　）。

A. 独资企业　　　　　　　　　　　B. 企业生产或销售部门

C. 分公司　　　　　　　　　　　　D. 集团公司

7. 会计核算所产生的信息，应具有（　　）。

A. 合理性　　　　　B. 完整性　　　　　C. 连续性　　　　　D. 系统性

8. 会计的两项基本职能是相辅相成、辩证统一的关系，下列说法正确的有（　　）。

A. 会计监督是会计核算的基础

B. 会计监督是会计核算的质量保证

C. 没有会计核算所提供的信息，会计监督就会失去依据

D. 会计还具有预测经济前景、参与经济决策、评价经营业绩等功能

9. 下列各项中，属于会计职能的有（　　）。

A. 预测经济前景　　　　　　　　　B. 参与经济决策

C. 评价经营业绩　　　　　　　　　D. 实施会计监督

10. 我国在确定会计要素时主要反映企业的(　　　)。

A. 经营成果　　　　B. 偿债能力　　　　C. 持续经营　　　　D. 财务状况

四、判断题

1. 会计是以货币作为唯一的计量单位。　　　　　　　　　　　　　　　　（　　）

2. 会计按其报告的对象不同，又有财务会计与管理会计之分。　　　　　（　　）

3. 会计核算职能是会计的唯一职能。　　　　　　　　　　　　　　　　（　　）

4. 会计监督是指对特定主体经济活动的合法性、合理性的审查。　　　　（　　）

5. 法人可以是会计主体，但会计主体一定是法人。　　　　　　　　　　（　　）

6. 会计要素是对会计对象的基本分类。　　　　　　　　　　　　　　　（　　）

7. 资产是指由于过去、现在、未来的事项和交易形成并由企业拥有或控制的经济资源，该资源预期会给企业带来经济利益。　　　　　　　　　　　　　　　　　（　　）

8. 负债是指过去交易、事项形成的现时义务，履行该义务预期会导致经济利益流出。
　　　　　　　　　　　　　　　　　　　　　　　　　　　　　　　　（　　）

9. 会计等式揭示了会计要素之间的内在联系，是设置账户、进行复式记账、编制会计报表的依据。　　　　　　　　　　　　　　　　　　　　　　　　　　　（　　）

10. 资产与权益恒等式关系是复式记账法的理论基础，也是企业编制资产负债表的依据。　　　　　　　　　　　　　　　　　　　　　　　　　　　　　　　（　　）

11. 收入减去费用等于利润的会计关系是企业编制利润表的基础。　　　　（　　）

12. 利润是企业的一项资产。　　　　　　　　　　　　　　　　　　　　（　　）

13. 财物是反映一个单位进行或维持经营活动的所有经济资源。　　　　　（　　）

14. 款项和有价证券是单位流动性最强的资产。　　　　　　　　　　　　（　　）

15. 费用是企业在销售商品、提供劳务等日常活动中所发生的经济利益流出。（　　）

16. 资本的利益关系比较明确，用途基本定向，办理增减具有很强的政策性。（　　）

17. 债权债务的发生和结算，涉及单位与其他单位以及与其他有关方面的经济利益，但不会影响单位的经营活动和业务活动。　　　　　　　　　　　　　　　　　（　　）

18. 会计记录的文字应当使用中文。民族自治地方，会计记录可同时使用当地通用的民族文字。　　　　　　　　　　　　　　　　　　　　　　　　　　　　　（　　）

第二章
会计科目与会计账户

知识目标

1. 了解资金平衡关系、理解在资金平衡原理下的会计等式的含义及经济活动对会计等式的影响。

2. 掌握会计科目的含义，理解设置会计科目的原则，掌握会计科目的分类。

3. 掌握会计账户的含义，理解会计科目与会计账户的区别与联系，了解会计账户的作用和格式，掌握会计账户的分类，理解运用账户平行登记的原理。

4. 掌握会计账户的分类。

案例导入

在《红楼梦》第二十八回中有这样一个片段：王熙凤取过笔砚纸来，让宝玉写道："大红妆缎四十四，蟒缎四十四，上用纱各色一百匹，金项圈四个……"宝玉心中疑惑却又未问出所以然。宝玉写的这个纸条中记录有大量的开销物资，这些物资究竟从哪里来的，将派上什么用场，用于什么项目？

思考：在今天的财务会计工作中，会计主体也会面临管理各种各样的财产物资，如现金购买原料，原料加工后变成产品，产品销售后变成现金等。我们应如何规范各企事业单位不同的财产物资呢？一个会计主体的财产是怎么来的？它又是如何增减变化的呢？它们在转换的过程中有什么特点呢？要管理好各类物资，我们需不需要对它们进行分类呢？

第 一 节　资金的平衡关系与会计等式

在前面的分析中，我们知道会计核算和监督的内容即会计对象抽象地说是资金运动，要核算资金运动，我们有必要研究资金在运动的过程中具有的特点——平衡关系。

一、资金平衡关系

资金存在和分布形态(资金运用)及资金取得和形成(资金来源)两个方面是同一资金的两个侧面,两者金额始终相等,完整地反映资金的来龙去脉,即资金的使用=资金的来源。

例如,某公司所有者投入资本 600 000 元,向银行借入 100 000 元,欠甲单位货款 50 000 元;用于购买原材料 200 000 元,购置设备 400 000 元,银行存款 100 000 元,应收乙单位货款 50 000 元。资金总额为 750 000 元,也就是说,资金来源为 750 000 元,资金运用为 750 000 元,两者金额相等,具有资金使用价值等于资金来源价值的平衡关系,如图 2-1 所示。

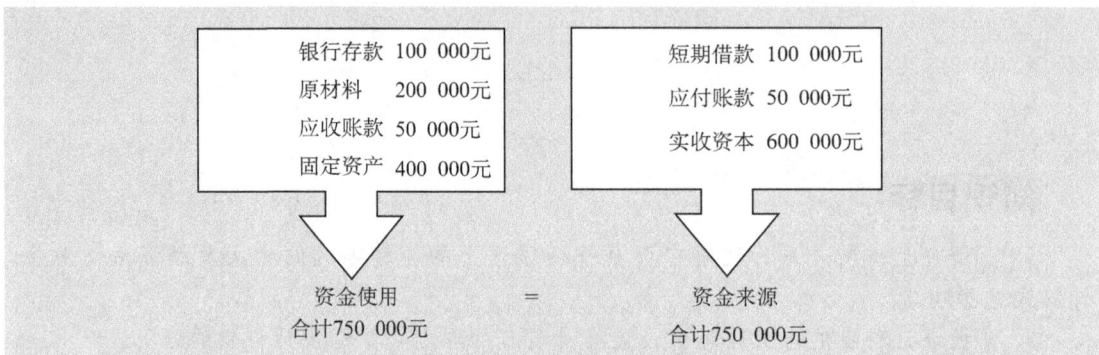

银行存款 100 000元
原材料　 200 000元
应收账款 50 000元
固定资产 400 000元

短期借款 100 000元
应付账款 50 000元
实收资本 600 000元

资金使用
合计750 000元

＝

资金来源
合计750 000元

图 2-1　资金的平衡关系

我们可以把会计核算和监督的内容,即会计对象总结为某个主体的资金运动,由于资金运动过于抽象,我们又把运动过程的资金运动按其经济特征划分为资产、负债、所有者权益、收入、费用、利润六个会计要素,这六个会计要素根据资金的平衡原理存在一定的恒等关系。

二、会计恒等式

会计等式表明会计要素之间相互关系的代数方程表达式。会计等式揭示了会计要素之间的内在联系,是会计核算中设置会计科目和账户、复式记账和编制资产负债表的基本理论依据。

▶ 1. 资产＝负债＋所有者权益

这一会计等式,表明某一会计主体在某一特定时点所拥有的各种资产,债权人和投资者(所有者)对企业资产要求权的基本状况,表明资产和负债与所有者权益之间的基本关系。

▶ 2. 收入－费用＝利润

这一会计等式表明经营成果与相应期间的收入和费用的关系。

▶ 3. 资产＝负债＋所有者权益＋(收入－费用)

这一会计等式表明会计主体的财务状况与经营成果之间的相互关系。

三、经济业务及其对会计恒等式的影响

经济业务是指企业生产经营过程中发生的、能够引起会计要素增减变化的交易、事项和情况。其中,交易是指发生在两个不同主体之间的价值转移,事项是指发生主体内部各部门之间的资源转移,情况是指外部环境的变化对企业会计要素可能造成的影响。

这些交易、事项、情况对会计恒等式的影响有四种类型：资产与权益同增、资产与权益同减、资产的此增彼减、权益的此增彼减。

企业经济业务按其对财务状况等式的影响不同可以分为以下 9 种基本类型。

（1）一项资产增加，另一项资产等额减少的经济业务。

例如，A 企业用银行存款 60 000 元购买一台生产设备，设备已交付使用。这项经济业务使 A 企业的资产（固定资产）增加了 60 000 元，但同时另一项资产（银行存款）减少了 60 000 元，也就是说，企业的资产一项增加一项减少，增减金额相同，因此资产的总额不变，会计等式依然不变。

（2）一项资产增加，一项负债等额增加的经济业务。

例如，A 企业从银行取得了 5 年期的借款 10 000 元。这项经济业务使 A 企业的资产（银行存款）增加了 10 000 元，同时负债（长期借款）也增加了 10 000 元，也就是说，企业的一项资产增加了，同时一项负债也增加了，增加的金额相同。因此会计等式依然保持不变。

（3）一项资产增加，一项所有者权益等额增加的经济业务。

例如，A 企业收到所有者追加的投资 800 000 元，款项存入银行。这项经济业务使资产（银行存款）增加了 800 000 元，即等式左边资产增加了 800 000 元，同时等式右边的所有者权益（实收资本）也增加 800 000 元，因此并没有改变等式的平衡关系。

（4）一项资产减少，一项负债等额减少的经济业务。

例如，A 企业用银行存款归还所欠的 B 企业的货款 40 000 元。这项经济业务使 A 企业的资产（银行存款）减少了 40 000 元，同时负债（应付账款）也减少了 40 000 元，也就是说，等式两边同时减少 40 000 元，等式依然成立。

（5）一项资产减少，一项所有者权益等额减少的经济业务。

例如，A 企业的某一位股东请求减少出资，经股东大会同意后，以现金方式退还 20 000 元。这项经济业务使 A 企业的资产（库存现金）减少了 20 000 元，同时所有者权益（实收资本）减少了 20 000 元，也就是等式两边同时减少 20 000 元，等式依然成立。

（6）一项负债增加，另一项负债等额减少的经济业务。

例如，A 企业将已到期但无力支付的应付票据 300 000 元转入应付账款。这项经济业务使企业的负债（应付票据）减少了 300 000 元，同时另一项负债（应付账款）增加了 300 000 元，即企业的负债一项减少一项增加，增减金额相同，负债总额不变，等式仍然成立。

（7）一项负债增加，一项所有者权益等额减少的经济业务。

例如：A 企业的某一位投资人将 30 000 元投资转为对企业的长期借款。这项经济业务使企业的负债（长期借款）增加 30 000 元，同时所有者权益（实收资本）减少 30 000 元，即企业负债一项增加一项减少，增减金额相等，等式仍然成立。

（8）一项所有者权益增加，一项负债等额减少的经济业务。

例如：A 企业通过为银行提供劳务服务，将实现的收入偿还短期借款 5 000 元。这项经济业务使企业所有者权益（本年利润）增加 5 000 元，同时负债（短期借款）减少 5 000 元，增减金额相等，等式仍然成立。

（9）一项所有者权益增加，另一项所有者权益等额减少的经济业务。

例如，A 企业将资本公积 6 000 元转为实收资本。这项经济业务使所有者权益（实收资本）增加了 6 000 元，同时另一项所有者权益（资本公积）又减少了 6 000 元，所有者权益一增一减，且金额相等，等式仍然成立。

上述 9 类基本经济业务的发生均不影响财务状况等式的平衡关系，具体分为三种情形：基本经济业务(1)(6)(7)(8)(9)财务状况使等式左右两边的金额保持不变；基本经济业务(2)(3)财务状况使等式左右两边的金额等额增加；基本经济业务(4)(5)财务状况使等式左右两边的金额等额减少。

第二节 会计科目

一、会计科目的概述

▶ 1. 会计科目的定义

会计科目就是对会计要素进一步分类形成的项目。在我国会计要素分为资产、负债、所有者权益等六个要素，为了全面、系统地核算和监督各项会计要素的增减变动情况，满足有关方面对会计信息的需要，就有必要对会计要素作进一步的分类，这种对会计要素的内容进行分类核算的项目，称为会计科目。有了会计科目，即可设置会计账户，在经济业务发生时按其内容加以分类，同时通过编制记账凭证将其分列出来，并按照一定的方法将其记录到相应的会计账簿中，最终通过会计报表对外提供有关会计信息。

▶ 2. 会计科目的意义

在会计核算系统不断地搜集、输入、加工、转换、输出会计信息的过程中，不能回避信息分类的问题。从管理学的角度来看，分类就是管理的基础，或者说分类是管理的一种形式。会计科目是按照会计对象的经济内容性质的不同而进行的分类标志，是对会计要素的具体内容进行分类核算的项目。如前所述，会计对象是资产、负债、所有者权益、收入、费用、利润等诸多会计要素。在企业生产经营活动的过程中，会计要素的具体内容必定会发生数量、金额的增减变动。例如，用银行存款购进原材料，原材料的增加导致银行存款的减少，使资产要素的具体构成发生变化；用银行存款偿还前欠应付货款的减少，使得资产与负债两要素量同时减少等。由于企业的经济活动纷繁复杂，它所引起的各个会计要素内部构成以及各个会计要素之间的增减变化也错综复杂，并表现为不同的形式。有些业务可能引起会计恒等式两边的变化，有些业务只在某个会计要素内部构成中引起增减变动。为了对会计对象的具体内容进行会计核算和监督，就要根据各自的不同特点分门别类的确定项目。由于会计要素反映的经济内容有很大不同，在经营管理中当然也会有不同的要求，在会计核算中除了要按照各会计要素的不同特点，还应根据经济管理的要求进行分类别、分项目的核算。

设置会计科目，就是根据会计对象的具体内容和经济管理的要求，事先规定分类核算的项目或表示的一种专门的方法。通过设置会计科目，可以对纷繁复杂、性质不同的经济业务进行科学的分类，可以将复杂的经济信息变成有规律的、易识别的经济信息，并为将其转换为会计信息准备条件。在设置会计科目时，需要将会计对象中具体内容相同的归为一类，设立一个会计科目，凡是具备这类会计信息特征的经济业务，都应该在这科目下核算。设置会计科目从信息分类的角度来看，是将性质相同的信息给予约定的代码。例如，根据资产这一会计要素的特征以及经济管理的要求，可以设置"固定资产""无形资产""库存现金""银行存款""原材料"等会计科目，这样才能对会计科目的具体内容进行核算。设置会计科目时，要为每一具体的类别规定一个科目名称，并且限定在该科目名称下包括的内容。例如，企业的货币资金是一种资产，但是它的保管及收复方式不一样。因此，可以将其划分成两个类别：银行存款和现金。相应地也设置两个会计科目，其中"银行存款"科目核算企业存放在银行的款项的存入，支取及结存情况，而"库存现金"科目则核算企业的库存现金的收付与结存情况。由此可见，会计科目是对会计要素具体内容分类的标志，在每一个会计科目名称的项下，都要有明确的含义、核算范围。通过设置会计科目，对会计要素的具体内容进行科学的分类，可以为会计信息的使用者提供科学、详细的分类指标体系。在会计核算的各种方法中，通过设置会计科目，对会计要素的具体内容进行科学的分类，可以为会计信息的使用者提供详细具体的分类指标体系。在会计核算的各种方法中，设置会计科目占有重要位置。它决定着账户开设和报表结构设计，是一种基本的会计核算方法，在会计核算体系中具有十分重要的意义。

（1）会计科目是复式记账的基础。复式记账要求每一笔经济业务在两个或两个以上相互联系的账户中进行登记，以反映资金运动的来龙去脉。

（2）会计科目是编制记账凭证的基础。记账凭证是确定所发生的经济业务应记入哪一种科目以及分门别类登记账簿的凭据。

（3）会计科目为成本计算与财产清查提供了前提条件。通过会计科目的设置，有助于成本核算，使各种成本计算成为可能；而通过账面记录与实际结存的核对，又为财产清查、保证账实相符提供了必备的条件。

（4）会计科目为编制会计报表提供了方便。会计报表是提供会计信息的主要手段，为了保证会计信息的质量及其提供的及时性，会计报表中的许多项目与会计科目是一致的，并根据会计科目的本期发生额或余额填列。

二、会计科目的分类

▶ 1. 按照提供信息的详细程度及其隶属关系分类

会计科目按其所提供信息的详细程度及其隶属关系不同，分为总分类科目和明细分类科目。

总分类科目也称"总账科目"或"一级科目"，它是对会计要素具体内容进行总括分类、提供总括信息的会计科目，如"应收账款""原材料"等。

明细分类科目也称"明细科目"，它是对总分类科目作进一步分类、提供更详细更具体会计信息的科目，如"应收账款"科目按债务人名称或姓名设置明细科目，反映应收账款的具体对象；再如，"原材料"科目按原料及材料的种类、规格等设置明细科目，反映各种原材料的具体构成内容。为了适应管理工作的要求，对于明细科目较多的总账科目，可在总分类科目与明细科目之间设置二级或多级科目。

总分类科目与明细分类科目既有联系又有区别，总分类科目是概括地反映会计对象的具体内容，提供的是总括性指标。而明细分类科目是详细地反映会计对象的具体内容，提供的是比较详细具体的指标。总分类科目对明细分类科目具有统驭控制作用，而明细分类科目则是对总分类科目的具体化和详细说明。

▶ **2. 按照会计科目经济内容分类**

会计科目按其所归属的会计要素不同，分为资产类、负债类、所有者权益类、成本类、损益类五大类。

（1）资产类科目，是对资产要素的具体内容进行分类核算的项目，如库存现金、银行存款、应收账款、原材料、固定资产等。

（2）负债类科目，是对负债要素的具体内容进行分类核算的项目，如短期借款、应付账款、应付职工薪酬、应交税费、长期借款等。

（3）所有者权益类科目，是对所有者权益要素的具体内容进行分类核算的项目，如实收资本、资本公积、盈余公积、本年利润、利润分配等。

（4）成本类科目，是对可归属于产品生产成本、劳务成本等费用的具体内容进行分类核算的项目，如生产成本、制造费用、劳务成本等。

（5）损益类科目，是对收入和费用要素的具体内容进行分类核算的项目，这类科目会直接引起当期财务成果即利润的变动。它包括收入类科目和费用类科目。其中，收入类科目如主营业务收入、其他业务收入等；费用类科目如主营业务成本、销售费用、管理费用、财务费用等。

拓展阅读：
我国最新会计科目表

三、会计科目的设置原则

设置会计科目是会计核算的一种专门方法，为了更好地发挥会计科目在核算中的作用，正确使用会计科目，在设置会计科目时应遵守以下原则。

（一）结合会计对象的特点

为了保证会计核算指标口径的一致，便于不同企业的会计指标的可比性和逐级汇总的需要，提供宏观经济管理所需要的会计信息，《企业会计准则》提供了统一会计科目；由于不同类型的企业经营范围不同、业务也不同，比如工业企业主要的资金运动过程是筹集资金后，先买设备、原料，然后在进行加工，生产出产品，把产品对外销售，实现资金回笼；而商业企业则没有生产加工环节直接买进卖出实现资金回笼。它们用到的会计科目肯定不一样，因此，我们设置会计科目时要结合会计对象来选择与之经济业务相适应的会计科目。

（二）符合经济管理的要求

会计的目标是为企业提高经济效益服务，所设置的会计科目应为提供有关各方所需要的会计信息服务，满足对外报告与对内管理的要求。会计信息应满足企业各个相关方面和人员对会计信息的需要，因此，在设置会计科目时，不仅要能全面正确地反映企业的财务状况和经营成果，满足外部的投资者和债权人的需要，也应当有利于企业内部的管理活动的开展。

（三）统一性和灵活性相结合

统一性主要是指一级科目的设置要遵守《企业会计准则》提供的科目，灵活性主要是指二级以下的明细科目的名称、级次等可以灵活掌握。比如：设置"银行存款"一级科目；二级科目设几个，二级科目下是否在设三级明细科目由企业根据需要灵活掌握。

（四）名称简单明确、字义相符、通俗易懂

会计科目主要是指设置二级及以下会计科目时，科目名称要简单明确、通俗易懂、意思要和

名字相符；比如"银行存款"下不能设A存款、B存款，1号存款等；可以按支行名称设明细账。

（五）保持相对稳定性

会计信息质量要求会计信息要具有可比性，所以会计科目一旦启用就不应当随时变动，保持相对的稳定。

第 三 节　会 计 账 户

一、账户的概念

会计科目是对会计对象具体内容进行分类核算的项目。为了全面、序时、连续、系统地记录由经济业务的发生而引起的会计要素的增减变动情况，还必须根据规定的会计科目在账簿中开设账户。

账户是根据会计科目设置的，具有一定格式和结构，用于分类反映会计要素增减变动情况及其结果的载体。设置账户是会计核算的重要方法之一。

账户使原始数据转换为初始会计信息，通过账户可以对大量复杂的经济业务进行分类核算，从而提供不同性质和内容的会计信息。某一账户的核算内容又具有独立性和排他性，并且在设置上要服从于会计报表对会计信息的要求。

二、账户的分类

（一）账户按提供指标的详细程度分类

账户按提供指标的详细程度不同，可分为总分类账户和明细分类账户。与会计科目的分类相对应，账户也分为总分类账户和明细分类账户。总分类账户是指根据总分类科目设置的，用于对会计要素具体内容进行总括分类核算的账户，简称总账账户或总账。例如，"生产成本"账户、"原材料"账户都是总分类账户。明细分类账户是根据明细分类科目设置的，用来对会计要素具体内容进行明细分类核算的账户，简称明细账。总账账户称为一级账户，总账以下的账户称为明细账户。例如，"生产成本"账户下属的"一车间"和"二车间"，"原材料"账户下属的"A材料"和"B材料"就是明细分类账户。

（二）账户按经济内容分类

账户的经济内容是指账户所反映会计对象的具体内容。账户按经济内容分类是对账户最基本的分类，企业会计对象的具体内容可以归结为资产、负债、所有者权益、收入、费用和利润六项会计要素。由于企业在一定期间所取得的收入和发生的费用都将体现在当期损益中，因此可以将收入、费用账户归为损益类账户；而企业在一定期间实现的利润经过分配之后，最终要归属于企业的所有者权益。另外，许多企业单位，特别是制造、加工企业，还需要专门设置进行产品成本核算的账户。因此，账户按经济内容分类，可以分为资产类账户、负债类账户、所有者权益类账户、成本类账户和损益类账户五大类。

（三）账户的其他分类方法

账户除按上述标准进行分类以外，还可以按其他标准分类，如按列入会计报表分类、按会计主体分类和按有无期末余额分类等。

▶ **1. 账户按列入会计报表分类**

账户按列入会计报表分类，分为资产负债表账户和利润表账户。资产负债表账户是指该账户所提供的资料是编制资产负债表的依据。资产负债表包括资产、负债和所有者权益三类。利润表账户是指该账户所提供的资料是编制利润表的依据。利润表账户包括收益类和费用类两类，这些账户是根据利润表的项目设置的。账户按列入会计报表的分类，目的在于通过这些账户的具体核算，提供期末编制会计报表所需要的数据。

▶ **2. 账户按会计主体分类**

账户按会计主体分类，分为表内账户和表外账户。表内账户是指用来核算一个会计主体的资产、负债、所有者权益、收入、费用及经营成果的账户。表外账户是指用来核算不属于本会计主体的资产的账户，如采用经营租赁方式租入固定资产账户，代管商品物资账户等都是表外账户。账户按会计主体分类的目的在于严格划清会计核算和监督内容的空间界限，为本企业的经营管理者提供更多的资料。

▶ **3. 账户按期末余额分类**

账户按期末余额分类，可分为借方余额账户、贷方余额账户和期末无余额账户。借方余额账户是指账户的借方发生额表示增加，贷方发生额表示减少，期末余额一般在借方的账户。资产类账户一般都是借方余额账户。贷方余额账户是指账户的借方发生额表示减少，贷方发生额表示增加，期末余额一般在贷方的账户。负债类和所有者权益类账户期末余额一般都在贷方。期末无余额账户是指期末结账时，将本期汇集的借（贷）方发生额分别从贷（借）方转出，结转后期末没有余额的账户。收益类和费用类账户为期末没有余额的账户。通常将期末有余额的账户称为实账户，实账户的期末余额代表着资产、负债或所有者权益；期末无余额的账户称为虚账户，虚账户的发生额反映企业的损益情况。账户按期末余额分类，目的在于把握账户期末余额代表的内容及期末结转的规律性，以便正确地组织会计核算。

注意：账户的分类，主要是为了从相互联系的账户中探求其相互区别，认识设置和运用账户的规律性，这个分类主要是从账户的用途和结构方面来进行的。

三、账户的基本结构

（一）基本结构

账户的基本结构是由会计要素的数量变化情况决定的。由于经济业务发生所引起的各项会计要素的变动，从数量上看不外乎增加和减少两种情况。因此，账户的结构也相应地分为左方和右方两个方向，一方登记增加，另一方登记减少。至于哪一方登记增加，哪一方登记减少，取决于所记录经济业务和账户的性质。登记本期增加的金额称为本期增加发生额；登记本期减少的金额，称为本期减少发生额；增减相抵后的差额，称为余额。余额按照表示的时间不同，分为期初余额和期末余额，基本关系如下：

期末余额＝期初余额＋本期增加发生额－本期减少发生额

上式中的四个部分称为账户的四个金额要素。账户的基本结构具体包括账户名称（会计科目）、记录经济业务的日期、所依据记账凭证编号、经济业务摘要、增减金额、余额等。

（二）账户的主要内容

作为会计核算对象的会计要素，是随着经济业务的发生在数量上进行增减变化，并相应产生变化结果。因此，用来分类记录经济业务的账户必须确定结构：增加的数额记在哪里，减少的数额记在哪里，增减变动的结果记在哪里，采用不同的记账方法，账户的结构是不同的，即使采用同一记账方法，不同性质的账户结构也是不同的，但是不管采用何种记账方法，也不论何种性质的账户，其基本结构总是相同的。账户一般可以划分为左右两方，每一方再根据实际需要分成若干栏次，用来分类登记经济业务及其会计要素的增加与减少，以及增减变动的结果，账户的格式设计一般应包括以下内容（见表 2-1）：①账户名称，即会计科目；②日期和摘要，即经济业务发生的时间和内容；③记账号数，即账户记录的来源和依据；④增加和减少的金额。

表 2-1　账 户 名 称

日　　期	凭证号数	摘　　要	增加金额	减少金额	余　　额

账户左右两方的主要内容是记录期初余额、本期增加额、本期减少额及期末余额。本期增加额和减少额是指在一定的会计期间内（月、季或年），账户在左右两方分别登记的增加金额合计数和减少金额合计数，又可以将其称为本期增加发生额和本期减少发生额。本期增加发生额和本期减少发生额相抵后的余额，就是本期的期末余额。如果将本期的余额转入下一期，就是下一期的期初余额。这四项金额的关系可以用下列公式来表示：

$$期末余额＝本期期初余额＋本期增加发生额－本期减少发生额$$

账户的左右两方是按相反的方向来记录增加和减少额。也就是说，如果规定在左方记录增加额，即应该在右方登记减少额；反之，如果在左方登记减少额，就应该在右方登记增加额。在具体账户的左右两方中究竟哪一方记录增加额，哪一方记录减少额，取决于各账户所记录的经济内容和所采取的记账方法，如借贷记账法。显然账户的余额一般和记录的增加额在同一方向。

为了教学方便，在教科书中经常用简化格式丁字账来说明账户结构。这时，账户就省略了有关栏次。

表 2-2　丁字账的格式表

（左方）	账户名称（会计科目）	（右方）

四、账户与会计科目的联系和区别

（一）两者的联系

会计科目与账户都是对会计对象具体内容的科学分类，两者口径一致，性质相同，会计科目所反映的经济内容就是账户所要登记的内容。会计科目是账户的名称，也是设置账户的依据，账户是根据会计科目开设的，是会计科目的具体运用。如，"固定资产"科目与"固定资产"账户的核算的内容、范围完全相同。没有会计科目，账户便失去了设置的依据；没有账户，会计科目就无法发挥作用。

（二）两者的区别

会计科目仅仅是账户的名称，不存在结构；而账户则具有一定的格式和结构。会计科目仅说明反映经济内容是什么，而账户不仅说明反映经济内容是什么，而且还系统反映和控制其增减变化及结余情况。会计科目的作用主要是为了开设账户，填制凭证所运用的科目；而账户的作用主要是提供某一具体会计对象的会计资料，为编制会计报表所运用。

在实际工作中，对会计科目和账户难以严格区分，而是连在一起使用的。

第四节 会计账户的分类

在本章第二节中介绍了账户分类标准是依据账户具有的一些特征确定的，每一个账户都有若干特征，因此每一个账户都可以按不同的标准加以分类。在一个完整的账户体系中，各账户的经济内容、用途和结构不尽相同。账户分类主要取决于账户的经济内容及账户的用途和结构。因此各种账户的分类主要从这两个方面进行的。

一、按经济内容的分类

账户按经济内容的分类，即按账户所核算和监督的会计对象的具体内容进行分类，它是账户基本的分类，也是账户按用途和结构分类的基础。如图 2-2 所示。

（一）资产类账户

资产类账户是用来反映企业资产的增减变动及结存情况的账户，按照资产流动性强弱分为流动资产账户和非流动资产账户。

（1）流动资产账户，反映的是在一年内或不超过一个经营周期就被耗用的资源。如库存现金、银行存款、应收账款等。

（2）非流动资产账户，反映的是超过一年内或一个经营周期才被耗用的资源。如长期股权投资、固定资产等。

（二）负债类账户

负债类账户是用来反映企业债务的增减变动及实有数额情况的账户，按其偿还期长短可以分为流动负债账户和非流动负债账户。

（1）流动负债账户，反映的是在一年内或不超过一个经营周期就要偿还的债务。如短期借款、应付账款、应交税费、应付职工薪酬等。

（2）非流动负债账户，反映的是超过一年内或一个经营周期才被耗用的资源偿还的债务。如长期借款、应付债券、长期应付款等，如图 2-2 所示。

（三）所有者权益类账户

所有者权益类账户是用来反映企业所有者权益增减变动及结存情况的账户，按其经济

```
                                                    ┌ 库存现金
                                                    │ 银行存款
                                                    │ 应收票据
                                       ┌ 流动资产账户 ┤ 应收账款
                                       │            │ 材料采购
                                       │            │ 原材料
                                       │            │ 库存商品
                            资产类账户 ┤            └ ……
                                       │            ┌ 长期股权投资
                                       │            │ 固定资产
                                       └ 非流动资产账户┤ 累计折旧
                                                    │ 无形资产
                                                    └ ……
                                                    ┌ 短期借款
                                       ┌ 流动负债账户 ┤ 应付职工薪酬
                                       │            │ 应付账款
                            负债类账户 ┤            └ ……
                                       └ 非流动负债账户┤ 长期借款
                                                    └ 应付债券
                                                    ┌ 实收资本
                                                    │ 资本公积
                            所有者权益类账户         ┤ 盈余公积
                                                    │ 本年利润
                                                    └ 利润分配
                            成本类账户              ┤ 生产成本
                                                    └ 制造费用
                                                    ┌ 主营业务收入
                                                    │ 其他业务收入
                                                    │ 营业外收入
                                                    │ 主营业务成本
                            损益类账户              ┤ 其他业务成本
                                                    │ 销售费用
                                                    │ 管理费用
                                                    └ 财务费用
```

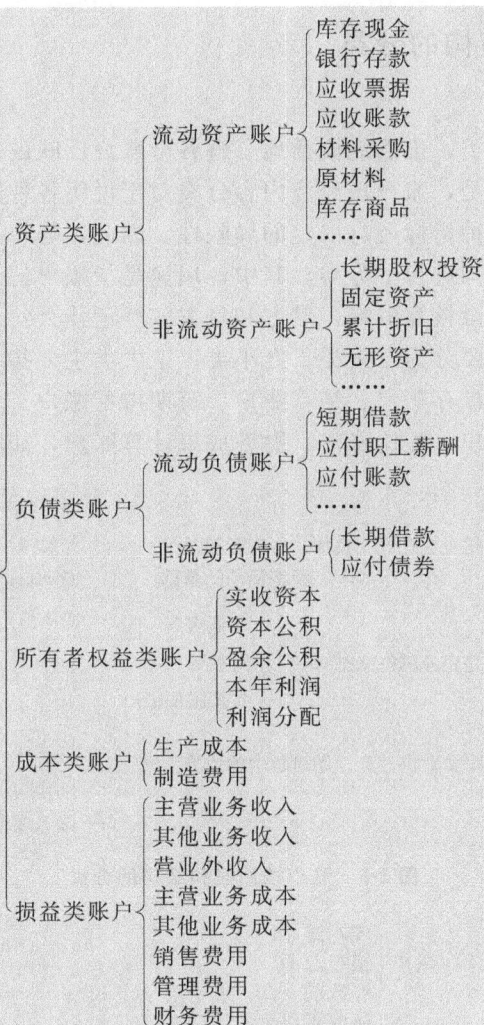

图 2-2　账户按经济内容的分类

性质不同又可以分为：所有者投资账户、留存收益账户和经营成果账户。

（1）所有者投资账户，反映的是投资者投入企业的本金及溢价，如实收资本、股本、资本公积等账户。

（2）留存收益账户，如盈余公积、利润分配等。

（3）反映经营成果的账户，如本年利润账户。

（四）成本类账户

成本类账户是用来反映企业在生产经营过程中发生的各项耗费并计算产品或劳务成本的账户，如生产成本、制造费用、劳务成本等账户。

（五）损益类账户

损益类账户是用来反映企业收入和费用的账户。按照损益与企业的生产经营活动是否有关，损益类账户又可以分为反映营业损益的账户和反映非经常性损益的账户。反映营业损益的账户，如主营业务收入、主营业务成本、主营业务税金及附加、其他业务收入、其他业务支出等账户；反映非经常性损益的账户，如营业外收入、营业外支出等账户。

二、按用途和结构的分类

(一)分类概况

账户按经济内容的分类,虽然能概括地了解各个账户反映的是什么,对于正确区分和运用账户有重要意义。但是,账户按经济内容分类对于说明各种账户的作用及如何运用账户提取经营管理需要的各种指标还有一定的局限性。因此,账户又在按经济内容分类的基础上,进一步按用途和结构进行了分类。其中,用途是指账户记录所提供的核算资料的内容,结构是指账户如何记录核算资料,借方和贷方各登记什么?余额在哪一方?

账户按用途和结构主要分为三大类、九小类。三大类主要指基本账户、调整账户、业务账户。九小类主要是指盘存账户、结算账户、跨期摊配账户、资本账户、调整账户、集合分配账户、成本计算账户、配比账户、财务成果计算账户,如图 2-3 和图 2-4 所示。

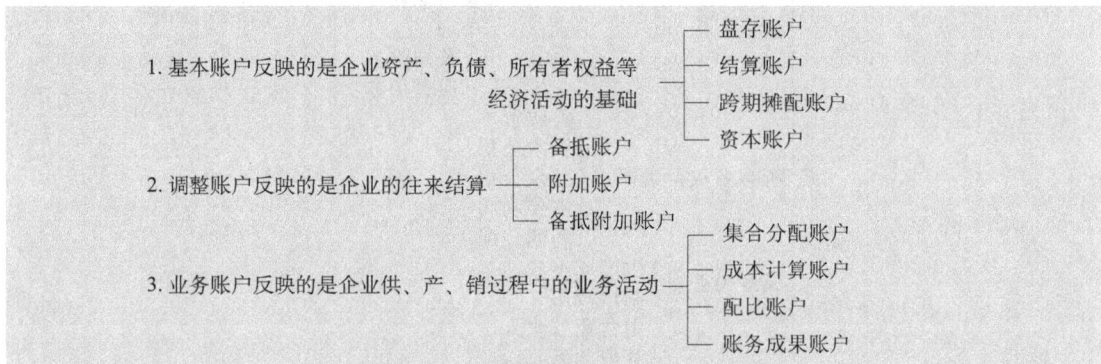

图 2-3　账户按用途和结构的分类

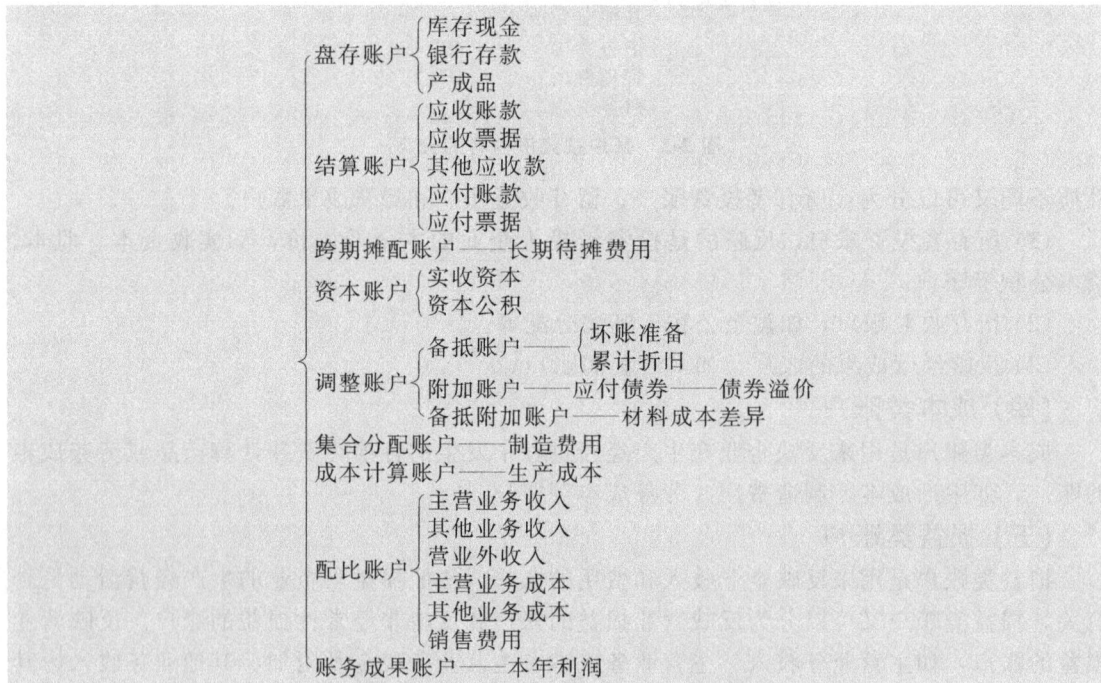

图 2-4　账户按用途和结构分的九小类

（二）基本账户

基本账户的特点是所反映的企业资产、负债和所有者权益增减变动的内容均为经济活动的基础。一般包括盘存账户、结算账户、跨期摊配账户、资本账户。

▶ 1. 盘存账户

盘存账户的特点是所反映的内容均为企业的有形财物，可以进行盘点的财产。结构是借方登记增加数，贷方登记减少数，余额总是在借方，表示实有数，期末列入资产负债表的资产方，如库存现金、银行存款、原材料、库存商品、固定资产等账户。

借	银行存款	贷
期初余额 本期借方发生额（增加额）	本期贷方发生额（减少额）	
期末余额		

▶ 2. 结算账户

结算账户的特点是所反映的内容是企业和其他单位和个人的债权和债务。结构是债权增加和债务减少登记借方，债务增加和债权减少登记在贷方，借方余额表示应收款项，贷方余额表示应付账款。因此，结算账户又可分为资产结算账户、负债结算账户和资产负债结算账户。例如，资产结算账户有应收账款、应收票据、预付账款等账户；负债结算账户有应付账款、应付票据、其他应付款、预收账款等账户；资产负债结算账户，在会计实务中由于企业之间的债权债务关系发生转换，会出现双重性质的结算账户，比如应收账款、预付账款、应付账款、预收账款等账户。

（1）资产结算账户。资产结算账户又称债权结算账户，是用来核算和监督企业同其他单位和个人债权结算关系的账户；结构是借方登记债权增加额，债权减少登记在贷方，借方余额表示债权的实有数。例如，资产结算账户有应收账款、应收票据、预付账款等账户。

借	其他应收款	贷
期初余额——其他应收实有数 本期借方发生额——本期其他应收款的 增加额	本期贷方发生额——本期其他应收款的 减少额	
期末余额——其他应收实有数		

（2）负债结算账户。负债结算账户又称债务结算账户，是用来核算和监督企业同其他单位和个人债务结算关系的账户；结构是贷方登记债务增加额，债务减少登记在借方，期末贷方余额表示债务的实有数。负债结算账户有：应付账款、应付票据、其他应付款、预收账款等账户。

借	预收账款	贷
本期借方发生额——本期预收账款的减 少额	期初余额——预收账款实有数 本期贷方发生额——本期预收账款的增 加额	
	期末余额——预收账款实有数	

(3)资产负债结算账户。会计实务中,由于企业之间的债权债务关系发生转换,有些结算账户会出现双重性质。例如,应收账款结算账户,该账户本身属于资产结算账户,余额一般在借方,由于账务处理的需要导致账户出现贷方余额,该账户出现了双重性质成为资产负债结算账户;同样,应付账款账户该账户本身属于负债结算账户,余额一般在贷方,由于账务处理的需要导致账户出现借方余额,该账户也出现了双重性质成为资产负债结算账户;一般容易出现双重性质的结算账户主要有应收账款、预付账款、应付账款、预收账款四个账户。

借	应收账款	贷
期初余额——应收账款实有数	期初余额——应收账款贷方大于借方的金额,相当于预收款
本期借方发生额——本期应收账款债权增加额	本期贷方发生额——本期其他应收款的减少额
期末余额——应收账款的实有数	期末余额——预收账款的实有数

▶ 3. 跨期摊配账户

跨期摊配账户是按照权责发生制原则用以核算需要在几个成本计算期进行分摊的费用。特点是一次支付,分期摊配,如待摊费用和长期待摊费用账户。

借	长期待摊费用	贷
期初余额——已经支付,尚未分摊完的费用	
本期借方发生额——本期增加的待摊费用	本期贷方发生额——本期摊销的费用
期末余额——期末尚未分摊完的费用	

▶ 4. 资本账户

资本账户的特点所反映的内容是企业所有者权益的增减变动情况,结构是贷方登记各项所有者权益项目的增加数,借方登记各项所有者权益项目的减少数,贷方余额表示各项所有者权益项目的实存数,如实收资本、资本公积、利润分配等账户。

借	实收资本	贷
本期借方发生额——本期资本金的减少额	期初余额——期初资本金实有数
	本期贷方发生额——本期资本金的增加额
	期末余额——资本金实有数

(三)调整账户

调整账户是为表示被调整账户的实际金额而开设的账户。特点是要同被调整账户结合起来使用,两者形成一对账户。调整账户按调整的方式不同,分为备抵账户、附加账户、备抵附加账户。

▶ 1. 备抵账户

备抵账户是用以抵减被调整账户的余额,以求得被调整账户的实际金额。特点是调整账户和被调整账户的期末余额的方向是相反的，一个在借方，另一个在贷方，如"累计折旧"是"固定资产"账户的调整账户，"坏账准备"是"应收账款"账户的调整账户等。

借	被调整账户：固定资产	贷
期初余额： 600 000		

借	调整账户：累计折旧	贷
	期初余额： 200 000	

期初固定资产的实际价值＝600 000－200 000＝400 000（元）

▶ 2. 附加账户

附加账户是用以增加被调整账户的余额，以求得被调整账户的实际余额，比如为求得"应付债券"账户实际价值而使用的"应付债券——损益调整"账户，属于附加账户。特点是调整账户和被调整账户的期末余额方向是一致的。

借	被调整账户：应付债券——债券面值	贷
	期初余额： 10 000	

借	调整账户：应付债券——损益调整	贷
	期初余额： 1 000	

期初应付债券的实际价值＝10 000＋1 000＝11 000（元）

▶ 3. 备抵附加账户

备抵附加账户是既用以抵减又用以增加被调整账户余额的账户，特点是兼有备抵账户和附加账户的作用，如"材料成本差异"账户。

借	被调整账户：原材料	贷
期初余额： 300 000		

借	调整账户：材料成本差异	贷
期初余额： 3 600		

原材料账户期初借方余额 300 000 元（计划成本）＋材料成本差异期初借方余额 3 600 元（超支额）＝原材料实际价格 303 600 元

借	被调整账户：原材料	贷
期初余额： 300 000		

借	调整账户：材料成本差异	贷
	期初余额：3 600	

原材料账户期初借方余额 300 000 元（计划成本）－材料成本差异期初贷方余额 3 600 元（超支额）＝原材料实际价格 296 400 元

（四）业务账户

业务账户是反映企业在供、产、销过程中业务活动内容的账户，特点是需要通过计算、分配，对企业经济效益做出评价的账户，可分为集合分配、成本计算、配比和财务成果四类。

▶ 1. 集合分配账户

集合分配账户是反映企业在经营过程中对某种费用的归集和分配内容的账户。结构是应归集的费用发生数在借方，应由有关对象负担的费用分配额在贷方，特点是期末一般无余额，如"制造费用""物资采购——采购费用"等账户。

借	制造费用	贷
本期借方发生额 登记企业为生产产品发生的各类间接费用	本期贷方发生额 登记本期分配到产品中去的间接费用	
期末结转无余额		

▶ 2. 成本计算账户

成本计算账户是计算企业某个生产经营过程中的全部费用和实际成本的账户，结构是借方登记某个生产经营过程应负担的费用，贷方登记已转出有关核算对象的实际成本，借方余额表示尚未结束该过程的有关核算对象的实际成本，如"生产成本""物资采购""在建工程"等账户。

借	生产成本	贷
期初借方余额：上期未完工产品成本 本期借方发生登记企业为生产产品发生的各类费用	本期贷方发生额 登记本期完工产品实际成本	
期末余额（尚未完工产品实际成本）		

借	生产成本		贷	
发生额：		发生额		
原材料	5 000	A产品完工实际成本		6 200
生产工人工资	3 000			
制造费用	200			
期末余额(尚未完工产品实际成本)				
	2 000			

▶ 3. 配比账户

配比账户是反映汇集某个经营过程中所取得的收入和发生的费用内容的账户，特点是收入与成本费用计价不同，分别在两个账户期末进行配合比较，以确定财务成果，差额转入"本年利润"账户，期末无余额，如"主营业务收入"与"主营业务成本"账户，"其他业务收入"与"其他业务成本"账户，"营业外收入"与"营业外支出"账户等，如图2-5所示。

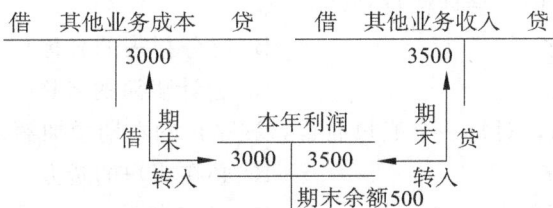

图 2-5 配比账户的关系

▶ 4. 财务成果计算账户

财务成果计算账户是反映企业在一定时期内财务成果的形成，计算最终成果内容的账户，结构是贷方登记由"收入"账户转来的各项收入，借方登记由"支出"账户转来的各项支出，贷方余额表示盈利，借方余额表示亏损，期末转入"利润分配"账户，如图2-6所示。

借	本年利润	贷
主营业务成本	主营业务成本	
主营业务税金及附加	其他业务收入	
营业费用	营业外收入	
管理费用	投资收益	
财务费用	补贴收入	
其他业务成本		
营业外支出		
所得税		
期末余额　亏损	期末余额　盈利	

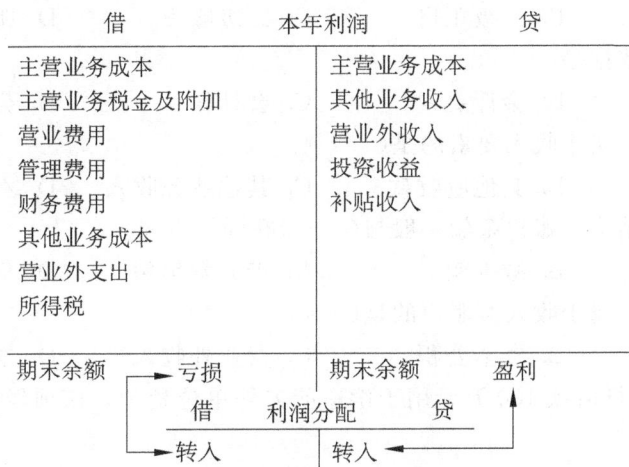

图 2-6 财务成果计算流程

练习题

一、思考题

1. 什么是会计科目？简述会计科目在会计核算中起的作用。

2. 什么是账户？简述它与会计科目的区别。

3. 什么是账户结构？

4. 会计账户按内容分类可以分成哪几类？为什么在此基础上还要按照提供指标详细程度的分类？

5. 会计账户进行分类的意义何在？

6. 简述在资产类账户中，调整账户的概念，举例说明其结构及其调整方法。

7. 调整账户有哪几类？各类之间的区别有哪些？

8. 简述结算账户的用途、种类和结构。

9. 为什么要设置债权债务结算账户？结构特点是什么？

二、单项选择题

1. 在财务会计工作中，会计科目是（　　）。

A. 会计账户的名称　　　　　　　　B. 财务报表的名称

C. 会计要素的名称　　　　　　　　D. 会计账簿的名称

2. 根据账户的结构，对每一个账户而言，该账户的本期增加额（　　）。

A. 必在账户的借方　　　　　　　　B. 必在账户的贷方

C. 可能在借方也可能在贷方　　　　D. 只能在账户的一方

3. 关于费用类账户，以下说法中正确的是（　　）。

A. 贷方登记费用的增加额　　　　　B. 期末余额在贷方

C. 借方登记费用的增加额　　　　　D. 期末余额在借方

4. 明细分类账户对其所隶属的总分类账户起着（　　）。

A. 控制作用　　　B. 辅助作用　　　C. 统驭作用　　　D. 总括作用

5. 根据现行会计制度规定（　　），不能随意自行设置。

A. 总分类账户　　B. 三级账户　　　C. 二级账户　　　D. 明细分类账户

6. 账户开设的依据是（　　）。

A. 会计对象　　　B. 会计要素　　　C. 会计科目　　　D. 会计方法

7. 下列账户中，属于收入要素的是（　　）。

A. 应收账款　　　B. 其他应收款　　C. 其他业务收入　D. 本年利润

8. 根据账户的结构，账户余额一般与（　　）在同一方向。

A. 增加额　　　　B. 减少额　　　　C. 借方发生额　　D. 贷方发生额

9. 下列各项中，属于收入类账户的是（　　）。

A. 实收资本　　　B. 资本公积　　　C. 营业外收入　　D. 本年利润

10. 某企业向银行借款 100 万元用于偿还前欠外单位货款，该项经济业务将引起企业（　　）。

A. 资产增加 100 万元　　　　　　　B. 负债增加 100 万元

C. 资产与负债同时增加 100 万元　　D. 负债总额不变

11. 企业的会计科目必须反映(　　)的特点。

A. 会计对象　　　B. 会计职能　　　C. 会计本质　　　D. 会计定义

12. 对每个账户而言,期末余额只能在(　　)。

A. 贷方　　　　　B. 借方　　　　　C. 账户的一方　　D. 借方和贷方均可

13. 会计科目是对(　　)的具体内容进行分类核算的项目。

A. 经济业务　　　B. 会计主体　　　C. 会计对象　　　D. 会计要素

14. 下列各项中,有关会计账户与会计科目的说法错误的是(　　)。

A. 两者反映的内容是一致的,性质相同

B. 会计科目以会计账户为名称

C. 没有会计科目,会计账户便失去了设置的依据

D. 没有会计账户,就无法发挥会计科目的作用

15. 在下列项目中,不属于一级会计科目的是(　　)。

A. "应交增值税"　B. "应付账款"　　C. "劳务成本"　　D. "管理费用"

16. 下列各项中,能够引起所有者权益总额变化的是(　　)。

A. 以盈余公积转增资本　　　　　　　B. 增发新股

C. 宣告分派的股票股利　　　　　　　D. 以盈余公积弥补亏损

17. 企业用当年实现的利润弥补亏损时,应作的会计处理是(　　)。

A. 借记"本年利润"科目,贷记"利润分配——未分配利润"科目

B. 借记"利润分配——未分配利润"科目,贷记"本年利润"科目

C. 借记"利润分配——未分配利润"科目,贷记"利润分配——未分配利润"科目

D. 无须专门作会计分录

18. 短期借款应按(　　)设置明细账。

A. 借款的性质　　B. 借款的数额　　C. 借款的用途　　D. 借款日期

19. 用银行存款偿还应付账款,应(　　)。

A. 借记"银行存款"　　　　　　　　　B. 贷记"银行存款"

C. 借记"库存现金"　　　　　　　　　D. 贷记"库存现金"

20. 收到某公司归还货款的转账支票一张,则应(　　)。

A. 借记"银行存款"　　　　　　　　　B. 贷记"银行存款"

C. 借记"库存现金"　　　　　　　　　D. 贷记"库存现金"

21. 生产车间发生的制造费用分配后,一般应转入(　　)科目。

A. "库存商品"　　B. "本年利润"　　C. "生产成本"　　D. "主营业务成本"

22. 下列各项中,不属于资产类账户的是(　　)。

A. "应收账款"　　B. "预收账款"　　C. "固定资产"　　D. "应收票据"

23. 负债是指由于过去交易或事项所引起的企业的(　　)。

A. 过去义务　　　B. 现时义务　　　C. 将来义务　　　D. 永久义务

24. 下列各项中,属于所有者权益的是(　　)。

A. 对外投资　　　B. 股票　　　　　C. 股本溢价　　　D. 对外捐赠

25. 在下列项目中,与"管理费用"属于同一类会计科目的是(　　)。

A. "无形资产"　　B. "本年利润"　　C. "所得税费用"　D. "制造费用"

三、多项选择题

1. 下列项目中，属于企业流动资产的有(　　)。

A. 银行存款　　　　B. 预收账款　　　　C. 应收账款

D. 库存商品　　　　E. 累计折旧

2. 根据账户的结构，应包括(　　)。

A. 账户左方登记的内容　　　　　　B. 账户右方登记的内容

C. 账户期末余额及方向　　　　　　D. 账户余额反应的内容

E. 账户的类别

3. 根据会计科目与会计账户的关系，下列说法中正确的有(　　)。

A. 账户是根据会计科目设置的，会计科目是账户的名称

B. 账户既可用于登记某项经济业务的内容，又具有一定的结构模式

C. 会计科目只表明某项经济业务的内容

D. 会计科目与账户的名称完全一致，因而两者没有区别

E. 会计科目没有实体形式，而会计账户有

4. 关于明细分类科目，下列说法中正确的有(　　)。

A. 是进行明细分类核算的依据　　　B. 也称二级或三级会计科目

C. 企业可以自行设置　　　　　　　D. 能提供更加详细具体的指标

E. 是明细分类账户的名称

5. 下列属于财政部统一规范的会计科目有(　　)。

A. 银行存款　　　B. 应付工资　　　C. 累计折旧　　　D. 预收账款

E. 管理费用

6. 下列说法中，不正确的有(　　)。

A. 账户的结构分为左方和右方

B. 会计科目与会计账户并存

C. 会计科目的编号只是为了方便查找

D. 我国会计科目及核算内容由国家商务部统一制定

E. 会计科目在实际应用中可以采用简称

7. 通过账户的对应关系可以(　　)。

A. 检查经济业务处理的合理合法性　B. 了解经济业务的内容　C. 进行试算平衡

D. 登记账簿　　　E. 对经济业务进行分类

8. 下列项目中，属于会计科目的有(　　)。

A. 固定资产　　　B. 运输设备　　　C. 原材料　　　D. 未完工产品

E. 累计折旧

9. 下列选项中，说法正确的有(　　)。

A. 账户的余额一般与记录增加额在同一方向

B. 损益类账户在期末结转后一般无余额

C. 成本类账户如有余额，则按负债类账户期末余额计算公式计算

D. 收入类账户如有余额，则按负债类账户期末余额计算公式计算

E. 账户期末余额的计算与其发生额无关

10. 下列账户中属于所有者权益要素的有(　　)。

A. 本年利润　　　　B. 盈余公积　　　　C. 实收资本　　　　D. 投资收益

E. 资本公积

11. 下列会计科目名称中，属于资产要素的有(　　)。

A. 应收账款　　　　B. 预付账款　　　　C. 预收账款　　　　D. 资本公积

E. 累计折旧

12. 下列账户中属于负债要素的有(　　)。

A. 预付账款　　　　B. 应付股利　　　　C. 应付利息　　　　D. 利润分配

E. 应交税费

13. 下列账户中属于成本类账户的有(　　)。

A. 生产成本　　　　B. 制造费用　　　　C. 主营业务成本　　　D. 管理费用

E. 财务费用

14. 下列选项中，总分类账户与所属的明细分类账户的说法正确的有(　　)。

A. 是性质相同的账户　　　B. 是结构不同的账户　　　C. 所反映的对象相同

D. 采用平行登记方法　　　E. 登记的原始依据相同

15. 账户的构成要素一般包括(　　)。

A. 账户名称　　　　B. 凭证号数　　　　C. 日期与摘要　　　　D. 会计分录

E. 金额

四、判断题

1. 所有账户都是根据会计科目开设的，包括总分类账户和明细分类账户。　　(　　)

2. 遵循统一性和灵活性原则，是设置会计科目的原则之一。　　(　　)

3. 通过账户的对应关系，可以检查对经济业务的处理是否合法合理。　　(　　)

4. 收入类和费用类账户一般没有期末余额，但有期初余额。　　(　　)

5. 企业资金运动表现为经营资金的循环和周转。　　(　　)

6. 为了全面地反映经济内容，会计科目的设置应越多越好。　　(　　)

7. 每一类账户的期末余额都应登记在借方。　　(　　)

第三章
复式记账法

知识目标

1. 了解会计记账方法、记账方法的分类。
2. 了解复式记账方法的分类、掌握借贷记账法的含义。
3. 掌握借贷记账法的内容，能正确理解并掌握借贷记账法的运用程序。

案例导入

　　章某是一名新入学的大学生，开学时父母给他 8 000 元钱，要求他每月将使用情况进行记账，一个月下来，章某的开支情况如表 3-1 所示。

表 3-1　章某开支情况表

日　　期	摘　　要	收　　入	支　　出	结　　余
8 月 29 日	现金	8 000		
8 月 29 日	学费、住宿费		4 800	3 200
8 月 29 日	床上用品		600	2 600
8 月 29 日	饭卡		600	2 000
9 月 1 日	军训服		100	1 900
	……			
	……			
	……			
9 月 28 日	朋友聚会 AA 付款		42	102

思考：

1. 章某的账记得详细吗？这种记账方法是什么记账方法？你觉得有何优缺点？

2. 章某的期初现金资产和期末的现金资产总额发生了什么变化？是什么导致了现金资产的变化？

第 一 节　记 账 方 法

前文中，我们已经了解到会计的基本职能是会计核算和会计监督，核算和监督的对象是资金运动，为了对资金运动即会计要素进行核算和监督，已按一定原则设置了会计科目和账户，就需要采用一定的记账方法将会计要素的增减变动登记在账户中。

记账方法是指在经济业务发生以后，如何将其记录在账户中的方法。

记账方法有两类：一类是单式记账法；另一类是复式记账法。

一、单式记账法

单式记账法是对发生经济业务的之后所产生会计要素的增减变动，一般只在一个账户中进行记录的方法。例如，用银行存款购买材料，仅在银行存款账上记录一笔银行存款的减少。也有同时在银行存款账和材料账进行记录的，但两个账户间没有必然的联系。单式记账法是一种比较简单、不完整的记账方法。它在选择单方面记账时，重点考虑的是现金、银行存款以及债权债务方面发生的经济业务。因此，一般只设"库存现金""银行存款""应收账款""应付账款"等账户，而没有一套完整的账户体系，账户之间也不能成为相互对应的关系，所以不能全面、系统地反映经济业务的来龙去脉，也不便于检查账户记录的正确性。因此，专业会计已经不再使用这种记账方法。目前，只有在一些个体经营，经济业务非常简单、单一的会计主体中使用，案例导入中的章同学使用的就是这种记账方法，俗称"流水账"。

二、复式记账法

复式记账法是单式记账法的对称，是在每一项经济业务发生后需要记录时，同时在两个或两个以上有关账户中以相等金额进行登记的一种记账方法。例如，上述以银行存款购买材料业务，按照复式记账，则应以相等的金额，一方面在银行存款账户中记录银行存款的付出业务；另一方面，在材料账户中记录材料收入业务。

复式记账法设计的最初基本原理是"资金占用＝资金来源"，落实到现在的基本理论依据是"资产＝负债＋所有者权益"这一平衡等式。

复式记账法有以下两个特点：

(1)对于每一项经济业务，都在两个或两个以上相互关联的账户中进行记录，不仅可以了解每一项经济业务的来龙去脉，而且在全部经济业务都登记入账以后，可以通过账户记录全面、系统地反映经济活动的过程和结果。

(2)由于每项经济业务发生后，都是以相等的金额在有关账户中进行记录，因而可据以进行试算平衡，以检查账户记录是否正确。

复式记账法是在市场经济长期发展的过程中，通过会计实践逐步形成和发展起来的，根据记账符号的不同主要有收付记账法、增减记账法、借贷记账法三种。收付记账法是我国在传统记账方法的基础上发展起来的一种复式方法；增减记账法是我国在 20 世纪 60 年代商业系统改革记账方法时设计出的一种记账方法，这种记账方法我国一直使用到 20 世纪 90 年代；借贷记账法是起源于西方的一种复式记账法，也是目前世界各国通用的一种复式记账法。1992 年 7 月 1 日，我国以盈利为目的的企业开始采用借贷记账法记账。1999 年，我国《企业会计准则》规定，中国境内的所有企业、行政事业单位全部采用借贷记账法记账。

第二节　借贷记账法

一、借贷记账法的含义

借贷记账法是以"借""贷"两字作为记账符号，对一个经济活动同时在两个或两个以上相关联的账户中记录增减变动情况的一种复式记账法。

据史料记载，借贷记账法起源于 13 世纪的意大利地中海沿岸。借贷记账法的"借""贷"两字，最初以其本来含义记账的，是以钱庄主的立场，反映的是"债权"和"债务"的关系；后来逐步发展成为一种比较完善的复式记账方法。1494 年，意大利数学家卢卡·帕乔利的《算术、几何、比与比例概要》一书问世，标志着借贷记账法正式成为大家公认的复式记账法，同时，也标志着近代会计的开始。卢卡·帕乔利被称为"近代会计之父"。随着商品经济的发展，借贷记账法也在不断发展和完善，"借""贷"两字逐渐失去其本来含义，变成了纯粹的记账符号，成为会计上的专门术语。在西方国家，历史上只有这么一种复式记账方法。因此，人们一般不特别强调"借贷记账法"。当然，有些会计史学家习惯称其为"意大利式簿记方法"。我国历史上曾先后出现过收付记账法和增减记账法，为了加以区别，以"借"和"贷"为记账符号的记账方法，一般被称为"借贷记账法"。

二、借贷记账法的理论基础

借贷记账法是以"借"和"贷"为记账符号来反映会计要素的增减变动过程及其结果的。基本的理论依据是"资产＝负债＋所有者权益"这一平衡等式。

一个会计主体在进行营运之前它必须有一定的启动资金，这个启动资金就是我们会计要素中定义的资产，资产的来源或形成渠道无外乎两个外借和自有资金，即负债和所有者权益。用公式表示为

$$资产＝负债＋所有者权益 \qquad (3\text{-}1)$$

移动也可变化为

$$资产－负债－所有者权益＝0 \qquad (3\text{-}2)$$

$$资产－负债＝所有者权益 \qquad (3\text{-}3)$$

上述方程式可称为会计等式，通常将式（3-1）称为会计恒等式。会计等式主要揭示了三个方面内容：第一，会计主体内各会计要素之间的数字平衡关系。有一定数量的资产，就必然有相应数量的负债和所有者权益与之相对应；反之，有一定数量的负债和所有者权益，就一定有相应数量的资产与之对应。第二，各要素增减变化的相互联系。在同一会计要素中一项变化的同时，同一类会计要素的另一项也必然发生增减变化，以维持等式的平衡关系。第三，等式有关因素之间是对立统一的关系。资产、负债和所有者权益分列于等式两边，左边是资产，右边是负债和所有者权益，形成对立统一的关系。如果各会计要素在等式一边，必须以负号表示如式（3-2）；这三个方面的内容贯穿了借贷记账法的始终。

因此，会计等式是借贷记账法的理论基础。

三、借贷记账法的主要内容

（一）以"借"和"贷"作为记账符号

"借"、"贷"两字起源于中世纪的意大利，最初是从借贷资本家的角度来解释的，即用来表示债权（应收款）和债务（应付款）的增减变动。借贷资本家一方面从商人和官吏手中吸收货币资本；另一方面又将钱借给需要钱用的人，从中进行盘剥。为了记录吸收的存款和贷出的款项，分别按人名设账户，账户分为两方，一方登记吸收的存款，称为贷主方，表示欠人（应付款）；一方登记贷出的款项，称为借主方，表示人欠（应收款）。以后收回借出的钱，或偿还投资人的资本时，则各在它们账户中作相反的记录，可见最初的"借""贷"具有借主（债权）、贷主（债务）的含义，这是借贷记账法的"借""贷"两字的由来。以后随着商品经济的发展，经济活动的范围日益扩大，经济活动内容日益复杂，记账内容也随之有所扩大，在账簿中不仅要登记往来结算的债权、债务，还要登记账产物资、经营损益的增减变化。这样，"借""贷"两字就逐渐失去了它原来的含义而转为一种单纯的记账符号，变成一种专门的会计术语。现在讲的"借"和"贷"仅仅是会计术语，用来表示会计要素增加和减少的符号而已，它们在不同会计要素中表示的含义不同。

在资产账户中，"借"表示增加，"贷"表示减少；在负债和所有者权益账户中"借"表示减少，"贷"表示增加。

费用类、成本类、支出类账户与资产类账户相同，用"借"记符号表示增加，"贷"记符号表示减少；收入、成果类账户与负债和所有者权益账户相同，用"借"记符号表示减少，"贷"记符号表示增加。

借	贷
资产增加	资产减少
负债、所有者权益减少	负债、所有者权益增加
费用、成本、支出增加	费用、成本、支出减少
收入、成果的减少	收入、成果的减少

（二）以"有借必有贷，借贷必相等"作为记账规则

根据复式记账的原理，它是在每一项经济业务发生后需要记录时，同时在两个或两个

以上相互联系的账户中以进行登记。记账时,对每项经济业务,必须一方面记入一个或几个有关账户的借方;另一方面,必须以相同的金额记入几个或一个有关账户的贷方,记入借方的合计金额必须和记入贷方的合计金额相等。这就是借贷记账法的记账规则,"有借必有贷,借贷必相等"。

(三) 可以根据"借贷"平衡原理对账户记录的准确性进行检查

由于借贷记账法在核算经济业务时,对每一笔交易或事项都必须根据"有借必有贷,借贷必相等"的记账规则同时在相关账户当中进行反映,一个账户记入了借方,另一个账户必然会以相同的金额出现在贷方,记账方向相反,但金额一定相等;所以,在一定期间内(比如一个月、一个季度、一个年度)它们的借方金额合计一定会等于贷方金额合计。因此,我们可以根据"借贷"平衡原理对账户记录的准确性进行检查,检查的内容一般包括两个方面的平衡性检查,一是本期发生额的平衡性检查;二是余额的平衡性检查,发生额试算平衡的公式是

全部账户本期借方发生额合计＝全部账户本期贷方发生额合计

余额试算平衡公式:

全部账户期初借方余额合计＝全部账户期初贷方余额合计

全部账户期末借方余额合计＝全部账户期末贷方余额合计

发生额和余额试算平衡,不仅是对借贷记账法的记账规则的实际运用,而且可以通过这种运用及时检查会计对经济业务核算的正确性,从而提高会计核算效率。

(四) 可以设置和运用双重性质的账户,提高经济管理效率

在借贷记账法下,企业的账户按经济性质一般分为资产、负债和所有者权益三类。为了提高经济管理效率,企业往往只设一个结算账户核算与同一个客户债权债务关系,这种债权债务关系不会一成不变,也许今天企业欠着客户的钱,那是企业的负债,也许企业明天不仅还清了欠款还出借了资金给客户,这就是企业的资产;为了灵活地处理账务,可以设置和运用既可以是资产又可以是负债的双重性质(共同性账户),如"债权债务结算"账户。双重性质账户,应根据它们的期末余额方向确定其账户性质,如果是借方余额,就是资产类账户;如果是贷方余额,则是负债类账户。

四、借贷记账法下账户结构及含义

(一) 账户的格式

账户的格式一般有两类,一类是日常会计核算工作选用的格式,如表 3-2 所示,有三栏式,多栏式,数量金额式等;另一类是教学采用的账户格式,称丁字账户或 T 形账户,如图 3-1 所示。

表 3-2　日常会计核算工作采用的账户格式

年		凭证号数		摘　要	借　方	贷　方	借或贷	余额
月	日	字	号					

借	账户名称（科目名称）	贷

图 3-1　教学采用的 T 形账户格式

（二）账户的结构

以 T 形账户为例，账户的基本结构分为左右两个部分，或称左右两方，一方登记增加数额，另一方登记减少数额。为了便于记录，"增加"和"减少"是用一定的记账符号来表示的。借贷记账法是以"借""贷"作为记账符号，账户的左方称为借方，右方称为贷方。

根据"资产＝权益"会计等式，可以将全部账户根据其反映的经济内容分为资产账户和权益账户两大类。由于权益包括负债和所有者权益，根据"资产＝负债＋所有者权益"的会计等式，权益账户应包括负债类账户和所有者权益类账户。

企业取得收入和发生费用，最终会导致所有者权益的变动。根据"资产＝负债＋所有者权益＋收入－费用"的会计等式，收入的增加可以视同为所有者权益的增加，费用的增加则可以视同为所有者权益的减少，这就决定了收入类账户的结构应与所有者权益账户保持一致，成本费用支出类账户的结构与所有者权益类账户的结构相反，而与资产类账户的结构保持一致。

▶ 1. 资产类账户的结构

对用来记录资产的账户，资产的增加额记入账户的借方，减少额记入账户的贷方，账户若有余额，一般为借方余额。每一会计期间借方记录的金额合计称为借方本期发生额，贷方记录的金额合计称为贷方本期发生额。资产类账户的期末余额可根据下列公式计算：

借方期末余额＝借方期初余额＋借方本期发生额－贷方本期发生额

资产类账户的结构如下：

借	资产类账户	贷
期初余额××× 本期增加额××× ××× ×××		本期减少额××× ××× ×××
本期发生额××× 期末余额		本期发生额×××

▶ 2. 负债及所有者权益类账户的结构

由会计平衡公式"资产＝负债＋所有者权益"，负债及所有者权益类账户与资产类账户正好相反，增加额记入账户的贷方，减少额记入账户的借方，账户若有期末余额，一般为贷方余额。计算公式为：

贷方期末余额＝贷方期初余额＋贷方本期发生额－借方本期发生额

负债及所有者权益类账户的结构如下：

借	负债及所有者权益账户		贷
本期减少额 ××× ××× ×××		期初余额 ××× 本期增加额 ××× ××× ×××	
本期发生额×××		本期发生额××× 期末余额×××	

下面以"库存现金"和"短期借款"账户为例具体加以说明。

【例 3-1】假定某企业某年 3 月 31 日"库存现金"账户的期末余额为 200 元，4 月份发生下列几项经济业务：

（1）1 日，从银行提取现金 300 元备用。

（2）4 日，销售废料收入现金 60 元。

（3）12 日，从银行提取现金 17 000 元，备发工资。

（4）12 日，以现金 17 000 元发放本月职工工资。

（5）13 日，以现金 160 元购买文具纸张等办公用品。

（6）15 日，采购员李涛出差预借差旅费 250 元，以现金支付。

（7）18 日，以现金 30 元支付职工报销市内交通费。

（8）30 日，采购员李涛出差回厂，交回余款 40 元。

根据以上经济业务登记"库存现金"账户如下：

借	库存现金		贷
期初余额	200		
（1）	300	（4）	17 000
（2）	60	（5）	160
（3）	17 000	（6）	250
（8）	40	（7）	30
本期发生额合计	17 400	本期发生额合计	17 440
期末余额	160		

期末余额＝200＋17 400－17 440＝160（元）

【例 3-2】承例 3-1，该企业 3 月 31 日"短期借款"账户的期末余额为 50 000 元，4 月份发生下列几笔经济业务：

（1）4 日，以银行存款 50 000 元偿还流动资金借款。

（2）8 日，向银行取得短期借款 20 000 元，直接偿还前欠新华工厂货款。

（3）20 日，向银行取得短期借款 25 000 元存入银行。

根据以上经济业务登记"短期借款"账户如下：

借	短期借款		贷
		期初余款	50 000
（1） 50 000		（2）	20 000
		（3）	25 000
本期发生额 50 000		本期发生额	45 000
		期末余额	45 000

期末余额＝50 000＋45 000－50 000＝45 000（元）

▶ 3. 成本、费用类账户及收入类账户的结构

（1）企业在生产经营中要有各种消耗，有成本费用发生，在成本费用抵消收入以前，可以将其看作一种资产。因此，成本费用类账户的结构与资产类账户的结构基本相同，成本费用的增加额记入账户的借方，减少额或转销额记入账户的贷方，期末一般没有余额。因为期末要将其余额转入有关所有者权益账户以便与收入相抵，计算当期损益。如果因为某种情况有余额，也表现为借方余额。成本费用类账户的结构如下：

借	成本费用类账户	贷
本期增加额×××	本期减少额或转销额×××	
本期发生额×××	本期发生额×××	

（2）收入类账户的结构则与负债及所有者权益的结构基本相同，收入的增加额记入账户的贷方，减少额或转销额记入账户的借方。期末时，本期收入的增加额减去减少额后的差额，应转入有关所有者权益账户，所以期末通常没有余额。如果因某种情况有余额，也表现为贷方余额。收入类账户的结构如下：

借	收入类账户	贷
本期减少额或转销额×××	本期增加额×××	
×××	×××	
本期发生额×××	本期发生额×××	
	期末一般无余额	

借贷记账法在账户设置方面的特点是除了按会计要素设置性质明确的五类账户外，如果需要，还可设置一些双重性质的账户。这些账户性质并不确定，要根据其期末余额的方向来判断其性质。例如，当债权与债务的业务均与同一个企业发生关系时，就不必为这一个有往来关系的企业设置两个账户，只需将与该企业发生的应收和应付账款合在同一账户（如称"往来款项"）进行核算，当发生应收账款业务时记入"往来款项"账户的借方；发生应付账款业务时记入"往来款项"账户的贷方。如果该账户期末余额在借方，反映企业的债权，属资产类账户；期末余额在贷方，则反映企业的债务，属负债类账户。

各类账户结构的说明，可以将账户借方和贷方所记录的经济内容加以归集，结构如下：

借	账户名称（会计科目）	贷
资产的增加 成本费用支出的增加 负债的减少 所有者权益的减少 收入的减少		资产的减少 成本费用支出的减少 负债的增加 所有者权益的增加 收入的增加
期末余额：资产余额（或成本费用）		期末余额：负债及所有者权益余额（或收入）

五、借贷记账法的运用步骤

（一）根据借贷记账法的记账规则编制会计分录

▶ 1. 会计分录的含义

会计分录简称分录，是会计人员根据一定的规则对每项交易或事项指出应登记的账户、记账方向和金额的一种记录。通俗地说，它是会计人员描述资金运动的语言。

一个会计主体，发生的经济业务繁多，会计上需要设置的账户也很多，为了准确地反映每项交易或事项产生的经济信息，在正式记录经济信息之前，会计必须对经济业务进行审核，并按照一定的方法对经济业务进行分类，准确表述出会计主体的资金运动，编制会计分录。一般会计分录主要包括三个要素：账户名称、记账符号、变动金额。

▶ 2. 会计分录的分类

会计分录按反映经济业务的复杂程度，可以分为简单会计分录和复合会计分录两种。

简单会计分录是指一项交易或者事项发生后，只在两个账户中进行反映的会计分录，也就是只有一借一贷的会计分录。这种会计分录科目之间的对应关系清晰明了。

复合会计分录又称复合分录，是指交易或者事项发生后，需要三个或者三个以上的账户记录其数量变化情况的会计分录。

复合会计分录一般分为一借多贷、一贷多借、多借多贷三种。

▶ 3. 会计分录的格式

会计分录一般有教学格式和日常工作格式两种。

教学格式的会计分录格式一般为

借：科目名称   金额

  贷：科目名称   金额

在实际工作中，会计分录是根据记载各项经济业务的原始凭证，在具有一定格式的记账凭证中编制的。

编制会计分录是会计工作的初步阶段。会计分录是记账的直接依据，会计分录错了，必然影响整个会计记录的正确性，所以会计分录必须如实地反映经济业务内容，正确确定应借、应贷的账户及其金额。

编制会计分录，一般经过以下步骤。

（1）分析经济业务的内容涉及哪些对应账户，确定该项经济业务应记入的对应账户名称及账户性质。

（2）根据该项经济业务引起的会计要素的增减变化和借贷记账法的账户结构，确定对应账户的记账方向（记借方还是记贷方）。

（3）根据会计要素增减变化的数量确定对应账户应登记的金额。

（4）根据借贷记账法"有借必有贷，借贷必相等"的记账规则，检查会计分录借贷是否平衡，有无差错。

会计分录习惯书写格式一般是先借后贷；借方和贷方分行写，账户名称和金额数错开写；在一借多贷或多借一贷的情况时，贷方或借方账户的名称和金额数字必须对齐，以便试算平衡。

【例 3-3】企业收到前欠货款 30 000 元，存入银行。

这项经济业务的发生，一方面使企业的"应收账款"减少了 30 000 元，另一方面使企业的"银行存款"增加了 30 000 元，而"应收账款"和"银行存款"同属于资产类账户，资产科目"应收账款"减少记入贷方，资产科目"银行存款"增加记入借方，这项经济业务的会计分录编制如下：

借：银行存款　　　　　　　　　　　　　　　　　　　30 000
　　贷：应收账款　　　　　　　　　　　　　　　　　　　30 000

【例 3-4】企业向银行借入短期借款 80 000 元，直接偿还前欠账款。这项经济义务的发生，有两个资金运动。第一个资金运动是从银行借入短期借款 80 000 元，一方面使企业的"银行存款"增加了 80 000 元，另一方面使企业的"短期借款"增加了 80 000 元，"银行存款"是资产，增加用借记符号表示。"短期借款"属于负债，增加用贷记符号表示，这项经济业务的第一个会计分录编制如下：

借：银行存款　　　　　　　　　　　　　　　　　　　80 000
　　贷：短期借款　　　　　　　　　　　　　　　　　　　80 000

第二个资金运动是用银行存款偿还前欠账款，这个资金运动一方面使企业的"银行存款"减少了 80 000 元，使企业的"应付账款"减少了 80 000 元，而"银行存款"属于资产科目，减少用贷记符号表示。"应付账款"属于负债类账户，负债科目的减少记入借方，这项经济业务的第二个会计分录编制如下：

借：应付账款　　　　　　　　　　　　　　　　　　　80 000
　　贷：银行存款　　　　　　　　　　　　　　　　　　　80 000

【例 3-5】企业收到某单位投资本金 50 000 元，存入银行。这项经济业务的发生，一方面使会计主体企业的"实收资本"增加了 50 000 元，另一方面使企业的"银行存款"增加了 50 000 元，而"实收资本"属于所有者权益类账户，增加应记入贷方。"银行存款"属于资产类账户，增加应记入借方，这项经济业务的编制的会计分录如下：

借：银行存款　　　　　　　　　　　　　　　　　　　50 000
　　贷：实收资本　　　　　　　　　　　　　　　　　　　50 000

【例 3-6】企业用银行存款 60 000 元偿还短期借款。这项经济业务的发生，一方面使企业的"银行存款"减少了 60 000 元，另一方面使企业的"短期借款"减少了 60 000 元，而"银行存款"属于资产类账户，减少记入贷方。"短期借款"属于负债类账户，减少记入借方，这项经济业务编制的会计分录如下：

借：短期借款   60 000

  贷：银行存款   60 000

例 3-3 至例 3-6 所编制的会计分录均为一借一贷的会计分录，属于简单会计分录。

【例 3-7】企业购买原材料一批共计 50 000 元，其中 45 000 元已用银行存款支付，现金支付 200 元，另 4 800 元尚未支付，材料已验收入库。

这项经济业务的发生，一方面使企业的原材料增加了 50 000 元，而原材料属于资产类账户，因此应记入"原材料"账户的借方，另一方面，使企业的银行存款减少了 45 000元，而银行存款属于资产类账户，应记入"银行存款"账户的贷方，同时，引起企业的应付账款增加 5 000 元，而"应付账款"属于负债类账户，应记入"应付账款"账户的贷方，这项经济业务编制的会计分录如下：

借：原材料   50 000

  贷：应付账款   4800

    银行存款   45 000

    库存现金   200

【例 3-8】企业用银行存款向某公司购买设备一台，价值 20 000 元，同时购买一批原材料，价值 10 000 元。

该项经济业务的发生，一方面引起企业的固定资产增加了 20 000 元，原材料增加了 10 000 元，固定资产和原材料同属于资产类账户，固定资产增加记入"固定资产"账户的借方，原材料增加记入"原材料"账户的借方，另一方面，引起企业的银行存款减少了 30 000元，银行存款属于资产类，减少应记"银行存款"账户的贷方，该项经济业务编制的会计分录如下：

借：固定资产   20 000

  原材料   10 000

  贷：银行存款   30 000

例 3-7 至例 3-8 所编制的会计分录为一借多贷或一贷多借的会计分录，属于复合会计分录；复合分录可以拆为简单会计分录，如例 3-7 可以分解为以下两个简单会计分录：

借：原材料   4 800

  贷：应付账款   4 800

借：原材料   45 000

  贷：银行存款   45 000

借：原材料   200

  贷：库存现金   200

例 3-8 这一复合会计分录也可分解为以下两个简单会计分录：

借：固定资产   20 000

  贷：银行存款   20 000

借：原材料   10 000

贷：银行存款   10 000

通过比较可以看出编制复合会计分录，既可以集中反映某项经济业务的全面情况，又可以简化记账，提高会计工作效率。

在记账以前，及时准确地编制会计分录，可以保证账户记录的准确性，便于日后查证，在借贷记账法下，除可以编制"一借多贷"的会计分录外，也可编制"一贷多借"的会计分录。但尽量避免编制多借多贷的会计分录，因为这种会计分录不能体现账户之间的对应关系，但在经济业务确实需要时，也可编制。

（二）过账

各项经济业务编制会计分录后，应当把分录记入有关账户中，这个记账步骤就是通常所称的"过账"。过账一般有两个步骤，一是将会计分录登记在有关账户中，称为登账；二是定期结出各账户的发生额和余额，称为结账。

【例 3-9】 承例 3-3～例 3-8，假设该企业×年×月×日的各账户期初余额，如表 3-3 所示。

表 3-3 某企业×年×月×日各账户期初余额   单位：元

资 产 类		负债和所有者权益类	
库 存 现 金	600	短 期 借 款	20 000
银 行 存 款	100 000	应 付 账 款	102 600
应 收 账 款	32 000	实 收 资 本	100 000
原 材 料	50 000		
固 定 资 产	40 000		
总 计	222 600	总 计	222 600

以例 3-3～例 3-8 各账户发生额及期末余额过账。

借		库存现金	贷
期初余额	600		
		（例 3-7）	200
本期发生额合计		本期发生额合计	200
期末余额	400		

借		银行存款	贷
期初余额	100 000		
（例 3-3）	30 000	（例 3-4）	80 000
（例 3-4）	180 000	（例 3-6）	60 000
（例 3-5）	50 000	（例 3-7）	45 000
		（例 3-8）	30 000
本期发生额合计	160 000	本期发生额合计	215 000
期末余额	45 000		

借	应收账款		贷
期初余额	32 000		
		(例3-3)	30 000
本期发生额合计	0	本期发生额合计	30 000
期末余额	2 000		

借	原材料		贷
期初余额	50 000		
(例3-7)	50 000		
(例3-8)	10 000		
本期发生额合计	60 000	本期发生额合计	0
期末余额	110 000		

借	固定资产		贷
期初余额	40 000		
(例3-8)	20 000		
本期发生额合计	20 000	本期发生额合计	0
期末余额	60 000		

借	短期借款		贷
(例3-6)	60 000	期初余额	20 000
		(例3-4)	80 000
本期发生额合计	60 000	本期发生额合计	80 000
		期末余额	40 000

借	应付账款		贷
(例3-4)	80 000	期初余额	102 600
		(例3-7)	4 800
本期发生额合计	80 000	本期发生额合计	4 800
		期末余额	27 400

借	实收资本		贷
		期初余额	100 000
		(例3-5)	50 000
本期发生额合计		本期发生额合计	50 000
		期末余额	150 000

（三）编制试算平衡表对账户记录的正确性进行检查

运用借贷记账法，根据"有借必有贷，借贷必相等"的记账规则登记每项经济业务时，在有关账户之间就会发生应借、应贷的相互关系。账户之间的这种关系，称为账户的对应关系。发生对应关系的账户，称为对应账户。

在全部账户中，不是每个账户都同其他账户形成对照关系，而只是反映客观存在的具有相互联系、相互制约经济关系的账户才能形成账户对照关系。在日常工作中，经济业务发生后，按其账户的对应关系，编制会计分录，正确地核算和监督经济业务；根据正确的账户对应关系，检查编制的会计分录是否正确。

会计分录登入账户后，登记工作是否正确，需要根据"资产＝负债＋所有者权益"的平衡关系，通过编制总分类账试算平衡表（有的也称发生额对照表），来检查账户记录的正确性、完整性。

如果在记账过程中发生差错，就可能使借贷金额出现不平衡。如果借贷不平衡，则不仅账户记录出现错误，还会导致以账户记录为依据而编制的会计报表出现错误。因此，为了检查和验证账户记录是否正确，及时找出差错及其原因，并予以更正，必须定期进行试算平衡。

【例 3-10】承例 3-3～例 3-8，假定该企业×年 6 月 30 日各账户期末余额如表 3-4 所示。

表 3-4　某企业×年 6 月 30 日各账户期末余额　　　　单位：元

资　产　类		负债和所有者权益类	
库存现金	600	短期借款	20 000
银行存款	100 000	应付账款	102 600
应收账款	32 000	实收资本	100 000
原材料	50 000		
固定资产	40 000		
总计	222 600	总计	222 600

以例 3-3～例 3-8 为例编制总分类账户试算平衡表，如表 3-5 所示。

表 3-5　总分类账户的试算平衡表

×年 6 月 30 日　　　　单位：元

账户名称	期初余额		本期发生额		期末余额	
	借	贷	借	贷	借	贷
库存现金	600			200	400	
银行存款	100 000		160 000	215 000	45 000	
应收账款	32 000		0	30 000	2 000	
原材料	50 000		60 000	0	110 000	
固定资产	40 000		20 000	0	70 000	
短期借款		20 000	60 000	80 000		40 000
应付账款		102 600	80 000	4 800		27 400
实收资本		100 000		50 000		150 000
合计	226 000	226 000	380 000	380 000	217 400	217 400

如果借贷平衡，却不能肯定记账没有错误，因为有些记账错误并不影响借贷方的平衡。例如，某项经济业务在有关账户中全部漏记或重记；又如某项经济业务记错账户，把应借应贷的账户互相颠倒；再如，对某项经济业务，记入有关账户的借贷金额出现多记或少记的同样错误。凡此种种，并不能通过试算平衡来发现，还应通过其他方法发现这些记账错误。这表明只根据试算平衡的结果，并不足以说明账户的记录没有错误。因此，需要对一切会计记录进行日常或定期的复核，以保证账户记录的正确性。

练习题

一、思考题

1. 什么是单式记账法？什么是复式记账法？两者有何区别及复式记账有何优点？

2. 怎样理解资金平衡关系？

3. 什么是会计等式？会计等式是如何组成的？

4. 经济活动引起会计等式变动的有哪些类型？举例说明经济活动影响会计要素变动的九种情况。

5. 什么是复式记账？复式记账法的特点及分类。

6. 什么是借贷记账方法？它的记账规则如何？

7. 为什么说试算平衡不能保证经济业务会计记录的"绝对正确"？

8. 总分类账和明细分类账如何进行平行登记？平行登记的要点是什么？

9. 为什么要设置账户？账户与会计科目是什么关系？

10. 账户的基本结构是什么？阐述借贷记账法的账户结构。

11. 资产类账户与权益类账户的账户结构有何不同？与费用类账户完全一样吗？

12. 收入类账户与费用类的结构有哪些共同点和区别？

13. 什么是账户的对应关系？什么是对应账户？

14. 阐述会计分录及其种类。

15. 为什么说会计信息是国际商业语言？

16. 在使用借贷记账法的条件下账户结构有什么规律？

二、单项选择题

1.（   ）是复式记账法的记账基础。

A. 试算平衡　　　　　　　　　　　B. 资产和权益恒等关系

C. 会计科目　　　　　　　　　　　D. 经济业务

2. 下列记账错误中，不能通过试算平衡检查发现的是（   ）。

A. 将某一会计分录的借方发生额 800 元，误写成 8 000 元

B. 某一会计分录的借贷方向写反

C. 借方的金额误记到贷方

D. 漏记了借方的发生额

3. 发生额试算平衡法下的平衡关系是（   ）。

A. 本期借方发生额＝本期贷方发生额

B. 全部账户的本期借方发生额合计＝全部账户的本期贷方发生额合计

C. 全部账户期初借方余额合计＝全部账户期初贷方余额合计

D. 全部账户的期末借方余额合计＝全部账户的期末贷方余额合计

4. 发生额试算平衡的直接依据是（　　　）。

A. 资产＝负债＋所有者权益　　　　　B. 收入－费用＝利润

C. 借贷记账法的记账规则　　　　　　D. 复式记账法

5. 下列表述中，正确的是（　　　）。

A. 从某个企业看，全部科目的借方余额合计与全部科目的贷方余额合计不一定相等

B. 从某个会计分录看，借方科目与贷方科目之间互为对应科目

C. 试算平衡的目的是验证企业的全部科目的借方发生额合计与借方余额合计是否相等

D. 不能编制多借多贷的会计分录

6. 借贷记账法的记账规则是（　　　）。

A. 资产＝负债＋所有者权益　　　　　B. 以"借""贷"为记账符号

C. 借方记增加，贷方记减少　　　　　D. 有借必有贷，借贷必相等

7. 下列选项中，不属于复式记账法的方法是（　　　）。

A. 借贷记账法　　　　　　　　　　　B. 增减记账法

C. 收付记账法　　　　　　　　　　　D. 正负记账法

8. 下列关于借贷记账法的表述中，错误的是（　　　）。

A. 借贷记账法的记账规则是"有借必有贷，借贷必相等"

B. 借贷记账法是以"借"和"贷"作为记账符号

C. 借贷记账法下，"借"表示增加，"贷"表示减少

D. 借贷记账法是我国法定的记账方法

9. 某企业月末在编制试算平衡表时，全部账户的本月贷方发生额合计为 80 000 元，除"银行存款"外的本月借方发生额合计为 53 000 元，下列关于"银行存款"账户的表述中，正确的是（　　　）。

A. 本月贷方余额为 27 000 元　　　　B. 本月借方余额为 27 000 元

C. 本月借方发生额为 27 000 元　　　D. 本月贷方发生额为 27 000 元

10. 某企业收到甲企业预付的货款 64 000 元，存入银行，应编制会计分录（　　　）。

A. 借：银行存款　　　　　　　　　　　　　　　　　　　64 000

　　　贷：应收账款　　　　　　　　　　　　　　　　　　　　　64 000

B. 借：银行存款　　　　　　　　　　　　　　　　　　　6 4000

　　　贷：预收账款　　　　　　　　　　　　　　　　　　　　　64 000

C. 借：库存现金　　　　　　　　　　　　　　　　　　　64 000

　　　贷：预付账款　　　　　　　　　　　　　　　　　　　　　64 000

D. 借：银行存款　　　　　　　　　　　　　　　　　　　64 000

　　　贷：预付账款　　　　　　　　　　　　　　　　　　　　　64 000

三、多项选择题

1. 下列选项中，属于在借贷记账法下经济业务的类型的有（　　　）。

A. 权益内部有增有减，总额不变　　　B. 资产与权益同时增加，总额增加

C. 资产内部有增有减，总额不变　　　D. 资产与权益同时减少，总额不变

2. 会计分录的基本要素包括(　　　)。

A. 记账符号 　　　　　　　　　　 B. 记账时间

C. 记账金额 　　　　　　　　　　 D. 科目名称

3. 下列各项中,在编制试算平衡时,属于试算平衡公式的有(　　　)。

A. 借方科目金额＝贷方科目金额

B. 借方期末余额＝借方期初余额＋本期借方发生额－本期贷方发生额

C. 全部科目本期借方发生额合计＝全部科目本期贷方发生额合计

D. 全部科目借方期末余额合计＝全部科目贷方期末余额合计

4. 下列描述借贷记账法的记账规则中不正确的有(　　　)。

A. 以资产与权益的平衡关系为记账基础

B. 以"借""贷"为记账符号

C. 有借必有贷,借贷必相等

D. 完整记录企业全部事项

5. 关于单式记账法,下列表述中错误的有(　　　)。

A. 可以全面、系统地反映各项会计要素的增减变动情况和经济业务的来龙去脉

B. 便于检查账户记录的正确性和完整性

C. 每一项经济业务只在一个账户中加以登记

D. 记账手续简单,是适合现代会计的记账方法

6. 属于会计分录的三要素的有(　　　)。

A. 摘要 　　　　　　　　　　　　 B. 借、贷方向

C. 金额 　　　　　　　　　　　　 D. 会计科目

7. 在借贷记账法下,可以在账户贷方登记的有(　　　)。

A. 资产的减少 　　　　　　　　　 B. 所有者权益的增加

C. 收入的增加 　　　　　　　　　 D. 费用的增加

四、判断题

1. 发生额试算平衡的直接依据是财务状况等式,余额试算平衡的直接依据是借贷记账法的记账规则。　　　　　　　　　　　　　　　　　　　　　　　　(　　　)

2. 在近代会计阶段,会计的特点是以劳动量数额作为主要计量单位,作为独立的管理职能,以企业会计为主,会计核算采用"单式记账法",形成一套完整的会计核算方法,使会计成为一门学科。　　　　　　　　　　　　　　　　　　　　　　　　(　　　)

3. 借贷记账法属于复式记账法,而增减记账法和收付记账法属于单式记账法。(　　　)

4. 借贷记账法是目前国际上通用的复式记账法。　　　　　　　　　　　　(　　　)

5. 所有账户的余额不必全部记入试算平衡表,缺少一个或几个账户余额,不会造成期初或期末借方余额合计与贷方余额合计不相等。　　　　　　　　　　　　(　　　)

6. 各种复式记账法的根本区别在于记账规则不同。目前,我国已普遍采用增减记账法。　　　　　　　　　　　　　　　　　　　　　　　　　　　　　　　　　(　　　)

7. 资产类和收入类的账户借方登记增加额,贷方登记减少额。　　　　　　(　　　)

五、综合业务题

1. 某企业 2017 年 6 月底部分总账期末余额如表 3-6 所示。

表 3-6 某企业 2017 年 6 月底部分总账期末余额

账 户 名 称	金 额	账 户 名 称	金 额
固定资产	398 000	短期借款	8 000
原材料	130 000	应付账款	85 000
应收账款	35 000	应交税费	26 600
其他应收款	7 000	实收资本	460 000
库存现金	2 000		
银行存款	7 600		
合计	579 600	合计	579 600

（1）7 月 2 日，收到客户的欠款 35 000 元，存入银行。

（2）7 月 8 日，从银行提取现金 3 000 元。

（3）7 月 11 日，生产车间领用原材料 10 000 元，生产甲产品。

（4）7 月 15 日，用银行存款缴纳税金 18 000 元。

（5）7 月 18 日，采购员出差回来，报销差旅费 3 000 元，并交回现金 1 000 元。

（6）7 月 20 日，陈明出差预借差旅费 1 500 元，现金支付。

（7）7 月 22 日，用银行存款偿还欠款 8 500 元。

（8）7 月 23 日，用银行存款 8 000 元偿还短期借款。

（9）7 月 25 日，从银行提取现金 2 500 元备用。

（10）7 月 28 日，购入材料 10 500 元，已验收入库，款项尚未支付。

要求：

（1）编制会计分录。

（2）根据上述资料，开设有关账户，并登记期初余额；根据会计分录登记有关账户，并计算本期发生额与期末余额。

（3）编制发生额及余额试算平衡表。

2. 某企业本月初有关总分类账户余额如表 3-7 所示。

表 3-7 某企业本月初有关总分类账户余额

账 户 名 称	金 额	账 户 名 称	金 额
固定资产	160 000	短期借款	10 000
原材料	4 700	应付账款	50 000
库存现金	300	实收资本	320 000
银行存款	200 000		
生产成本	15 000		
合计	380 000	合计	380 000

该企业本月发生如下经济业务：

（1）收到投资者投入的货币资金 200 000 元，已存入银行。

(2) 用银行存款 40 000 元购入不需要安装的设备 1 台。

(3) 购入材料一批, 买价和运费计 15 000 元, 已验收入库。货款尚未支付。

(4) 从银行提取现金 2 000 元。

(5) 借入短期借款 20 000 元, 已存入银行。

(6) 用银行存款 35 000 元偿还应付账款。

(7) 生产产品领用材料一批, 价值 12 000 元。

(8) 用银行存款 30 000 元偿还短期借款。

要求:

(1)根据所给经济业务编制会计分录。

(2)根据给出余额资料的账户开设并登记有关总分类账户(开设 T 形账户即可)。

(3)根据账户的登记结果编制"总分类账户发生额及余额试算表"。

3. 某企业 2018 年 6 月初各账户余额如表 3-8 所示。

表 3-8 某企业 2018 年 6 月初各账户余额

账 户 名 称	金 额	账 户 名 称	金 额
库存现金	5 000	短期借款	150 000
银行存款	460 000	应付账款	320 000
应收账款	160 000	应交税费	15 000
原材料	450 000	实收资本	590 000
合计	1 075 000	合计	1 075 000

该企业 2018 年 6 月份发生下列经济业务(假定购买材料和销售产品不考虑增值税)。

(1) 向银行借入为期 5 个月的借款 12 000 元, 存入了银行。

(2) 接受 A 公司的投资, 原材料价值为 200 000 元。

(3) 银行存款支付广告费 5 600 元。

(4) 银行存款缴纳本月应交的税金 43 000 元。

(5) 企业行政管理部门以银行存款购买办公用品 3 500 元。

(6) 购进甲材料一批金额 50 000 元, 货款以银行存款支付。

(7) 经理出差借支差旅费 2 000 元, 以库存现金支付。

(8) 购进乙材料一批价款 60 000 元, 货款暂未支付。

(9) 以银行存款归还前欠购材料款 60 000 元。

(10) 从银行提取 3 000 元现金备用。

要求:

(1)根据上述经济业务编制会计分录。

(2)计算各账户的发生额及余额; 根据各账户的发生额及余额编制试算平衡表。

第四章
借贷记账法在制造业的应用

知识目标

1. 运用借贷记账法核算资金筹集过程、采购过程、生产过程、销售过程，以及利润计算和利润分配主要资金运动。
2. 采购成本、生产成本的构成项目。
3. 采购费用、制造费用的分配方法。

案例导入

北宋科学家沈括在所著的《梦溪笔谈》一书中，记述宋朝的茶利时说："国朝茶利除管本及杂费外，净入钱禁榷，时取一年中数计一百九万四千九是三贯八百八十五，内六十四万九千六十九贯茶净利，四十四万五千二十四贯六百七十茶税"。将北宋时期茶叶专营盈利的具体计算资料列成利润表式，如表 4-1 所示。

表 4-1　北宋时期国朝茶利

项　目	金　额
茶叶销售收入	×××××××××贯
减：管本	××××××××××贯
杂费	××××××××××贯
净收入	1 094 093 885 贯
减：茶税	445 024 670 贯
净利	649 069 215 贯

沈括又说："卖茶嘉祐二年(1057 年)收十六万四百三十一贯五百二十七，除本及杂费外，得净利十万六千九百五十七贯六百八十五"。销售收入减除元本及杂费得净利。

思考：

1. 用所学的会计账户解释茶叶的专营销售收入、管本、杂费、税金、净利分别应该用什么会计科目表示？

2. 上述茶叶净利润是如何核算的？以上损益项目的数字说明我国早在宋代会计核算体系已经有了怎样的发展？

第一节 制造企业业务核算知识预备

一、制造企业主要经济业务的意义

在世界各国中，我国一直被认为是制造业大国，制造业属于高附加值的产业是国民经济积累资金的主要来源和重要组成部分；是推动经济发展的重要推动力，为科学技术的创新和发展提供了重要的平台。我国要加快实现工业化进程，实现民族的伟大复兴，加快全面建成小康社会，就需要高度重视制造业的发展。

制造企业是指根据对市场的需要，通过制造过程，将制造资源转变为可供人们使用的生产资料和生活资料的过程，其中制造资源一般意义上包括物料、能源、设备、工具，以及资金、技术、信息和人力等。在我国制造业也叫作加工工业，而在西方加工通常被称为制造业。制造业的产业体系庞大，分工细密，类别比较多。一般而言，按我国原有的统计分类，制造业被具体分为 30 个大类，包括原材料采购、产品设计、产品制造、订单处理、仓储运输、批发经营和零售等。

制造企业要实现增加产品产量，提升产品品质，生产出满足市场需要的产品任务，就需要不断加强企业管理，进行技术创新，减少耗费，减低成本。因此，了解企业经济业务的内容和特点，及时纠正偏差，对制造企业真正做到高产、优质、不断实现技术创新，提高企业的经济效益，有着十分重要的意义。

二、制造企业经济业务的主要内容

制造企业的主要经济业务包括资金的筹集、材料采购、产品生产、销售过程和利润的形成及分配业务。

资金是一个企业开展业务的前提和基础，企业的运作是无法脱离资金的，其业务活动开始于资金的筹集业务。资金来源有两种渠道，一种是通过向银行及其他金融机构借款形成的债务资金，会计科目有银行存款、短期借款和长期借款等；另一种是通过投资者投入资本，资本形式有资金或其他非货币形式的实物形式，形成实收资本。企业将筹集到的资金应用于采购供应过程、生产过程和销售过程。

供应过程是生产产品的准备过程。在供应过程中，一般用货币资金购买原材料和厂房设备等的购置，形成储备资金和固定资金，为企业生产过程做准备。生产过程是生产经营的主要环节，企业用所购买的机械设备、厂房和结合一定的劳动力通过加工将原材料形式产品，原材料的价值一次性地全部转移到产品中，并在生产成本中占有很大的比重，因此，要加强管理以降低生产成本。销售是企业实现产品价值的最终环节，企业通过销售产成品，将成品资金转换货币资金，也是实现企业利润的主要来源，这将完成一次资金运动的循环，如图 4-1 所示。

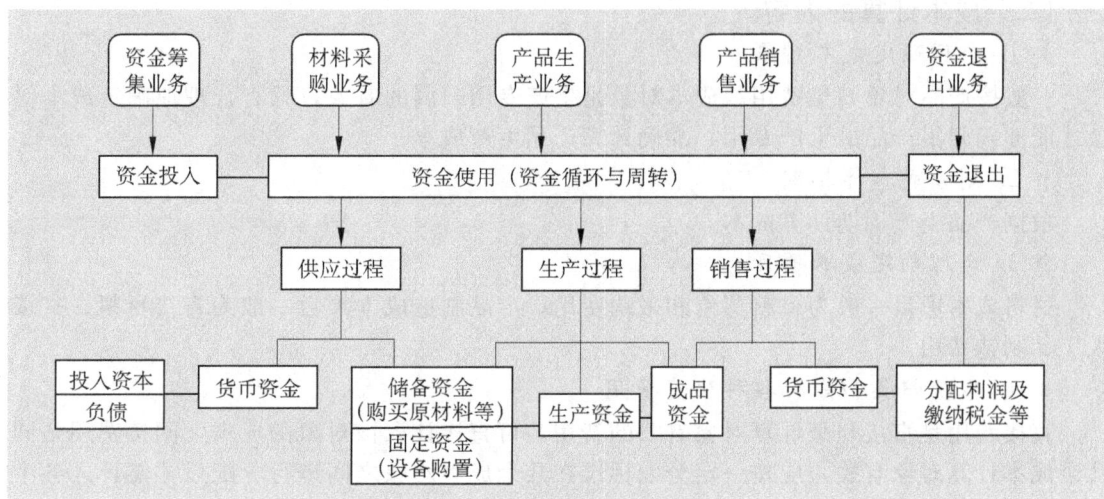

图 4-1 企业资金循环运动过程流程

三、制造企业进行成本计算的要求和内容

企业要盈利，成本控制就无处不在，进行生产活动发生经济资源的耗费，如各种人力、物力和财力的消耗是否最优，我们只有通过了解企业成本产生的过程，成本计算、取得成本资料才能分析成本增减原因、有效控制成本支出，提高企业经济效益。

（一）成本计算的要求

成本计算过程实际上是费用的归集和分配过程，要做好成本计算工作，必须准确归集和分配各种费用。一般要求做到以下三点。

▶ 1. 按规定的成本内容进行确认和计量

企业提供的会计信息必须符合会计信息质量要求，做到真实、可靠、可比，这就要求企业进行成本核算时要按国家规定的成本开支范围确认标准、计量方法进行核算，不得多列、虚列、不列或少列费用成本，保证成本的真实性和计算口径的可比性。

▶ 2. 划清支出与费用、费用与成本的界限

支出范围广泛，一般是指企业日常活动中发生的经济效益的总流出。

费用则是指企业为销售商品、提供劳务等日常活动所发生的经济效益流出。

成本一般是指企业为生产产品、提供劳务而发生的各种耗费。

支出与费用的界限：凡与产品生产有关部分，并从当期产品销售收入中得到补偿的资金耗费是生产费用，应计入产品成本；凡与产品生产无关，而不应从产品销售收入中得到补偿的其他各种支出，不能计入产品成本。

费用与成本的界限：费用是按照一定会计期间汇集的资金耗费，成本则是以产品为对象进行归集，两者计算基础不同，只是在费用上按产品对象归集后，才能形成产品成本。

▶ 3. 按权责发生制原则进行成本计算

权责发生制是按实际发生的和影响的期限来确认企业的收入和费用。按权责发生制原则计算成本就是应由各期成本负担的费用，不论是否支付，都应全部计入当期成本；而不应由当期成本负担的费用，即便已经支付，也不能计入当期成本。

（二）成本计算的内容

▶ 1. 合理确定成本对象

一般按产品对象归集费用。成本对象是生产专用归属的对象，只有合理地确定成本对象才能准确归集产品的生产专用，准确计算产品生产成本。

▶ 2. 划分成本计算期

根据产品生产周期计算成本。

▶ 3. 合理确定成本项目

材料成本项目一般为材料买价和采购费用；产品制造成本项目一般为直接材料、直接人工、制造费用。

▶ 4. 准确归集和分配各种生产费用

直接费用是直接与某计算对象有关的费用，可直接计入该对象的成本，间接费用是同几个成本计算对象有关，应按一定分配标准在几个成本计算对象之间进行分配后才能计入各个成本计算对象的成本。

▶ 5. 健全成本计算资料

设立费用、成本明细账及材料费用、工时消耗、费用分配、产品完工入库原始记录，据以计算成本。

第二节　资金筹集过程的核算

一个企业要能够运营必须要有足够的资金，工业企业进行生产经营所需资金主要从两个渠道筹集：一是投资者投入的资本，形成所有者权益；二是向债权人借入资金，形成企业的负债。

一、会计科目设置

投资者投入企业的资金，形成企业的资本。资本金是企业在工商行政管理部门注册登记的注册资本，这个是国家批准企业从事生产经营活动的首要条件。资本金可以是国家投入的，法人投入的、个人投入的甚至也可以是外商投入的。企业接受投资者的投入形式多种多样，可以是现金，也可以是实物等。

在会计实务中，由于投入资金形式十分多样，所以必须将投资者投入的不同形式进行分类，这样就形成了会计当中的会计科目。在筹集资金过程中设置了"银行存款""实收资本""长期借款""短期借款""工程物资""固定资产"等科目。

（一）"银行存款"账户

"银行存款"账户属于资产类的账户，用来核算企业存放在银行或其他金融机构的各种款项。借方用来记录银行存款的增加数额，贷方用来登记银行存款的减少项目。期末余额在借方，表示企业的银行存款的实际结存数额。

（二）"实收资本"或"股本"账户

实收资本是指投资者按照企业章程规定或合同、协议约定，接受投资者投入企业的资本，是企业所有者权益中的主要组成部分。"实收资本"或"股本"账户属于所有者权益类账户。实收资本的构成比例反映投资者的出资比例或股东的股权比例；是确定企业所有者权益份额的基础，也是企业进行利润或股利分配的主要依据。

"实收资本"表明所有者对企业的基本产权关系；按投资主体可分为国家资本、集体资本、法人资本、个人资本、和外商资本等。

"实收资本"或"股本"账户的借方用来登记减少的资本数额，贷方用来登记投入的资本数额，期末余额在贷方，表示投资者投入资本的实有数额。

股份有限责任公司用"股本"账户，有限责任公司及其他企业用"实收资本"账户。

（三）"长期借款"账户

"长期借款"账户是负债类的账户，用来核算企业向银行或其他金融机构借入的偿还期在一年以上的借款的增减变动情况。长期借款的借方用来登记到期偿还的长期借款的本金、利息，长期借款的贷方用来登记介入长期借款的本金及每期计提的应付利息。期末余额在贷方，表示尚未偿还的长期借款实有数。

（四）"短期借款"账户

"短期借款"账户是负债类账户，用来核算企业向银行借入的偿还期在一年以内（含一年）的借款的增减变动情况。短期借款的借方用来登记到期偿还的各项短期借款，贷方登记短期借款的数额，期末余额在贷方，表示尚未偿还的短期借款的本金。

（五）"固定资产"账户

"固定资产"账户是资产类账户，用来核算企业的所有的固定资产的原价（初始的入账价）。固定资产借方用来登记固定资产的原始价值，贷方登记减少的固定资产的原始价值，期末余额在借方，表示现有的固定资产的原始价值。

（六）"工程物资"账户

"工程物资"账户是资产类账户，核算企业为基建工程、更改工程和大修理工程准备的各种物资的实际成本，包括为工程准备的材料、尚未交付安装的需要安装设备的实际成本，以及预付大型设备款和基本建设期间根据项目概算购入为生产准备的工具及器具等的实际成本。企业购入不需要安装的设备，应当在"固定资产"科目核算。"工程物资"账户的借方登记为工程准备物资实际成本的增加数，贷方登记工程领用工程物资的实际成本数；期末余额在借方，表示企业工程物资的实际结存数；"工程物资"账户按物资的品种设明细账，如"专用材料""专用设备""工程器具"等明细分类账。

（七）"无形资产"账户

"无形资产"账户是资产类账户，用来核算企业所有无形资产的增减变化的情况及结果。无形资产借方登记的是无形资产的增加额，贷方登记的是无形资产的摊销、对外投资等减少的价值，期末余额在借方，表示现有无形资产的剩余价值。无形资产包括企业拥有的专利权、商标权、著作权、土地使用权、非专利技术等，按无形资产的种类设明细账。

（八）"财务费用"账户

"财务费用"账户是损益类账户，用来核算企业为了筹集资金等发生的各种筹资费用，包括利息支出（减利息收入）、汇兑损益、企业支付的现金折扣或收到的现金折扣、支付给银行或其他金融机构的手续费等。"财务费用"账户登记企业应当计入本期的各项财务费用；贷方登记本期财务费用的减少数或转入"本年利润"账户的财务费用，期末结转后"财务费用"账户应无余额，可按费用项目设置明细账。

（九）"应付利息"账户

"应付利息"账户是负债类账户，用来核算企业根据短期或长期借款等提取的应支付但尚未支付给债权人的利息；贷方登记的是企业计提的各项借款应该支付但尚未支付的利息，借方登记的是支付的提取的利息费用，期末贷方余额，表示提取的尚未支付的利息费用。

二、主要经济活动的核算

制造企业进行生产经营所需资金主要从两个渠道筹集，一是投资者投入的资本，形成所有者权益；二是向债权人借入资金，形成企业的负债。

（一）投入资本的核算

企业接受投资者投入资本，一方面会引起企业实收资本的增加，应记入"实收资本"或"股本"账户的贷方；另一方面，会引起企业有关资产的增加，应记入有关资产账户的借方。

【例4-1】企业收到长虹工厂投入货币资金600 000元，存入银行，编制会计分录如下：

借：无形资产　　　　　　　　　　　　　　　　　　　　　　　600 000
　　贷：实收资本——长虹工厂　　　　　　　　　　　　　　　　　600 000

【例4-2】企业接受东方工厂投入企业全新机器一台，价值80 000元，编制会计分录如下：

借：固定资产　　　　　　　　　　　　　　　　　　　　　　　80 000
　　贷：实收资本——东方工厂　　　　　　　　　　　　　　　　　80 000

【例4-3】企业接受红星工厂投入专利权一项，价值100 000元，编制会计分录如下：

借：银行存款　　　　　　　　　　　　　　　　　　　　　　　100 000
　　贷：实收资本——红星工厂　　　　　　　　　　　　　　　　　100 000

（二）借入资金的核算

企业在生产经营过程中，由于多种原因，经常需要向银行等金融机构借款，以补充资金的不足。企业从银行等金融机构借入的款项按偿还期不同分短期借款和长期借款。短期借款是指归还期在一年以内（含一年）的借款，长期借款是指归还期在一年以上的借款。

当企业从银行等金融机构取得借款时，企业的借款增加，按借款期限的长短，应分别贷记"短期借款"和"长期借款"账户。根据"存贷分户"的规定，企业向银行借入资金，应先转入"银行存款"账户，使企业的"银行存款"增加，记入借方。

【例4-4】企业于2017年10月1日向工商银行借入期限为半年，年利率为6%的借款100 000元，存入银行，编制会计分录如下：

借：银行存款　　　　　　　　　　　　　　　　　　　　　　　100 000
　　贷：短期借款　　　　　　　　　　　　　　　　　　　　　　　100 000

企业取得短期借款后，按规定必须每季支付一次借款利息，到期归还，例4-4中的企业应于2017年12月31日支付第四季度的1 500元利息，按权责发生制原则，该利息应属于10—12月份的支出，每月负担500元，按月预先提取，而不能全部计入12月份1 500元，因此，该项业务的发生，一方面使每月财务费用增加500元，记入"财务费用"借方；另一方面引起企业负债增加，记入"应付利息"账户贷方。

【例 4-5】根据例 4-4 核算 10—12 月份每月计提利息，编制会计分录如下：

2017 年 10—11 月每月计提利息：

借：财务费用　　　　　　　　　　　　　　　　　　　　　　500

　　贷：应付利息　　　　　　　　　　　　　　　　　　　　　　　500

2017 年第四季度末支付借款利息时：

借：应付利息　　　　　　　　　　　　　　　　　　1 000（10—11 月）

　　财务费用　　　　　　　　　　　　　　　　　　　500（12 月）

　　贷：银行存款　　　　　　　　　　　　　　　　　　　　　1 500

2018 年 1—2 月份每月预提借款利息时：

借：财务费用　　　　　　　　　　　　　　　　　　　　　　500

　　贷：应付利息　　　　　　　　　　　　　　　　　　　　　　　500

3 月底偿还本息时：

借：短期借款　　　　　　　　　　　　　　　　　　　　　100 000

　　应付利息　　　　　　　　　　　　　　　　　　　　　　1 000

　　财务费用　　　　　　　　　　　　　　　　　　　　　　　500

　　贷：银行存款　　　　　　　　　　　　　　　　　　　　101 500

【例 4-6】企业为扩大经营规模，进行工程扩建，向银行借入期限为两年的借款 600 000 元，存入银行。

借：银行存款　　　　　　　　　　　　　　　　　　　　　600 000

　　贷：长期借款　　　　　　　　　　　　　　　　　　　　600 000

第 三 节　材料采购过程的核算

一、采购过程经济业务需要设置的主要账户

采购过程的核算是制造企业主要经济业务核算的重要内容之一，既是对筹资过程的延续，又为后续的生产过程提供了物资准备，起到了承上启下的作用，是生产经营过程的第一阶段。因此在会计核算过程中，涉及原材料、材料采购、在途物资、应付账款、应付票据、应交税费等主要的会计账户。

（一）"原材料"账户

"原材料"账户属于资产类账户，用来核算企业各种材料物资的实际采购成本的收入、发出和结存情况的账户。借方登记已验收入库材料的实际成本；贷方登记发出材料的实际成本；期末余额在借方，表示库存材料的实际成本。"原材料"账户应按照材料的类别、品种及规格设置明细账户，进行明细分类核算，适合采用"数量金额式"明细账。

（二）"材料采购"账户

"材料采购"账户属于资产类账户，企业采用计划成本法核算时；用来核算外购材料的实际成本，并把它和计划价格成本进行对比的科目。科目的借方登记企业所有外购并已支

付或承付料款的材料实际成本，包括买价、运杂费等。借方发生额表明企业本期发生的采购资金支出；贷方登记外购并已验收入库材料的计划价格成本。验收入库材料的实际成本大于或小于计划价格成本的超支或节约额，应将它从本科目的贷方或借方转入"材料成本差异"科目的借方或贷方。材料采购科目的月末借方余额，反映在途材料的金额。按照材料的种类设置明细账户，进行明细分类核算。

（三）"材料成本差异"账户

"材料成本差异"账户属于资产类账户，用来核算材料的实际成本与计划价格成本间的差额。实际成本大于计划价格成本为超支；实际成本小于计划价格成本为节约。外购材料的材料成本差异，在一定程度上反映材料采购业务的工作质量。在材料日常收发按计划价格计价时，需要设置"材料成本差异"科目，作为材料科目的调整科目。科目的借方登记材料实际成本大于计划价格成本的超支额，贷方登记材料实际成本小于计划价格成本的节约额。期末余额如果在借方，表示库存材料的超支差异额；如果在贷方，表示库存材料的节约差异额。

（四）"在途物资"账户

"在途物资"账户属于资产类账户，用来核算企业货款已经支付，但尚未到达或验收入库材料的实际成本。借方登记已支付货款的材料的实际成本；贷方登记验收入库材料的实际成本；期末余额在借方，表示企业已经支付货款，但尚未到达或尚未验收入库材料的实际成本。

"在途物资"账户与"材料采购"账户的区别在于做会计分录时，是两个不同的会计科目。"材料采购"科目是企业按计划成本核算的。取得原材料时，先通过该科目核算。"在途物资"科目是企业按实际成本进行的会计核算，用于企业已经付款或已开出、承兑商业汇票，但材料尚未到达或者尚未验收入库的采购业务，应根据发票账单等结算凭证，借记"在途物资"等科目，待材料到达、验收入库后，再贷记"在途物资"。

（五）"应付账款"账户

"应付账款"账户属于负债类账户，用来核算企业因采购材料物资和接受劳务供应等应付给供应单位的款项。贷方登记应付给供应单位的款项；借方登记偿还的应付款项；期末余额在贷方，表示尚未偿还的应付款项。

企业购入材料、商品等验收入库，但货款尚未支付，根据有关凭证（发票账单、随货同行发票上记载的实际价款或暂估价值），借记"原材料""库存商品""应交税金——应交增值税（进项税额）"等科目，贷记"应付账款"科目。企业接受供应单位提供劳务而发生的应付但尚未支付的款项，应根据供应单位的发票账单，借记"制造费用""管理费用"等有关成本费用科目，贷记"应付账款"科目；企业偿付应付账款时，借记"应付账款"科目，贷记"银行存款"科目。企业开出、承兑商业汇票抵付购货款时，借记"应付账款"科目，贷记"应付票据"科目。企业的应付账款，因对方单位发生变故确实无法支付时，报经有关部门批准后，可视同企业经营业务以外的一项额外收入，借记"应付账款"科目，贷记"营业外收入"科目。

（六）"应付票据"账户

"应付票据"账户属于负债类账户，用来核算企业购买材料、商品和接受劳务供应等。开出、承兑的商业汇票，包括银行承兑汇票和商业承兑汇票。

贷方登记企业开出、承兑商业汇票，或以承兑商业汇票抵付货款、应付账款。借方登记支付到期商业汇票及银行承兑汇票手续费的数额，贷方余额表示企业尚未到期的应付票据数额。

在我国，商业汇票的付款期限最长为 6 个月，因而应付票据即短期应付票据。应付票据按是否带息分为带息应付票据和不带息应付票据两种。

应付票据是由出票人出票，委托付款人在指定日期内无条件支付确定的金额给收款人或持票人的票据；也是委托付款人允诺在一定时期内支付一定款额的书面证明。在我国应付票据是在采用商业汇票结算方式下发生的。

商业汇票，是指收款人或付款人（或承兑申请人）签发，由承兑人承兑，并在到期日向收款人或被背书人支付款项的票据。

商业汇票，按承兑人不同分为商业承兑汇票和银行承兑汇票。如果承兑人是银行的票据，则为银行承兑汇票；如果承兑人为购货单位的票据，则为商业承兑汇票。商业汇票按是否带息，分为带息票据和不带息票据。带息票据是指按票据上表明的利率，在票据票面金额上加上利息的票据。因此，到期承兑时，除支付票面金额外，还要支付利息。不带息票据是指票据到期时按面值支付，票据上无利息的规定。目前我国常用的是不带息票据。

（七）"应交税费"账户

"应交税费"账户属于负债类账户，用来核算企业应缴纳的各种税金包括增值税、消费税、所得税、资源税、土地使用税、土地增值税、城市建设维护税、房产税、车船使用税、个人所得税等。贷方登记计算出的各种应交而未交的税费的增加；借方登记实际缴纳的各种税费。期末余额在贷方表示未交税费的结余额；期末余额在借方表示多交的税费。

在材料供应过程主要涉及应交增值税科目，增值税是指在我国境内销售货物或提供加工、修理修配劳务以及进口货物的单位和个人，应该缴纳增值税。增值税是以增值额作为征税对象，实行税款抵扣制度。企业在销售货物或提供劳务时，向买方收取售价额和按规定税率的销项税额。另外企业在购买材料时支付给卖方的款项，向卖方支付买价额和按规定税率的进项税额，企业每个月应该缴纳的增值税额：

$$缴纳的增值税额＝销项税额－进项税额$$
$$销项税额＝销售额×增值税率$$
$$进项税额＝购进货物或劳务价款×增值税率$$

（八）"预付账款"账户

"预付账款"账户属于资产类账户，用来核算企业按照购货合同的规定，预先以货币资金或货币等价物支付供应单位的款项。在日常核算中，预付账款按实际付出的金额入账，如预付的材料、商品采购货款、必须预先发放的在以后收回的农副产品预购定金等。预付账款属于会计要素中的资产，通俗点就是暂存别处的钱，在没有发生交易之前，钱还是你的，所以是资产。

对购货企业来说，预付账款是一项流动资产。预付账款一般包括预付的货款、预付的购货定金。施工企业的预付账款主要包括预付工程款、预付备料款等。

预付账款一般是指买卖双方协议商定，由购货方预先支付一部分货款给供应方而发生的一项债权。预付账款一般包括预付的货款、预付的购货定金。施工企业的预付账款主要包括预付工程款、预付备料款等。预付账款是预先付给供货方客户的款项，也是公司债权的组成部分。

作为流动资产，预付账款不是用货币抵偿的，而是企业在短期内以某种商品、提供劳务或服务来抵偿。借方登记企业向供货商预付的货款；贷方登记企业收到所购货应结转的预付货款，期末借方余额反映企业向供货单位预付而尚未发出货物的预付货款；本科目期末借方余额，反映企业预付的款项；期末如为企业因购货而预付的款项，借记"预付账款"科目，贷记"银行存款"科目；收到所购物资时，根据发票账单等列明应计入购入物资成本的金额，借记"物资采购"或"原材料""库存商品"等科目，按专用发票上注明的增值税额，借记"应交税金——应交增值税（进项税额）"科目，按应付金额，贷记"预付账款"科目；补付的款项时，则借记"预付账款"科目，贷记"银行存款"科目；退回多付的款项，借记"银行存款"科目，贷记"预付账款"科目。

预付款项情况不多的企业，也可以将预付的款项直接记入"应付账款"科目的借方，不设置"预付账款"科目。

企业的预付账款，如有确凿证据表明其不符合预付账款性质，或者因供货单位破产、撤销等原因已无望再收到所购货物的，应将原计入预付账款的金额转入其他应收款。企业应按预计不能收到所购货物的预付账款账面余额，借记"其他应收款"科目，贷记"预付账款"科目。

除转入"其他应收款"科目的预付账款外，预付账款不得计提坏账准备。

"预付账款"科目应按预付对象单位设置明细账，进行明细核算。

二、采购过程主要经济业务核算

制造企业为满足生产经营的需要，需要购买各种原材料，进行各种生产准备，本节主要以企业购买原材料结算货款；为购买原材料发生的运费、损耗；原料运回企业验收入库三个环节的经济活动进行采购过程的业务核算。

企业为了提高采购效率，一般会根据采购的业务量或管理需要分别采用实际成本法或计划成本法核算材料采购业务。

（一）材料采购按实际成本核算

与供货单位办理价款结算，确定采购成本，形成材料储备，购买材料时，按货款的结算方式，分现款购料、欠款购料和预付款购料等。

▶ 1. 现款购料

货款已经支付或开出承兑商业汇票，该类业务的发生，一方面引起企业的原材料（资产）增加，记入"原材料"账户的借方；另一方面引起企业银行存款（资产）等货币资金的减少，记入"银行存款"等账户的贷方。

【例 4-7】企业从 A 厂购买甲材料 5 000 千克，每千克 40 元，乙材料 1 000 千克，每千克 50 元，共计 250 000 元，货款用银行存款支付（没有其他采购费用，不考虑增值税），材料已验收入库，编制会计分录如下：

    借：原材料——甲材料   200 000
            ——乙材料   50 000
        贷：银行存款   250 000

【例 4-8】企业向 B 工厂购入丙材料 500 吨，单价 200 元，价款 100 000 元，增值税率 16%，材料未到，货款用期限为 90 天的商业汇票支付。

    借：在途物资——丙材料   100 000
        应交税费——应交增值税（进项税额）   16 000
        贷：应付票据   116 000

10 天后，丙材料验收入库。

借：原材料 100 000

　　贷：在途物资——丙材料 100 000

90 天后，商业汇票到期、企业用银行存款支付汇票款。

借：应付票据 116 000

　　贷：银行存款 116 000

【例 4-9】企业 2017 年 6 月 1 日用银行存款从 B 公司购入：甲材料 20 000 千克，单价 20 元；乙材料 5 000 千克，单价 30 元，增值税率 16%，材料还未验收入库。

借：在途物资——甲材料 400 000

　　　　　　——乙材料 150 000

　　应交税费——应交增值税(进项税额) 88 000

　　贷：银行存款 638 000

2017 年 6 月用银行存款 5 000 元支付上列购入甲、乙材料发生的外地运杂费(假定不考虑增值税)。

借：在途物资——甲材料 4 000

　　　　　　——乙材料 1 000

　　贷：银行存款 5 000

思考：应该计入材料的采购成本的费用究竟有哪些？为何 5 000 元的运杂费甲材料承担了 4 000 元，而乙材料只承担 1 000 元，是采用何标准分配的？

甲、乙材料验收入库。

借：原材料——甲材料 44 000

　　　　　——乙材料 16 000

　　贷：在途物资——甲材料 44 000

　　　　　　　　——乙材料 16 000

▶ 2. 欠款购料

企业购入材料，因购货企业银行存款不足或其它原因，货款尚未支付。该类经济业务的发生，一方面使企业的原材料(资产)增加，记入"原材料"账户的借方；另一方面使企业的应付账款(负债)增加，记入"应付账款"账户的贷方。

【例 4-10】企业向长兴工厂购入丙材料 2 000 千克，每千克 30 元，增值税税率 16%，材料已验收入库，货款尚未支付，编制会计分录如下：

借：在途物资——丙材料 60 000

　　应交税费——应交增值税(进项税额) 9 600

　　贷：应付账款——长兴工厂 69 600

上述丙材料没有其他采购费用，验收入库。

借：原材料——甲材料 60 000

　　贷：在途物资——甲材料 60 000

【例 4-11】企业向光明工厂购入甲材料 100 000 千克、单价 200 元，买价 20 000 元，增值税进项税额 3 200 元，发生运输费 1 000 元，保险费 500 元，材料尚未验收入库，货款尚未支付。

甲材料的采购成本＝20 000＋1 000＋500

借：在途物资——甲材料	21 500
应交税费——应交增值税（进项税额）	3 200
贷：应付账款——光明工厂	24 700

▶ 3. 预付款购料

预付款购料即企业在购料前，按公司销售合同规定，预先向销货方支付一定的定金，预付定金时，一方面使企业的预付账款（资产）增加，形成企业的债权，记入"预付账款"账户的借方，另一方面使企业的银行存款（资产）减少，记入"银行存款"账户的贷方。

【例 4-12】企业以银行存款预付新华工厂购料款 50 000 元。

借：预付账款——新华工厂	50 000
贷：银行存款	50 000

当收到供货方发来的原材料时，一方面引起企业的原材料增加，记入"原材料"账户的借方；另一方面引起企业预付账款减少，记入"预付账款"的贷方。

新华工厂按合同要求发来的丙材料 50 000 元（包含增值税），已验收入库。

借：原材料——丙材料	43 103
应交税费——应交增值税（进项税额）	6 897
贷：预付账款——新华工厂	50 000

在实际工作中，预付账款采用"多退少补"方式进行结算，根据例 4-12，若新华工厂发来丙材料 45 000 元（含增值税），则

借：原材料——丙材料	38 793.10
应交税费——应交增值税（进项税额）	6 206.90
银行存款	5 000
贷：预付账款——新华工厂	50 000

若新华工厂发来的丙材料 55 000 元（含增值税），则

借：原材料——丙材料	47 413.79
应交税费——应交增值税（进项税额）	7 586.21
贷：预付账款——新华工厂	50 000
银行存款	5 000

（二）材料采购成本构成与采购费用分配方法

▶ 1. 材料采购成本构成

购买原材料不仅要支付材料价款还要付税费，把材料运回来的运费，装卸费等。一般认为材料采购成本内容主要有：

（1）买价（购买材料实际的价款，即实际工作中增值税发票上注明的价款）。

（2）运杂费（包括运输费、装卸费、运输过程的保险费、包装费、仓储费等）。

（3）运输途中的合理损耗（不包括运输途中盗抢、事故等造成的损失）。

（4）入库前的挑选整理费（包括挑选整理中发生的工资支出和发生的扣除下脚废料回收价款后的损耗）。

（5）购入材料应负担的相关税费（不包含一般纳税人支付的增值税）和其他必要费用。

▶ 2. 采购费用分配方法

购买材料支付的采购费用，如果只有一个受益对象就不存在分配的问题，直接计入该材料的成本即可；如果支付的采购费用有两个或两个以上的采购费用就要按一定的标准在相应的受益对象之间进行分配，分别计入不同材料的采购成本。材料采购费用的分配标准一般按材料重量或买价比例进行分摊；分摊方法有比例分摊法和系数分摊法两种。

下面根据例 4-8 和例 4-9 的资料说明材料采购成本的计算方法。

企业购进甲、乙两种材料的各项支出，如表 4-2 所示。

表 4-2 企业材料采购成本支出表　　　　　　　金额单位：元

材 料 名 称	重量/千克	单　价	买　价	运 杂 费
甲材料	20 000	20	40 000	
乙材料	5 000	30	15 000	
合计	25 000	—	55 000	5 000

根据表 4-2 的资料，材料的买价可以直接计入该材料的采购成本，题中的运杂费为甲乙两种材料共同分担的间接费用，需按一定的标准（重量标准或金额标准）采用一定的方法（系数分摊或比例分摊法）在甲乙两种材料之间进行具体分配。下面采用重量标准分别用系数分摊和比例分摊法，分摊表 4-2 中的运杂费。

（1）重量标准下的系数分摊法。

每千克材料应负担的运杂费系数＝运杂费总数÷材料总重量

$$＝5\ 000÷25\ 000$$
$$＝0.2(元/千克)$$

某材料应分摊的运杂费＝分担系数×该材料的重量

甲材料应分摊的运杂费＝0.2×20 000＝4 000(元)

乙材料应分摊的运杂费＝0.2×5 000＝1 000(元)

分摊后编制的甲乙两种材料采购成本计算表，如表 4-3 所示。

表 4-3 材料采购成本计算表

编制单位：××企业　　　　　　2017 年×月×日　　　　　　金额单位：元

成本项目	甲　材　料		乙　材　料	
	总成本(20 000 千克)	单位成本	总成本(5 000 千克)	单位成本
①买价	400 000	20.00	15 000	30.00
②采购费用	4 000	0.20	1 000	0.20
实际采购成本	404 000	20.20	151 000	30.20

（2）重量标准下的比例分摊法。

甲材料的重量÷待分配材料总重量＝20 000÷25 000×100%＝80%

乙材料的重量÷待分配材料总重量＝20 000÷25 000×100%＝20%

某材料应分摊的运杂费＝应分摊的运杂费×该材料的重量占总量的比例

因此，甲材料应分摊的运杂费＝5 000×80%＝4 000(元)

乙材料应分摊的运杂费＝5 000×20％＝1 000(元)

(三) 材料采购按计划成本核算

企业应结合各种原材料的特点、实际采购成本等资料确定原材料的计划单位成本；计划单位成本一经确定，在年度内一般不作调整。在购入或以其他方式取得的原材料，按其计划成本和实际成本之间的差额分别在有关账户中进行登记。平时发出的材料应负担的差异额进行分摊，随同本月发出材料的计划成本计入有关账户中，并将发出材料的计划成本调整为实际成本。

(1) 按计划成本计价时，企业应该按以下步骤进行核算。

① 企业按各种原材料的特点、实际采购成本等资料确定该种材料的计划单位成本。

② 取得或购买原材料时，按其实际成本记入"材料采购"账户的借方，贷记"银行存款"等相关账户。

③ 材料购买完毕验收入库时，贷方转出"材料采购"账户记录的实际成本，"原材料"账户的借方登记该材料的计划成本，计划成本与实际成本之间的差额借记或贷记"材料成本差异"账户。

④ 发出材料时，按原材料账户的计划成本，借记"生产成本""制造费用""管理费用"等账户，贷记"原材料"账户。

⑤ 期末，统一计算结转本期发出材料应分担的材料成本差异额，通过结存材料和发出材料的计划额加减应分摊的差异额，得到结存和发出材料的实际成本。将这些应分担的差异额转入相关的"生产成本""制造费用""管理费用"等账户。

(2) 发出材料"材料成本差异"分摊计算方法。

计算本期发出材料"材料成本差异"分摊方法如下：

$$\frac{\text{本月材料采购}}{\text{成本差异率}} = \frac{\text{月初材料采购成本差异额}＋\text{本月购入材料成本差异额}}{\text{月初库存材料的计划成本}＋\text{本月入库材料的计划成本}} \times 100\%$$

本期发出材料应负担的差异额＝发出材料的计划成本×成本差异率

【例 4-13】 甲企业为一般增值税企业，材料按计划成本核算。2017 年 6 月 1 日从某工厂购入 A 材料 1 000 千克，单价 20 元，货款已经用银行存款支付，材料已经验收入库。编制会计分录如下：

借：材料采购——A 材料	20 000(实际买价)
应交税费——应交增值税(进项税额)	3 200
贷：银行存款	23 200

A 材料的计划成本为 25 000 元，结转该批材料的计划成本和差异额。编制会计分录如下：

借：原材料——A 材料	25 000(计划价)
贷：材料采购——A 材料	20 000(实际买价)
贷：材料成本差异	5 000(计划价与实际买价的差额)

假定甲企业 2017 年 6 月生产产品领用 A 材料计划成本总额为 20 000 元。该材料月初计划成本余额为 16 000 元，成本差异额为节约差异 4 000 元。

发出材料时先按计划价格编制会计分录为

借：生产成本	20 000
贷：原材料——A 材料	20 000

再计算本月发出材料应分摊的材料成本差异额为：

材料成本差异率＝（－4 000－5 000）÷（16 000＋25 000）＝－21.95％（节约差异率）

发出材料应负担的差异额＝20 000×（－21.95％）＝－4 390（节约额）

结转发出材料应分摊的材料成本差异额应编制的会计分录：

借：材料成本差异 4 390

　　贷：生产成本 4 390

第 四 节　生产过程的核算

从材料投入生产到产品完工的过程称为生产过程，是制造企业第三个资金运动过程，也是企业经营活动的第二个阶段。企业生产产品，必须将产品的耗费的各项材料等费用合理地分配到产品中去，这样才能合理估计产品的成本，减少不必要的支出，减少成本，增加利润。

生产过程是制造业企业生产经营过程的中心环节，一方面生产出各种产成品；另一方面要消耗掉原材料等劳动对象，机器、设备等劳动资料和活劳动的耗费过程。这些在一定时期内为制造产品所发生的劳动耗费称作生产费用。这些耗费计入产品成本的方式，有些是直接的，如生产过程中直接消耗掉的直接材料费和从事产品生产人员的直接工资费用，称为直接费；有些是不能直接计入产品成本的，需要按一定的标准，采取一定的方式分配计入产品成本，如生产车间为组织和管理生产所发生的管理人员工资，机器设备的折旧费、修理费等，称为间接费用。企业在生产过程中实际消耗的直接费用和间接费用，即构成产品的制造成本。此外，企业为组织和管理生产经营活动还会发生一些其他费用，如企业行政管理部门的人员工资、办公室差旅费等管理费用。为销售产品而发生的营业费用、为筹集资金而发生的财务费用，称为期间费用。期间费用不计入产品成本，直接计入当期损益。

一、生产过程经济业务设置的主要账户

生产过程的主要经济业务有：生产产品领用的原材料、生产产品结算人工费，生产产品支出其他的生产费用、间接费用（制造费用）的归集与分配和生产完毕结转完工产品的成本等。为了准确组织生产过程的核算，需要设置下列主要账户。

（一）"生产成本"账户

"生产成本"账户是成本类账户，是为了核算产品（包括产成品、自制半成品）、自制材料、自制工具、自制设备等各种直接和间接生产成本而开设的。该账户按基本生产成本和辅助生产成本进行二级明细核算。借方登记应计入产品生产成本的各项费用，包括直接材料、人工和期末按一定方法分配计入产品生产成本的制造费用。贷方登记结转完工入库的产成品的生产成本。期末余额在借方，表示尚未完工产品（在产品）的成本，即生产资金的占用额。

账户要素计算公式如下：

期初在产品成本＋本期发生生产费用＝本期完工产品成本 ＋期末在产品成本

为了生产产品发生的各类间接费用，先在"制造费用"账户中进行归集核算，然后在按照一定标准分配计入"生产成本"账户。

（二）"制造费用"账户

"制造费用"账户属于成本类账户。用来归集和分配企业生产车间范围内为组织和管理产品的生产活动而发生的各项间接生产费用，包括间接材料费、间接人工费用、折旧费、低值易耗品、其他支出等。借方登记归集发生的制造费用，贷方反映制造费用的分配，月末无余额。

制造费用账户是应按不同的生产单位设立明细账，账内按照费用项目设立专栏或专户，分别反映生产单位各项制造费用的发生情况。通过制造费用账户核算各项制造费用的生产单位，对生产过程中发生的各项制造费用，应根据有关费用分配表及凭证登记"制造费用"账户及所属的明细账。

新准则规定车间固定资产的维修费用不再资本化计入"制造费用"账户，而是计入"管理费用"账户；包括固定资产的大修理费用不再通过"预提费用"或者"长期待摊费用"，一律费用化计入当期损益。

（三）"应付职工薪酬"账户

生产产品离不开人工，使用人工，必然要会发生职工薪酬。会计上定义职工的薪酬是指企业为了获得职工提供的服务而给予的各种形式的报酬以及其他相关支出，主要包括：①职工工资、奖金、津贴和补贴。②职工福利费。③医疗保险费、养老保险费、失业保险费、工伤保险费和生育保险费等社会保险费和住房公积金。④工会经费和职工教育经费。⑤非货币性福利。⑥因解除与职工的劳动关系给予的补偿。⑦其他与获得职工提供的服务相关的支出。具体形式包含在职和离职后企业为职工提供的所有货币性和非货币性薪酬；能用货币计量的给职工本人和职工团体提供的各种享有的福利；提供给职工本人、配偶、子女或其他赡养人的福利等。

"应付职工薪酬"账户是负债类账户，用于核算企业应付给职工的各种薪酬总额与实际发放情况，反映和监督企业与职工的薪酬结算情况。企业支付的各种形式的报酬，应当设置"应付职工薪酬"账户进行核算应付职工薪酬的提取、结算、使用等情况。《企业会计准则》规定：企业年金基金，适用《企业会计准则第 10 号——企业年金基金》；以股份为基础的薪酬，适用《企业会计准则第 11 号——股份支付》。

《企业会计准则第 9 号——职工薪酬》对"应付职工薪酬"科目的解释大致如下：贷方登记已分配计入有关成本费用项目的职工薪酬的数额，借方登记实际发放职工薪酬的数额，包括扣还的款项等；期末贷方余额，反映企业应付未付的职工薪酬。为了更加细分应付职工薪酬，应该按照"工资""职工福利""社会保险费""住房公积金""工会经费""职工教育经费"等应付职工薪酬项目设置明细科目，进行明细核算。

企业应当在职工为其提供服务的会计期间，根据职工提供服务的受益对象，将应确认的职工薪酬（包括货币性薪酬和非货币性福利）计入相关资产成本或当期损益，同时确认为应付职工薪酬。生产部门人员的职工薪酬，记入"生产成本""制造费用""劳务成本"等科目，管理部门人员的职工薪酬，记入"管理费用"科目，销售人员的职工薪酬，记入"销售费用"科目，应由在建工程、研发支出负担的职工薪酬，记入"在建工程""研发支出"等科目，外商投资企业按规定从净利润中提取的职工奖励及福利基金，记入"利润分配——提取的职工奖励及福利基金"科目。

计量应付职工薪酬时，国家规定了计提基础和计提比例的，应按照国家规定的标准计提。国家没有规定计提基础和计提比例的，企业应当根据历史经验数据和实际情况，合理预计当期应付职工薪酬。当期实际发生金额大于预计金额的，应当补提应付职工薪酬，当期实际发生金额小于预计金额的，应当冲回多提的应付职工薪酬。

企业以自产产品作为非货币性福利发放给职工的，应当根据受益对象，按照产品的公允价值，计入相关资产成本或当期损益，同时确认应付职工薪酬，借记"管理费用""生产成本""制造费用"等科目，贷记"应付职工薪酬——非货币性福利"科目。将企业拥有的房屋等资产无偿提供给职工使用的，应当根据受益对象，将该住房每期应计提的折旧计入相关资产成本或当期损益，并且同时借记"应付职工薪酬——非货币性福利"科目，贷记"累计折旧"科目。租赁住房等资产供职工无偿使用的，应当根据受益对象，将每期应付的租金计入相关资产成本或当期损益，并确认应付职工薪酬，借记"管理费用""生产成本""制造费用"等科目，贷记"应付职工薪酬——非货币性福利"科目。难以认定受益对象的非货币性福利，直接计入当期损益和应付职工薪酬。

企业按照有关规定向职工支付工资、奖金、津贴等，借记"应付职工薪酬——工资"科目，贷记"银行存款""库存现金"等科目，企业从应付职工薪酬中扣还的各种款项（代垫的家属药费、个人所得税等），借记"应付职工薪酬"科目，贷记"银行存款""库存现金""其他应收款""应交税费——应交个人所得税"等科目。

企业支付职工福利费、支付工会经费和职工教育经费用于工会运作和职工培训或按照国家有关规定缴纳社会保险费或住房公积金时，借记"应付职工薪酬——职工福利（或工会经费、职工教育经费、社会保险费、住房公积金）"科目，贷记"银行存款""库存现金"等科目。

企业以自产产品作为职工薪酬发放给职工时，应确认主营业务收入，借记"应付职工薪酬——非货币性福利"科目，贷记"主营业务收入"科目，同时结转相关成本，涉及增值税销项税额的，还应进行相应的处理。企业支付租赁住房等资产供职工无偿使用所发生的租金，借记"应付职工薪酬——非货币性福利"科目，贷记"银行存款"等科目。

（四）"库存商品"账户

"库存商品"本账户是资产类账户，用来核算企业库存的各种商品的实际成本，包括库存产成品、外购商品以及完工验收入库的来料加工制造的受托加工产品和为外单位修理的代修品等。制造企业的库存商品主要是指企业已完成全部生产过程并已经验收入库可以直接对外销售的产成品。借方登记的是已经完工验收入库的各种产品的实际生产成本（数据来源于"生产成本"账户），贷方登记的是已经销售出去的各种商品的实际成本；期末余额在借方，表示企业尚未销售的库存商品的实际成本。

为了具体反映库存商品的增减变动和结余情况，应按库存商品的种类设二级明细账，按品种和规格设三级明细账。

（五）"累计折旧"账户

"累计折旧"账户属于资产类账户，是固定资产的抵减账户，不能离开"固定资产"账户单独使用。它用来反映企业在生产经营过程中使用的固定资产因磨损而减少的价值。

为什么固定资产要进行折旧呢？企业花钱购买的固定资产，也是企业的一种支出，但是这种支出往往是很大的，企业收回成本需要很长的时间，如果将企业的一次性支出直接计入某个月里面，会导致当月出现亏损的情况。实际上，固定资产的使用期限较长，购买当月从固定资产得到的受益也不会那么多，同时，其他受益的月份，又没有体现应有的支出。所以，将固定资产入账后，应根据权责发生制原则在受益期内进行分摊，即计提固定资产折旧额。

计提固定资产折旧额的方法有两类：一类是直线法；另一类是加速折旧法。具体来讲，直线法包括年限平均法和工作量法，加速折旧法包括年数总和法和双倍余额递减法。企业应根据自己的实际情况选择不同的方法进行折旧。

固定资产折旧额是固定资产因使用而转移到企业成本、费用中去的金额，这部分金额随着产品销售或会计期间结束，从所获取的收入中得到补偿。此账户贷方登记固定资产损耗的价值，即按月提取的折旧数；借方登记的是因固定资产出售、报废、毁损等原因转销的已提折旧额；期末余额在贷方，表示企业已提的累计折旧额。

（六）"管理费用"账户

在企业生产经营过程中，管理费用是一项重要的期间费用。期间费用是指企业当期发生的，但不能直接归属于某个特定产品成本的费用，只能在发生的当期直接计入当期损益。为了更好地汇总企业管理部门发生的直接费用，如管理部门人员的工资、职工福利费、差旅费、办公费、折旧费、修理费、物料消耗、低值易耗品摊销及其他公司经费。还有用于企业管理部门之外的费用，如咨询费、相关税费、聘请中介机构费、诉讼费、矿产资源补偿费及业务招待费（企业为业务经营的合理需要而支付的交际应酬费用）等费用，这些费用的一定比例可以据实列入管理费用。其他费用即不属于上述四项，但应列入管理费用的其他费用。

"管理费用"账户是损益类账户，借方登记企业发生的各种管理费用，期末将本科目借方归集的管理费用全部由本科目的贷方转入"本年利润"的借方，计入当期损益。结转后，此账户应无余额。

二、生产过程主要经济业务的核算

（一）生产产品领用原材料的核算

生产产品离不开原材料。这类经济业务的发生，一方面使企业产品的成本费用（造价）增加，记入成本费用账户的借方；另一方面使企业的库存的材料减少，记入"原材料"账户的贷方。

【例4-14】某企业为了生产A、B两种产品从仓库领用原材料，其种类及用途如表4-4所示。

表4-4　A、B产品材料耗用汇总表

	甲材料			乙材料			丙材料		
	数量/千克	单位成本/元	金额/元	数量/千克	单位成本/元	金额/元	数量/千克	单位成本/元	金额/元
A产品耗用	3 000	40	120 000	500	50	25 000			
B产品耗用	1 000	40	40 000	300	50	15 000			
车间耗用							200	30	6 000
行管部门耗用							50	30	1 500
合　计	4 000	40	160 000	800	50	40 000	250	30	7 500

根据以上资料，领用时已经明确A、B产品使用的发生时直接计入产品生产成本，车间耗用的材料与A、B两个产品都有关，究竟分别有多大关系还不确定，属于间接费用，需要先通过制造费用进行归集，然后通过分配进入A、B两个产品的成本；编制会计分录如下：

```
借：生产成本——A产品                                    145 000
         ——B产品                                     55 000
    制造费用                                            6 000
    管理费用                                            1 500
  贷：原材料——甲材料                                  160 000
         ——乙材料                                     40 000
         ——丙材料                                      7 500
```

（二）生产产品结算人工费（包括工资和福利费）的核算

此类业务的发生，一方面使生产过程中消耗的劳动增加，从而引起成本费用的增加，记入成本费用类账户的借方；另一方面，在工资尚未实际发放、福利费尚未实际支付前形成了欠职工的一种债务，即引起应付工资及应付福利费增加，记入"应付职工薪酬"账户的贷方。

【例4-15】月末结算本月应付职工工资，其中制造A产品工人工资16 000元，制造B产品工人工资8 000元，车间管理人员工资2 000元，厂部管理人员工资5 000元。编制会计分录如下：

```
借：生产成本——A产品                                    16 000
         ——B产品                                      8 000
    制造费用                                            2 000
    管理费用                                            5 000
  贷：应付职工薪酬——工资                               31 000
```

次月企业用银行存款发放员工工资，编制的会计分录如下：

```
借：应付职工薪酬——工资                                 31 000
  贷：银行存款                                          31 000
```

同时，根据工资构成情况计提本月职工福利费共计4 340元。其中制造A产品工人计提2 240元，制造B产品工人计提1 120元，车间管理人员计提280元，厂部管理人员计提700元。

```
借：生产成本——A产品                                     2 240
         ——B产品                                      1 120
    制造费用                                              280
    管理费用                                              700
  贷：应付职工薪酬——职工福利                            4 340
```

对于按工资总额计提的福利费用，主要用于职工医药卫生，集体福利，生活困难补助等方面，当发生这些支出时，一方面引起应付福利费的减少，记入"应付职工薪酬"账户的借方，另一方面，引起企业货币资金的减少，记入"库存现金"等账户的贷方。

【例4-16】职工张三领取困难补助费500元，用现金支付。

```
借：应付职工薪酬——职工福利                               500
  贷：库存现金                                            500
```

（三）生产产品支出的其他生产费用的核算

制造企业生产产品除了耗用材料、人工之外，还会发生其他的生产费用，比如水电费、设备磨损的折旧费、机器的修理费等。

▶ **1. 折旧费用的核算**

折旧是指固定资产在使用过程中，所逐渐损耗的那部分价值。按规定，企业需要每期计提折旧费用，因计提折旧而减少的价值不直接冲减固定资产的原值，而是设置"累计折旧"账户作为"固定资产"账户的调整账户进行核算。"累计折旧"账户的设置是为冲减"固定资产"的原值的，因此该账户虽然属于资产类账户，但结构与"固定资产"账户的结构相反，增加记贷方，减少记借方，企业每期计提折旧时，折旧费用增加，记入"累计折旧"账户的贷方。同时，按固定资产的用途，作为一项物质资料的耗费，引起费用增加，分别记入有关费用账户的借方。

【例 4-17】按规定：计提本月固定资产折旧费 12 000 元，其中车间用固定资产计提 9 300 元，行政管理部门用固定资产计提 3 000 元。

    借：制造费用   9 000
      管理费用   3 000
      贷：累计折旧   12 000

▶ **2. 其他费用的核算**

在生产过程中，除发生上述材料、工资、福利、折旧费用以外，还会发生水电费、办公费、报刊费，固定资产修理费，差旅费等相关费用。注意：车间固定资产的修理费计入管理费用。

【例 4-18】用银行存款支付本月电费 5 000 元，其中车间用电 4 500 元，行政管理部门用电 500 元。

此项业务发生，一方面引起车间和行政管理部门发生费用增加，记入有关费用账户借方，另一方面引起企业银行存款减少，记入"银行存款"账户贷方。

    借：制造费用   4 500
      管理费用   500
      贷：银行存款   5 000

【例 4-19】企业用现金购买办公用品 500 元，其中车间用 120 元，行管部门 380 元。

    借：制造费用   120
      管理费用   380
      贷：库存现金   500

【例 4-20】采购员张三出差，预借差旅费 800 元，用现金支付。此项经济业务的发生，形成了企业与张三之间的债权债务关系，引起企业债权增加，记入"其他应收款"账户的借方，同时，使企业现金减少，记入"现金"账户贷方。

    借：其他应收款——张三   800
      贷：库存现金   800

张三出差归厂，报销差旅费 750 元，余额以现金交回。这笔业务的发生，一方面引起厂部费用增加，记入"管理费用"账户借方，同时现金增加，记入"库存现金"账户借方；另一方，企业与张三债权债务关系消失，即"其他应收款"减少，记入该账户贷方：

    借：管理费用   750
      库存现金   50
      贷：其他应收款——张三   800

（四）制造费用分配的核算

制造费用是产品成本的组成部分，月末应将月份内归集的各种间接费用从"制造费用"账户贷方转入"生产成本"账户借方，以便计算产品的生产成本。

【例4-21】本月发生的制造费用共计 21 900 元，其中 A 产品应承担的制造费用为 14 600 元，B 产品的应承担的制造费用为 7 300 元。编制会计分录如下：

借：生产成本——A 产品　　　　　　　　　　　　　　　　　　　14 600
　　　　　　　——B 产品　　　　　　　　　　　　　　　　　　 7 300
　　贷：制造费用　　　　　　　　　　　　　　　　　　　　　　　　21 900

思考：应该记入产品的生产成本的费用究竟有哪些？21 900 元制造费用究竟是如何在 A、B 两个产品之间分配的？

（五）完工产品的核算

产品生产完工并验收入库后，使企业的库存商品增加，应按完工产品在生产过程所发生的实际成本记入"库存商品"借方。同时，将原记入"生产成本"账户借方的该批产品成本通过"生产成本"账户的贷方转出。

【例4-22】假设本月生产的 A 产品 1 000 件全部完工，并验收入库，结转其实际生产成本，B 产品全部未完工。

A 产品的生产成本=145 000＋16 000＋2 240＋14 600＝177 840（元）

借：库存商品——A 产品　　　　　　　　　　　　　　　　　　　177 840
　　贷：生产成本——A 产品　　　　　　　　　　　　　　　　　　177 840

三、产品生产成本的构成与制造费用的归集与分配

（一）产品生产成本项目的构成

产品成本的计算就是将生产过程中发生的各种相关费归集到"生产成本"账户中的过程。一般认为，产品生产成本的构成项目主要有以下几个。

（1）直接材料。直接用于产品的各种原材料、辅助材料、燃料等。

（2）直接人工。直接耗费在产品上的活劳动，包括人工工资及福利费。

（3）制造费用。这里的制造费用不同于会计科目的制造费用，是成本构成项目，主要包括产品耗用的间接材料、间接人工和为了生产产品发生时不明确具体耗用对象的劳动资料的耗用，包括厂房、建筑物、机器设备等固定资产折旧及其他为生产产品发生的其他间接费用。

（二）产品生产成本计算的一般程序与方法

企业为了计算产品的生产成本主要通过"生产成本"账户来进行归集与核算。生产过程中发生的与产品直接相关的原材料、工资等费用直接记入"生产成本"账户；共同发生的需要在相关产品之间进行合理分配的间接费用，发生时先通过"制造费用"账户进行归集，归集完毕采用一定的方法在有关产品之间进行分配。

▶ 1. 产品生产成本计算项目

为了计算产品的生产成本，企业设"生产成本"账户核算生产产品的各种费用，如表4-5所示。

表 4-5　某企业产品成本计算表

产品名称	完工产品数量	直接材料	直接人工	制造费用	合　计
A 产品	1 000 件	145 000 元	18 240 元	21 900	
B 产品	?	55 000 元	9 120 元		
合计	—	200 000 元	27 360 元	21 900	

▶ 2. 制造费用的归集与分配

1）制造费用的归集

企业发生的各项制造费用，通过"制造费用"账户进行归集和分配。归集其实就是根据编制的会计分录登记"制造费用"账户。如表 4-6 所示。

表 4-6　某企业制造费用明细账　　　　　　　　　　　　金额单位：元

年		凭证号	摘　　要	借　方	贷　方	余　额
月	日					
略	略	4-14	生产车间领用原材料	6 000		
		4-15	车间管理人员工资	2 000		
		4-15	计提车间管理人员福利费	280		
		4-17	计提车间折旧费	9 000		
		4-18	支付车间使用电费	4 500		
		4-19	支付车间办公用品	120		
			……			
			合计	21 900		

2）制造费用的分配

制造费用的分配标准，应根据企业实际情况选用。若各种产品的机械化程度较接近，可以按生产工时或生产工人工资比例进行分配；如果分配对象即各产品生产的机械化程度差异较大，则可以按各种产品的机器工时进行分配。制造费用的分配方法类似于采购费用的分摊，可以采用系数分摊法或比例分摊法进行分摊。

【例 4-23】承例 4-21，采用生产工人直接人工工资标准进行通过编制"制造费用分配表"进行分配，格式如表 4-7 所示。

表 4-7　制造费用分配表

产品名称	分配标准（生产工人工资）	分　配　率	分　配　金　额
A 产品	16 000	0.912 5	14 600
B 产品	8 000	0.912 5	7 300

具体计算如下：

制造费用分配率＝21 900/（16 000＋8 000）＝0.912 5

A 产品分配的制造费用＝16 000×0.912 5＝14 600

B 产品分配的制造费用＝8 000×0.912 5＝7 300

计算完毕，编制会计分录，并登记"制造费用"账户，如表 4-8 所示。

表 4-8 某企业制造费用明细账　　　　　　　　　金额单位：元

年		凭证号	摘　要	借　方	贷　方	余　额
月	日					
略	略	4-14	生产车间领用原材料	6 000		
		4-15	车间管理人员工资	2 000		
		4-15	计提车间管理人员福利费	280		
		4-17	计提车间折旧费	9 000		
		4-18	支付车间使用电费	4 500		
		4-19	支付车间办公用品	120		
		4-21	制造费用分配		21 900	
			合计	21 900	21 900	

分配完毕"制造费用"账户一般没有余额。

3. 登记"生产成本"明细账，如表 4-9 和表 4-10 所示。

4. 编制完工产品成本计算表，如表 4-11 所示。

表 4-9 生产成本明细账

产品品种或种类：A产品　　　　　　　　　　　　　　　　　金额单位：元

年		凭证号码	摘　要	借方（成本项目）				贷方	借或贷	余额
月	日			直接材料	直接人工	制造费用	合计			
略	略	4-14	领用原材料	145 000			145 000		借	145 000
		4-15	结算人工工资		16 000		16 000		借	161 000
		4-15	计提福利费		2 240		2 240		借	163 240
		4-21	分配制造费用			14 600	14 600		借	177 840
		4-22	结转完工产品成本					177 840	平	0
			合　计	145 000	18 240	14 600	177 840	177 840	平	0

表 4-10 生产成本明细账

产品品种或种类：B产品　　　　　　　　　　　　　　　　　金额单位：元

年		凭证号码	摘　要	借方（成本项目）				贷方	借或贷	余额
月	日			直接材料	直接人工	制造费用	合计			
略	略	4-14	领用原材料	55 000			55 000		借	55 000
		4-15	结算人工工资		8 000		8 000		借	63 000
		4-15	计提福利费		1 220		1 220		借	64 220
		4-21	分配制造费用			7 300	7 300		借	71 520
			合　计	55 000	9 220	7 300	71 520		借	71 520

表 4-11　产品生产成本计算表

产品名称：A产品

成 本 项 目	总成本/元	完工产品数量/件	单位成本/(元/台)
直接材料	145 000	1 000	145
直接人工	18 240	1 000	18.24
制造费用	14 600	1 000	14.60
产品生产成本	177 840	1 000	177.84

第 五 节　销售过程的核算

销售过程是企业以一定方式将产品销售给购货单位，并按销售价格取得销售收入的过程。销售过程是工业企业资金循环的第三个阶段，也是工业企业生产经营过程的最后阶段。在销售过程中，企业通过销售产品形成货币资金的回笼，从而补偿生产产品的资金耗用，保证再生产正常进行的资金需要。企业取得的产品销售收入是以付出产品为代价的，已销售产品的生产成本就是产品销售成本。在销售过程中，企业为了销售产品，还会发生各种费用支出，为销售产品而发生的费用，叫作销售费用。在销售过程中，企业还应按照国家的有关税法规定，计算并缴纳销售税金，确定其销售的业务成果。

销售过程的主要经济业务是销售收入的实现、销售成本的结转销售专用以及税金及附加的计算与缴纳。

一、销售过程经济业务设置的主要账户

（一）"主营业务收入"账户

"主营业务收入"账户属于损益类账户，用来核算企业确认的销售商品、提供劳务等主营业务收入。贷方登记销售商品或提供劳务所实现的销售收入，借方登记期末转入"本年利润"账户的收入，期末结转后账户无余额。这项账户按商品种类设置明细分类账户，进行明细分类核算。

（二）"主营业务成本"账户

"主营业务成本"账户属于损益类账户，用来核算企业确认的销售商品、提供劳务等主营业务收入时应结转的库存商品的成本。借方登记应结转的主营业务成本，贷方登记期末转入"本年利润"账户的主营业务成本，期末结转后无余额。此账户按商品种类设置明细分类账户，进行明细分类核算。

（三）"销售费用"账户

"销售费用"账户属于损益类账户，用来核算企业在销售商品过程，或提供劳务过程所发生的各种费用，包括运输费、装卸费、包装费、保险费、展览费和广告费，以及为销售本企业商品而专设的销售机构(包括销售网点、售后服务网点等)的职工薪酬、业务费、折

旧费等经营费用。商品流通企业在购买商品过程中所发生的进货费用。借方登记企业发生的各项销售费用，贷方登记期末转入"本年利润"账户的费用，期末结转后无余额。此账户按费用项目设置明细分类账户。

（四）"税金及附加"账户

"税金及附加"本账户属于损益类账户，用来核算企业日常活动应负担的税金及附加，包括除增值税以外消费税、城市建设维护税、教育费附加税、资源税等相关税费。借方登记本月企业经营活动负担的各种税金，贷方登记期末转入"本年利润"账户的税金及附加，期末结转后无余额。

（五）"应收账款"账户

"应收账款"账户属于资产账户。用来核算企业在正常的经营过程中因销售商品、产品、提供劳务等业务，应向购买单位收取的款项，包括应由购买单位或接受劳务单位负担的税金、代购买方垫付的各种运杂费等。借方登记应收回的销货款，贷方登记已收回的销货款，期末余额表示尚未收回的款项。该账户按债务人设置明细分类账户，进行明细分类核算。

（六）"其他业务收入"账户

"其他业务收入"账户属于损益类账户，用来核算企业确认的除主营业务活动以外的其他经营活动实现的收入，如材料的销售、出租业务等实现的收入。贷方登记实现的其他业务收入，借方登记期末转入"本年利润"账户的收入，期末结转后无余额。

（七）"其他业务成本"账户

"其他业务成本"账户属于损益类账户，用来核算企业确认的除主营业务活动以外的其他经营活动所发生的支出，包括销售材料的成本等。借方登记发生的其他业务支出，贷方登记期末转入"本年利润"账户的支出，期末结转后无余额。

二、产品销售的核算

（一）销售商品的确认和计量

商品销售是企业获得经济利益的主要经营活动，对商品销售收入在入账时间和金额上的确认和计量直接影响提供企业经营成果和财务状况的准确性。收入的确认是指确定收入何时入账。收入的计量是指收入以多大的金额入账。

企业在销售产品时，按照货款的结算方式，主要有现款销售，欠款销售和预收款销售等。按照《企业会计准则 14 号——收入》的要求，销售商品收入同时满足下列条件的，才能予以确认。

（1）企业已将商品所有权上的主要风险和报酬转移给购买方，使之与商品有关的主要风险和报酬同时转移给了购买方。其中，与商品所有权有关的风险是指商品可能发生减值或毁损等形成的损失；与商品所有权有关的报酬，是指商品价值增值或通过使用商品形成的经济利益。

判断企业是否已将商品所有权上的主要风险和报酬转移给购货方，应当关注交易的实质，而不是形式，并结合所有权平整的转移或实物的交付进行判断。如果与商品所有权有关的任何损失均不需要销货方承担，与商品所有权有关的任何经济利益也不归销货方所有，就意味着所有权上的主要风险和报酬转移给购货方。

（2）企业既没有保留通常与所有权相联系的继续管理权，也没有对已售出的商品实施有效的控制。对售出商品实施继续管理，既可能源于人拥有商品的所有权，也可能与商品的所有权没有关系，如果企业能对售出的商品仍有继续管理的权利或能实施控制，不能将其确认为收入。通常情况下，企业售出商品后不再保留余商品所有权相联系的继续管理权，也不再对售出的商品实施有效的控制，商品所有权上的主要风险和报酬已经转移给购货方，通常在发出商品时确认收入。

（3）收入的金额能够可靠的计量。收入的可靠计量，是指收入的金额能够合理的估计。如果收入的金额不能够合理的估计，则无法确认收入。通常情况下，企业在销售商品时，商品的价格已经确定，企业应当按照从购货方已收或应收的合同协议价款确定收入金额。

（4）预期相关的经济利益很可能流入企业，销售商品价款收回的可能性大于不能收回的可能性。企业在销售时，如估计价款收回的可能性不大，即使收入确认的其他条件均以满足，也不应当确认收入。企业销售商品符合合同或协议要求，已经将发票账单交付买方，买方承诺付款，通常表明满足确认条件。企业可以根据以往直接经验、从其他方面获取的信息或政府的有关政策进行判断价款收回的可能性。

（5）相关的已发生或将发生的成本能够可靠的计量。根据收入和费用的配比原则，与同一项销售相关的收入和成本在同一会计期间予以确认，因此如果成本不能可靠的计量，相关的收入也不能确认，如应将收到的价款确认为一项负债。

（二）销售过程中主要的经济业务的核算

在销售过程中，根据企业收到购货方价款的情况，分为现款销售、欠款销售和预收款销售。

▶ 1. 现款销售

现款销售是指企业在销售产品的同时，收到货款。此项经济业务的发生，一方面使企业的货币资金增加，记入"银行存款"账户的借方；另一方面，实现了销售收入，使产品销售收入增加，记入收入类账户的贷方，按我国会计制度规定，属于企业主营业务范围内取得的收入，应通过"主营业务收入"账户来反映，所以企业销售商品所取得的收入，贷记"主管业务收入"账户。

【例4-24】企业向M公司销售A产品200件，每件售价300元，计60 000元，产品已发出，贷款已收到并存入银行。

借：银行存款　　　　　　　　　　　　　　　　　　　　　　60 000
　　贷：主营业务收入——A产品　　　　　　　　　　　　　　　　60 000

【例4-25】某企业向F公司销售B产品100件，增值税专用发票所列单价为4 00元，价款40 000元，增值税额6 400元，收到商业汇票一张。

借：应收票据　　　　　　　　　　　　　　　　　　　　　　46 800
　　贷：主营业务收入　　　　　　　　　　　　　　　　　　　　40 000
　　　　应交税费——应交增值税（销项税额）　　　　　　　　　　6 400

这里的"应交增值税"为销项税额（税率按16%计算）；销项税额既是企业向国家缴纳的税额，也是向购货单位收取的数额。

▶ 2. 欠款销售

欠款销售即企业产品已经销售，但货款尚未收到，这笔经济业务一方面引起企业应收账款增加，记入"应收账款"账户的借方；另一方面使企业收入增加，记入"主营业务收入"账户贷方。

【例 4-26】企业销售给 N 公司 A 产品 120 件，单价 300 元/件，计 36 000 元，产品已发出，货款尚未收到。

借：应收账款——N 公司　　　　　　　　　　　　　　　　　　　36 000

　　贷：主营业务收入——A 产品　　　　　　　　　　　　　　　　　　36 000

▶ 3. 预收款销售

企业在销售前，按购销合同规定先预收购货方一定数额的定金，预收定金时，一方面引起企业货币资金增加，记入"银行存款"账户借方；另一方面，使企业预收款项增加，形成了企业的负债，记入"预收账款"账户的贷方。

【例 4-27】企业按购销合同规定预收 P 公司购买 A 产品的货款 50 000 元，存入银行。

借：银行存款　　　　　　　　　　　　　　　　　　　　　　　　50 000

　　贷：预收账款——P 公司　　　　　　　　　　　　　　　　　　　50 000

一段时间后，企业发出产品，抵偿"预收账款"，使"预收账款"减少，记入"预收账款"账户借方，另一方面，企业销售收入增加，记入"主营业务收入"账户的贷方。在实务中，"预收账款"采用"多退少补"的方式，以货币资金结清。

【例 4-28】企业按合同规定，向 P 公司销售 A 产品 150 件，单价 300 元/件，款项已预收，多收款项以银行存款退回。

借：预收账款——P 公司　　　　　　　　　　　　　　　　　　　50 000

　　贷：主营业务收入——A 产品　　　　　　　　　　　　　　　　　　45 000

　　　　银行存款　　　　　　　　　　　　　　　　　　　　　　　　5 000

根据上述三种经济业务可知企业销售商品收到货款，有经济利益流入企业增加了企业的收入，同时发出产品，必然导致企业"库存商品"的减少，产品销售成本的增加。企业将已经销售的商品的成本从"库存商品"账户结转到"主营业务成本"账户。根据配比原则，月末产品"出库单"应借记"主营业务成本"账户，贷记"库存商品"账户。贷"库存商品"，借"主营业务成本"。

▶ 4. 结转已销商品成本

【例 4-29】月末，结转 A 产品 470 件的实际生产成本 83 584.80 元；结转 B 产品（根据例 4-25 可知，A 产品单位生产成本为 177.84 元/件，B 产品本期没有完工产品，假设账面 B 产品有期初结余 500 件，单位成本 228.50 元/件）。

借：主营业务成本——A 产品　　　　　　　　　　　　　　　　　83 584.80

　　主营业务成本——B 产品　　　　　　　　　　　　　　　　　22 850.00

　　贷：库存商品——A 产品　　　　　　　　　　　　　　　　　　83 584.80

　　　　库存商品——B 产品　　　　　　　　　　　　　　　　　　22 850.00

企业在销售产品，必须根据计算并交纳城建税及教育费附加。企业按照一定方法计算出来后，一方面使企业费用增加，记入"税金及附加"账户借方；另一方面，在尚未缴纳之前，使企业的负债增加，记入"应交税费"账户的贷方。

【例 4-30】假设计算本月应交的城建税 700 元及教育费附加 300 元。

借：税金及附加　　　　　　　　　　　　　　　　　　　　　　　1 000

　　贷：应交税费——应交城建税　　　　　　　　　　　　　　　　　700

　　　　　　　　——应交教育费附加　　　　　　　　　　　　　　　300

企业为销售产品，必然还会发生诸如包装费、广告费、展览费以及为销售企业的产品而专设销售机构的职工工资福利、业务费等。为发生这些费用时，一方面使企业为销售产品而发生的销售费用增加，记入"销售费用"账户的借方；另一方面，需要用货币资金支付这些费用，使企业的银行存款减少，记入"银行存款"账户的贷方。

【例 4-31】企业用银行存款支付广告费 5 000 元。

借：销售费用——广告费   5 000

  贷：银行存款   5 000

▶ **5. 其他销售的核算**

企业除销售产品外，也可能从事一些其他销售业务，比如销售原材料、出租包装物、出租无形资产和固定资产等。这类业务属于企业在主营业务外从事的一些兼营业务活动，因此销售原材料、包装物、无形资产和固定资产取得的收入属于"其他业务收入"核算的范围，当企业从事其他销售活动时，使企业的"其他业务收入"增加，记入账户的贷方，同时，若收到款项使企业的银行存款增加，记入"银行存款"账户的借方，没有期末余额。

【例 4-32】企业出售一批原材料，售价 8 000 元，款已收到存入银行，假定不考虑增值税。

借：银行存款   8 000

  贷：其他业务收入   8 000

【例 4-33】企业销售 D 原材料一批，价款 50 000 元，增值税 8 500 元，款项受到存入银行。

借：银行存款   58 500

  贷：其他业务收入   50 000

      应交税费——应交增值税（销项税额）   8 500

企业出售原材料，使库存材料减少，记入"原材料"账户的贷方；另一方面使材料销售成本增加，根据配比原则，记入"其他业务成本"账户借方。

【例 4-34】结转已售原材料的实际成本 8 000 元。

借：其他业务成本   8 000

  贷：原材料   8 000

第六节 利润及利润分配的核算

企业作为独立的经济实体，以企业的经营收入抵补成本费用，并且实现盈利。企业在完成一个经营周期后，就要确定经营成果，即一定期间企业经营获得的各项收入与各项费用相抵后的差额。若收入大于费用，则差额为利润，表明企业的收入抵补全部费用后有盈余额；若收入小于费用，则差额为亏损，即当期收入不足于抵补当期发生的费用。因此，经营成果的计算结果在很大程度上反映企业生产经营的经济效益，表明企业在每一会计期间的最终经营成果。在实际工作中，企业在一定时期所形成的利润，通常是在期末（月末、季末、年末）时确认。当企业取得利润或发生亏损时必须按有关规定进行分配（对利润来讲）或进行补亏（对亏损来讲）。

一、利润的概念及计算公式

（一）利润的概念

利润是指企业在一定会计期间的经营成果。利润包括收入减去费用后的净额、直接计入当期利润的利得和损失等。收入大于支出为利润，反之，为亏损，企业利润有营业利润、利润总额和净利润。

企业的收入来源是多个方面的，除了因企业的主营业务而获取的主营业务收入外，还有来自企业生产活动无关直接的营业外收入，例如固定资产盘盈的收入等。同时，企业的费用也是多个方面的，包括主营业务成本和税金及附加，还有与其他业务收入相关的费用（营业外支出），此外还有投资过程中产生的投资损失、原材料或固定资产盘亏的损失、因自然灾害引起的损失等。因此将一定的收入与相应的费用配比后可以计算出各层次的利润。

（二）利润的计算公式

为了了解企业的盈利的持续性，一般会对企业进行分成，关于不同层次的利润计算公式如下。

▶ 1. 营业利润

营业利润＝营业收入－营业成本－税金及附加－销售费用－管理费用－财务费用－资产减值损失＋公允价值变动收益（－公允价值变动损失）＋投资收益（－投资损失）

其中，营业收入是指企业经营业务所确认的收入总额，包括主营业务收入和其他业务收入。

营业成本是指企业经营业务所发生的实际成本总额，包括主营业务成本和其他业务成本。

资产减值损失是指企业计提各项资产减值准备所形成的损失。

公允价值变动收益（或损失）是指企业交易性金融资产等公允价值变动形成的应计入当期损益的利得（或损失）。

投资收益（或损失）是指企业以各种方式对外投资所取得的收益（或发生的损失）。

▶ 2. 利润总额

利润总额＝营业利润＋营业外收入－营业外支出

其中，营业外收入是指企业发生的与日常生产经营活动没有直接关系的各项利得。营业外支出是指企业发生的与日常生产经营活动没有直接关系的各项损失。虽然营业外收入和营业外支出与企业的生产经营活动没有直接联系，但是从企业主体来看，也是增加或减少利润的因素，对企业的利润总额及净利润产生一定的影响。

▶ 3. 净利润

净利润是企业当期利润总额减去所得税费用后的金额，即企业的税后利润。

净利润＝利润总额－所得税费用

其中，所得税费用是指企业确认的应从当期利润总额中扣除的所得税费用。

二、经济业务设置主要的账户

为了更好地进行利润的归集，除前面介绍的一些会计科目以外，还需介绍一下会计科目：投资收益（或投资损失）、公允价值变动损益、资产减值损失、营业外收入、营业外支出等。

（一）"投资收益"账户

企业在正常生产经营活动之外，为了获得更多的经济利益，企业将除正常经营以外的货币资金、闲置的材料物资，固定资产、无形资产等资产投资于证券股票等，来获取的投资收益。

"投资收益"账户属于损益类会计科目，核算的是企业因投资活动产生的收益或者损失。贷方登记实现的投资收益，借方登记发生的投资损失，经过结转之后账户期末无余额。此账户应按照投资的种类设置明细账户，进行明细分类核算。

（二）"公允价值变动损益"账户

"公允价值变动损益"账户属于损益类账户。借方登记交易性金融资产（负债）公允价值低于账面价值的差额。当交易性金融资产出售或交易性负债处置时应由公允价值转入投资收益的金额。贷方登记交易性金融资产（负债）公允价值高于账面价值的差额，当交易性金融资产出售或交易性金融负债处置时应由公允价值转入投资损失的金额。期末结转后应无余额。

（三）"资产减值损失"账户

"资产减值损失"账户属于损益类账户。借记企业长期股权投资、固定资产、无形资产等资产发生的减值，借方余额在期末通过贷方转入"本年利润"账户。结转后应无余额。按资产减值损失的项目进行明细核算。

资产减值损失是企业计提的各项资产减值准备所形成的损失。按《企业会计准则第8号——资产减值》资产的可收回金额低于账面价值的规定，应当将资产的账面价值减记至可收回金额，减记的金额确认为资产减值损失计入当期损益，同时计提相应的资产减值准备。资产减值损失确认后，减值资产的折旧或摊销费用应当在未来期间作相应调整，从而在资产剩余使用寿命内，系统地分摊调整后的资产账面价值。资产减值损失一经确认，在以后会计期间不得转回。

（四）"营业外收入"账户

营业外收入是指企业确认与企业生产经营活动没有直接关系的各种收入。营业外收入实际上是企业的纯收入，不需要与费用进行配比，直接计入利润总额的。为了核算这部分收入，设置营业外收入会计科目。该科目属于损益类科目，贷方登记发生的上述各项营业外收入，借方登记期末将贷方余额结转"本年利润"账户的金额。结转后，期末一般无余额。

（五）"营业外支出"账户

营业外支出是企业发生的与日常活动无直接关系的各项损失，包括处置非流动资产的损失、非货币性资产交换的损失、债务重组损失、罚款支出、捐赠支出、非常损失、盘亏损失等。

（六）"本年利润"账户

为了更好地核算企业利润结转与分配，企业设置了"本年利润"的科目。该科目属于所有者权益类账户，用来核算企业当年实现的净利润或者发生的净损失。期末，根据企业的具体情况，将收入类科目期末贷方余额转入本年利润贷方，将支出类科目的借方余额转入本年利润科目的借方，将收入和支出总和汇集于"本年利润"账户。借、贷方发生额相抵后，若为借方余额反映的是企业年初到本期末累计实现的亏损；若为贷方余额反映年初到本期末累计实现的利润。年度终了时，将"本年利润"的余额再结转至"利润分配——未分配利润"账户。

（七）"所得税费用"账户

"所得税费用"账户属于损益类科目，核算的是企业从本期损益中扣除的所得税费用。借方登记本期所得税数额，贷方登记期末转入"本年利润"账户的数额；结转后，期末一般无余额。

（八）"利润分配"账户

"利润分配"账户是所有者权益类账户，是用来核算企业一定时期内实现的净利润的或发生的净亏损（包括历年结存的未分配利润或未弥补亏损）的。借方登记的是从"本年利润"账户转入的净亏损额、计提盈余公积和向投资者分配股利的分配额，贷方登记的是从"本年利润"账户转入的可供分配的净盈利额。期末贷方余额表示企业积存的未分配的利润；借方余额表示企业尚未弥补的亏损。

根据我国会计制度的要求，企业应当按月进行利润核算，企业确实存在困难，不能按月进行核算的，也可以按照季度或者按照年度进行核算。

企业核算净利润，形成了企业在该时期内的财务成果，即净利润，再加上年初的未分配利润或者减去年初的未弥补亏损，就形成了本年度的可供分配利润。根据《公司法》等有关法规的规定，企业当年实现的净利润，首先应弥补以前年度尚未弥补的亏损，对于剩余部分按照如下顺序进行分配：①提取法定盈余公积。②向投资者分配利润或股利。③提取任意盈余公积。其中提取的法定盈余公积不得低于公司净利润的10%，提取的法定盈余公积金累计额超过公司注册资本的50%，可以不再提取。向投资者分配利润或者股利应该按照下面的顺序进行：①支付优先股股利。②提取任意盈余公积。③支付普通股现金股利。④分派股票股利。

按照利润分配方案给投资者分派股票股利，即一方面减少了未分配利润；另一方面增加了资本（或股本）。可供投资者分配的利润经过上述分配之后，为企业的年末未分配利润（或未弥补亏损），未分配利润是企业留待以后年度进行分配的利润或等待分配的利润，是所有者权益的一个重要组成部分。相对于所有者权益的其他部分来说，企业对于未分配利润的使用有较大的自主权。

（九）"盈余公积"账户

"盈余公积"账户属于所有者权益账户，核算的是企业根据国家有关规定从净利润中提取的积累资金，是具有特定用途的留存收益。贷方登记盈余公积的提取数，借方登记用以弥补亏损或转增资本的转出数，期末余额在贷方，表示提取的盈余公积的结存数。

（十）"应付股利"账户

"应付股利"账户属于负债类账户，核算的是企业应该支付给投资者的现金股利和利润。贷方登记的是应该支付还未付给投资者的股利，借方登记的是实际支付给投资者的股利，余额一般在贷方，表示应该支付给投资者但是尚未支付的股利。

▌三、利润及利润分配的核算

（一）利润的核算

在利润的构成中，营业利润所涉及的内容已在销售过程中核算过，投资收益，公允价值变动收益等将在《财务会计》中讲述，现主要涉及营业外收入，营业外支出及所得税费用的有关内容。

企业在经营过程中，经常会发生诸如罚款、对外捐款、支付职工子弟学校经费等与企业生产经营活动没有直接关系的各项支出。这种支出，属于企业的经营外支出，当企业发生此类支出时，一方面使企业支出增加，记入"营业外支出"账户的借方，另一方面使企业的货币资金减少，记入"银行存款"账户的贷方。

【例 4-35】 企业以银行存款对"希望工程"捐赠 2 000 元。

借：营业外支出   2 000

 贷：银行存款   2 000

企业除发生上述支出外，也可能发生一些如收取罚款、出售固定资产、无形资产等与企业生产经营活动没有直接关系的各项收入，这类收入属于企业的"营业外收入"，当企业取得该项收入时，使企业营业外收入增加，记入账户贷方，同时记入有关账户借方。

【例 4-36】 职工李二违章作业，罚款 50 元，企业收到现金。

借：库存现金   50

 贷：营业外收入   50

期末，企业会计期间的所有收入、费用支出全部通过相应账户归集后，期末要将分散在不同账户中的资料通过一个账户进行汇总，以便反映一定时期内最终的财务成果，即利润或亏损数额。"本年利润"账户则属于财务成果的计算账户。因此，期末要将原计入收入类账户贷方的数额通过借方转入"本年利润"账户的贷方，将原计入费用、支出类账户借方的数额通过贷方转入"本年利润"账户的借方，通过比较"本年利润"账户计算本期财务成果。

【例 4-37】 将本章企业所涉及的各收入类、费用支出类账户的金额结转到"本年利润"账户。

将企业本期所有收入转"本年利润"账户贷方。

借：主营业务收入   181 000

  其他业务收入   58 000

  营业外收入   50

 贷：本年利润   239 050

将企业本期所有费用转"本年利润"账户借方。

借：本年利润   134 264.80

 贷：主营业务成本   106 434.80

  税金及附加   1 000

  其他业务成本   8 000

  销售费用   5 000

  管理费用   10 330

  财务费用   1 500

  营业外支出   2 000

企业通过"本年利润"账户，可计算出实现的利润总额 104 785.20 元，利润总额计算出来后，按规定需按 25% 税率计算应上缴的所得税 26 196.30 元，此业务发生一方面使企业的所得税费用增加，记入"所得税费用"账户借方；另一方面在尚未缴纳的所得税之前，使企业的负债增加，记入"应交税费"账户的贷方。

【例 4-38】 承例 4-37，根据利润总额，计算并核算企业的所得税。

借：所得税费用   26 196.30

 贷：应交税费——应交所得税   26 196.30

因为"所得税费用"也属于损益类账户中的费用类账户，因此，期末也应将借方金额通过贷方转入"本年利润"账户的借方。

【例 4-39】承例 4-38，将"所得税费用"账户的金额结转到"本年利润"账户。

借：本年利润　　　　　　　　　　　　　　　　　　　　26 196.30

　　贷：所得税费用　　　　　　　　　　　　　　　　　　　26 196.30

将"所得税费用"账户的金额结转到"本年利润"账户后，进行"本年利润"账户的第二次比较，可计算出实现的净利润为 78 588.90 元，按规定将净利润转入"利润分配"账户进行利润分配。

【例 4-40】承例 4-39，将净利润从"本年利润"账户中转入"利润分配"账户。

借：本年利润　　　　　　　　　　　　　　　　　　　　　　78 588.9

　　贷：利润分配　　　　　　　　　　　　　　　　　　　　78 588.9

综上所述，企业用"本年利润"账户计算本年度实现的利润（或亏损）总额和净利润（本年利润计算过程如图 4-2 所示）期末应将亏损额或净利润转入利润分配，等候弥补亏损或进行利润分配（如图 4-3 所示）。

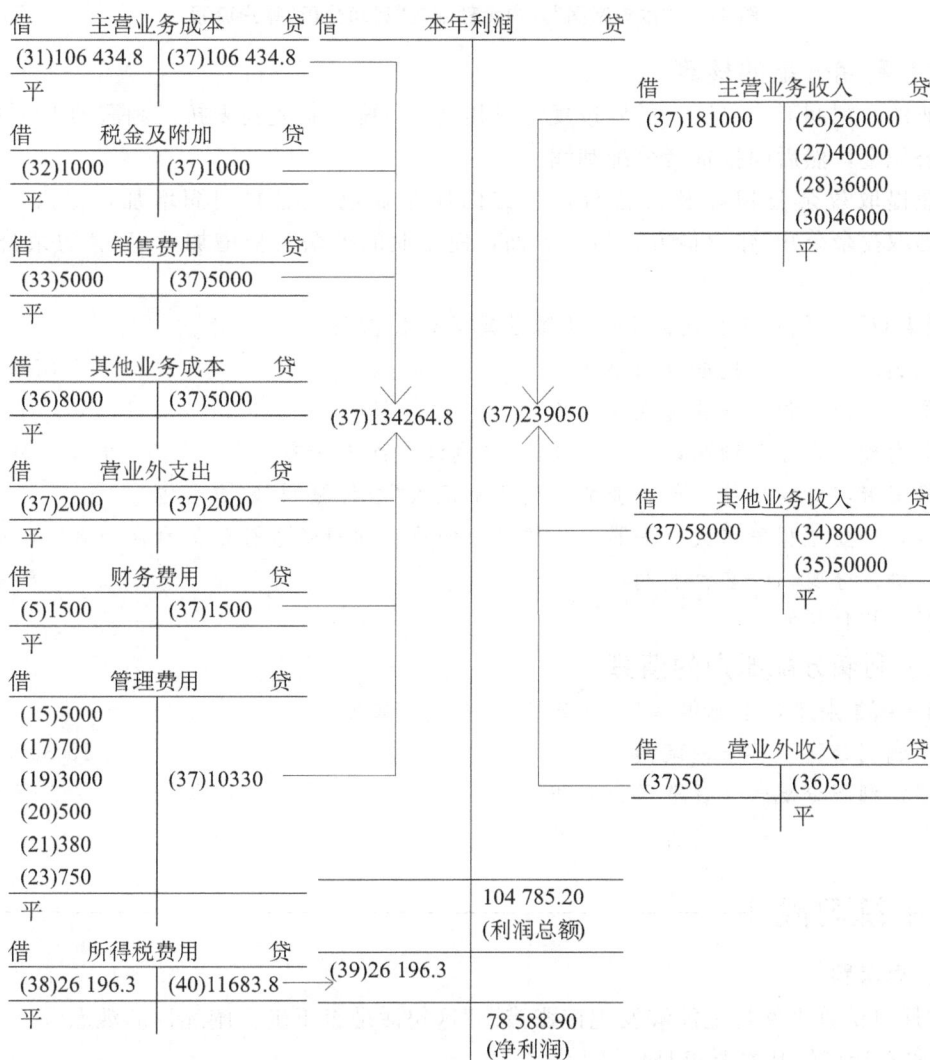

图 4-2　本年利润计算流程

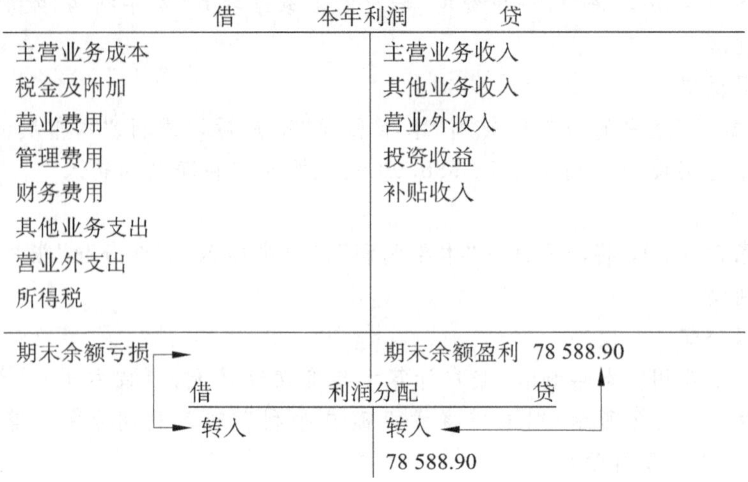

```
       借        本年利润        贷
主营业务成本              主营业务收入
税金及附加                其他业务收入
营业费用                  营业外收入
管理费用                  投资收益
财务费用                  补贴收入
其他业务支出
营业外支出
所得税

期末余额亏损           期末余额盈利  78 588.90
       借        利润分配        贷
       转入              转入
                      78 588.90
```

图 4-3 "本年利润"账户余额结转"利润分配"账户流程

(二)利润分配的核算

企业的净利润形成以后,需要按规定对其进行分配,首先需要按净利润的 10% 提取法定盈余公积金,然后向投资者分配利润。

企业提取盈余公积金及公益金,一方面使企业已分配的利润增加,记入"利润分配——提取盈余公积"账户借方;另一方面,使企业的盈余公积增加,记入"盈余公积"账户的贷方。

【例 4-41】按税后净利润的 10% 提取法定盈余公积金。

借:利润分配——提取盈余公积   7 858.89
　　贷:盈余公积——法定盈余公积   7 858.89

企业向投资者分配利润,一方面要记入"利润分配——应付股利"账户借方;另一方面在未向投资者实际支付前,使企业的负债增加记入"应付股利"账户贷方。

期末,企业根据股东大会等类似机构做出的决议向投资者分配的利润为 8 000 元。

借:利润分配——应付股利   8 000
　　贷:应付股利   8 000

(三)利润分配账户的清算

【例 4-42】期末,企业结转"利润分配"账户各明细账户。

借:利润分配——未分配利润   15 858.89
　　贷:利润分配——提取盈余公积   7 858.89
　　　　——应付股利   8 000

| 练习题 |

一、思考题

1."通过试算平衡肯定能够发现记账错误"这句话是否正确?阐述你的观点。

2.成本计算的基本要求是什么?

3.采购费用包括哪些?你是如何理解计入材料采购成本的相关税费应该包括哪些?

4. 销售业务会涉及哪些账户？

5. 利润构成的公式是如何表示的？

6. 利润分配会涉及哪些业务？

7. 材料成本差异账户属于什么类型的账户？其作用是什么？

8. 为什么要分别设置材料采购账户和原材料账户？

二、单项选择题

1. 下列选项中，不属于企业资金筹集来源的是（　　　）。

A. 投资人投入的固定资产

B. 投资人投资的增值

C. 结算形成的负债资金

D. 采购商品支付的价款

2. 下列对长期借款利息费用的会计处理，正确的是（　　　）。

A. 筹建期间的借款利息支出记入财务费用

B. 筹建期间的借款利息支出记入长期待摊费用

C. 生产经营活动的借款利息支出记入相关资产成本

D. 符合资本化条件的借款利息支出记入相关资产成本

3. 下列选项中，不应记入材料采购成本的费用是（　　　）。

A. 材料买价　　　　　　　　　　B. 运杂费

C. 运输中保险费　　　　　　　　D. 采购员差旅费

4. 在计划成本法下，"材料采购"账户的期末余额表示的是（　　　）。

A. 在途材料的计划成本

B. 在途材料的实际成本

C. 本期采购材料的实际成本大于计划成本的差异

D. 本期采购材料的实际成本

5. 下列选项对"应交税费"账户表述错误的是（　　　）。

A. "应交税费"账户核算企业计算应交纳的税费

B. "应交税费"账户借方登记实际缴纳的税费

C. "应交税费"账户贷方登记各种应交未交税费的增加额

D. 企业代扣代交的个人所得税等，不通过"应交税费"账户

6. 下列选项表述正确的是（　　　）。

A. "原材料"账户用以核算企业库存的各种库存商品的计划成本或实际成本

B. 实际成本法下，一般运用"材料采购""原材料""材料成本差异"等科目进行核算

C. "材料采购"账户期末余额在贷方，反映企业采用实际成本进行核算时在途材料的采购成本

D. "材料成本差异"账户可分别"原材料""周转材料"等，按照类别或品种进行明细核算

7. 下列不应记入产品成本的费用是（　　　）。

A. 产品生产时领用的材料费

B. 产品生产时所发生的燃料和动力费

C. 车间生产人员工资及车间管理人员工资

D. 车间设备的日常修理费用

8. 下列各项表述正确的是（　　）。

A. 车间管理人员福利费应记入"管理费用"科目

B. 由工程负担的职工薪酬，计提时记入"固定资产"账户

C. 职工薪酬是指管理部门为获得职工提供劳务而给予各种形式的报酬以及其他相关支出

D. 为创造生产条件需要，车间间接消耗的各种材料费，应借记"制造费用"科目，贷记"原材料"科目

9. 下列关于"制造费用"表述错误的选项是（　　）。

A. 制造费用是指企业为生产产品和提供劳务的各项间接费用

B. 企业发生的制造费用，应当按照合理的分配标准按月分配计入各成本核算对象的生产成本

C. 结转或分摊制造费用时，借记"制造费用"等科目，贷记"生产成本"科目

D. 如果月末某种产品全部完工，此产品生产成本明细账所归集的费用总额就是完工产品的总成本

10. 下列选项中属于期间费用的是（　　）。

A. 制造费用　　　　　　　　　　B. 劳务成本

C. 主营业务成本　　　　　　　　D. 财务费用

11. 某企业本月主营业务收入为 1 000 000 元，其他业务收入为 80 000 元，营业外收入为 90 000 元，主营业务成本为 760 000 元，其他业务成本为 50 000 元，营业税金及附加为 30 000 元，营业外支出为 75 000 元，管理费用为 40 000 元，销售费用为 30 000 元，财务费用为 15 000 元，所得税费用为 75 000 元，制造费用 1 000 元。则该企业本月营业利润为（　　）元。

A. 170 000　　　　　B. 155 000　　　　　C. 25 000　　　　　D. 80 000

12. 会计期末，企业将净亏损额转入"利润分配"账户时，应借记的科目是（　　）。

A. 所得税费用　　　　　　　　　B. 利润分配

C. 本年利润　　　　　　　　　　D. 营业外支出

三、多项选择题

1. 下列所有者权益类科目中，能够反映投资者投入资本的科目有（　　）。

A. 实收资本　　　　B. 股本　　　　C. 资本公积　　　　D. 盈余公积

2. 关于短期借款的利息处理方法，下列说法正确的有（　　）。

A. 利息支出可以一次记入"财务费用"账户

B. 利息支出可以采用预提的方法，分期记入"财务费用"账户

C. 应付利息可以一次记入"短期借款"账户

D. 应付利息采用预提的方法，分期记入"短期借款"账户

3. 下列选项中，本月应计提折旧的固定资产有（　　）。

A. 本月外购的新设备　　　　　　B. 本月月初报废的设备

C. 上月融资租入的设备　　　　　D. 已提足折旧的设备

4. 下列关于"累计折旧"科目表述正确的有（　　）。

A. 反映固定资产的损耗价值

B. 计提折旧时记入"累计折旧"科目的借方

C. 期末余额在贷方

D. 企业应按年计提固定资产折旧

5. 下列选项表述正确的有（　　）。

A. "原材料"账户借方登记已验收入库材料的成本

B. "原材料"账户期末贷方余额反映企业库存材料的计划成本或实际成本

C. 企业收到来料加工业务的原料等，应当在"原材料"账户核算

D. 企业收到来料加工业务的原料等，应当在备查簿登记

6. 下列关于"材料成本差异"账户核算的表述正确的有（　　）。

A. 借方登记入库材料形成的超支差异

B. 贷方登记入库材料形成的节约差异

C. 期末余额在借方，反映企业库存材料等的实际成本大于计划成本的差异

D. 借方登记发出材料应负担的超支差异

7. 下列选项中，通过"营业税金及附加"账户核算的有（　　）。

A. 车船税　　　　　　　　　　B. 消费税

C. 城市维护建设税　　　　　　D. 资源税

8. 下列选项中，通过"管理费用"账户核算的有（　　）。

A. 城建税　　　　B. 消费税　　　　C. 车船税　　　　D. 土地使用税

9. 下列选项中，构成利润总额的有（　　）。

A. 收入减去费用后的净额　　　　B. 直接记入当期利润的利得和损失

C. 直接记入所有者权益的利得和损失　　D. 所得税费用

10. 下列经济业务中，应记入营业收入的有（　　）。

A. 原材料销售收入　　　　　　B. 产品销售收入

C. 非流动资产的处置利得　　　D. 接受投资者资本投入溢价

四、判断题

1. 为购建固定资产而借入的长期借款的利息支出应全部计入固定资产的成本。
（　　）

2. 资本公积只有在所有者投入企业的资金超过注册资本份额时才会发生。（　　）

3. 企业的固定资产是为了生产商品、提供劳务、出租或经营管理和直接用于出售而持有的。（　　）

4. 当月增加的固定资产，当月应计提折旧，当月减少的固定资产，当月不计提折旧。
（　　）

5. "材料采购"账户贷方登记的内容是入库材料的计划成本以及材料入库时结转的节约差异。（　　）

6. 职工薪酬是指企业为获得职工提供的服务或解除劳动关系而给予各种形式的报酬或补偿，其中包括辞退和离职后的福利。（　　）

7. 与商品所有权上的主要风险和报酬是指商品可能发生减值或毁损等形成的损失。
（　　）

8. 企业预收账款情况不多时，可以不设置"预收账款"账户，将预收的款项直接记入"应收账款"账户借方核算。（　　）

9. 会计期末，将"所得税费用"账户结转"本年利润"账户后无余额。（　　）

10. 年末结账后，"利润分配"账户的各个明细账户均无余额。（　　）

五、业务题

1. 2016 年 5 月 1 日，A 公司因急需流动资金，从银行取得 6 个月期限的借款 400 000 元，年利率为 6%，利息按月计提，按季支付；到期偿还本金，假定不考虑其他因素。同时又从银行借入 3 年期限的借款 700 000 元。

（1）编制 A 公司取得短期借款时的会计分录。

（2）编制 A 公司 5 月末计提利息时的会计分录。

（3）编制 A 公司 7 月末支付第二季度银行借款利息时的会计分录。

（4）编制 A 公司到期归还本金时的会计分录。

（5）编制 A 公司取得长期借款时的会计分录。

2. H 公司 8 月份购进甲、乙、丙三种材料，购入甲材料 4 000 千克，单价 2 元，共计买价 8 000 元，购入乙材料 6 000 千克，单价 2 元，共计买价 12 000 元，购入丙材料 2 000 千克，单价 4 元，共计买价 8 000 元，增值税率为 16%，三种材料均为验收入库，运输费用共计 840 元，款项以用银行存款支付。

要求：按买价比例分配三种材料采购费用并作会计分录。

3. 甲公司是一般纳税人，采用实际成本法核算材料。2018 年发生以下经济业务：

（1）从 M 公司购入生产车间使用的 A 材料 1 000 千克，不含税单价为 60 元，增值税专用发票上注明的价款为 60 000 元，增值税税额为 10 200 元；对方代垫运费，运费增值税专用发票上注明运费为 3 000 元，增值税税额为 330 元；材料已验收入库，所有款项以转账支票支付。

（2）从 H 公司购入 B 材料 4 000 千克，单价 20 元。C 材料 5000 千克，单价 10 元，增值税专用发票上的货款金额为 130 000 元，增值税税额为 22 100 元；所有款项尚未支付。

（3）用银行存款支付 B、C 材料的装卸费和保险费 9 000 元，按 B、C 材料的采购数量将其分配计入 B、C 材料成本。

（4）上述 B、C 材料验收入库。

（5）汇总本月领料单，其中：生产车间领用 B 材料 15 000 元用于生产产品，C 材料 6 000 元用于车间机物料消耗。

要求：

（1）编制甲公司采购 A 材料的会计分录。

（2）编制甲公司采购 B、C 材料的会计分录。

（3）编制甲公司支付 B、C 材料的装卸费和保险费的会计分录。

（4）编制 B、C 材料入库的会计分录。

（5）编制领用材料的会计分录。

4. 丙公司是一般纳税人，采用实际成本法核算材料，销售产品是主营业务。2018 年 3 月 1 日，丙公司库存 A 材料实际成本为 100 000 元，3 月份发生业务如下：

（1）3 月 5 日，丙公司购入 A 材料一批，取得的增值税专用发票上记载的价款为 200 000 元，增值税税额为 34 000 元。材料已运到并验收入库，款项尚未支付。

（2）3 月 12 日，丙公司以银行存款支付上述款项。

（3）根据丙公司"A 材料发料凭证汇总表"的记录，3 月份生产车间生产产品直接领用 230 000 元，车间一般耗用 20 000 元，企业行政管理部门领用 10 000 元。

（4）丙公司于 3 月 27 日对外销售 A 材料，开具的增值税专用发票上注明的售价为 50 000 元，增值税税额为 8 000 元，款项已由银行收讫。该批 A 材料的实际成本为 15 000 元。

要求：

（1）编制丙公司赊购 A 材料的会计分录。

（2）编制丙公司支付货款的会计分录。

（3）编制丙公司内部领用 A 材料的会计分录。

（4）编制丙公司对外销售 A 材料的会计分录。

（5）编制丙公司结转销售材料成本的会计分录。

5. L 公司为增值税一般纳税人，销售的产品、材料均为应纳增值税货物，增值税税率为 16%，销售价款中均不含增值税。材料和产成品均按实际成本核算，以销售产品为主营业务。2016 年度发生经济业务：

（1）L 公司采用汇兑结算方式购入原材料，增值税专用发票上注明的实际成本为 150 000 元，增值税税额为 24 000 万元。材料已验收入库。

（2）销售给 KJ 公司一批产品，销售价款为 30 000 元，产品成本为 26 000 元。产品已经发出，开出增值税专用发票，款项尚未收到。

（3）对外销售一批材料，销售价款为 32 000 元，材料实际成本为 21 000 元。材料已经发出，并已经开出增值税专用发票。款项已经收到，收到转账支票并存入银行。

要求：

（1）编制 L 公司采购材料的会计分录。

（2）编制 L 公司销售产品的会计分录。

（3）编制 L 公司结转销售产品成本的会计分录。

（4）编制 L 公司销售材料的会计分录。

（5）编制 L 公司结转销售材料成本的会计分录。

第五章
会 计 凭 证

知识目标

1. 掌握原始凭证、记账凭证按来源、用途和填制程序的分类，了解不同类型会计凭证的格式、优缺点及其在会计工作中的表现形式。

2. 掌握会计凭证填制的要点与审核的内容，理解会计凭证填制和审核的作用。

3. 理解会计凭证传递的内容及其在会计系统中的作用。

案例导入

曹雪芹在《红楼梦》中描述了这样的场景：贾府草木工程负责人贾芸经常凭借贾府的"领票"和"对牌"领取工程实物。有一次，贾芸打听凤姐回来，便写个"领票"来领"对牌"，在这个业务中，"领票"就相当于我们当今的"借条"或者"领料申请书"。借款要写"领票"，也就是我们所说的"借款申请书"或"借条"。"对牌"一式两份，一份由财务负责人留作存根，另一份由实物负责人到出纳处领取银两或财产物资。《红楼梦》中的这种"对牌"制度在今天的会计处理中使用"复写"的方式复写出一式两份或三份或四份的"对牌"单据，记录发生的业务，避免发生篡改行为。

思考：

1. 经济业务发生时，我们会取得哪些票据，它们分别有什么作用，请举例说明。

2. 经济活动发生后，你如何凭这些票据在财务人员那里进行报销？如果你是财务人员，对办事员拿来的票据如何进行审查和保管？

第 一 节　会计凭证的概述

一、会计凭证的概念

会计凭证是指在会计工作中记录经济业务、明确经济责任和据以登记账簿的书面证明。这个定义包含了两层含义。一方面，会计主体办理任何经济业务，都必须办理凭证手续，由执行或完成该项经济业务的有关人员填制或取得会计凭证，详细说明该项经济业务的发生日期、金额及其他的具体内容，并在相应的会计凭证上签名或盖章，明确经济责任。另一方面，只有经会计部门审核无误的会计凭证才能作为会计人员填制记账凭证、登记账簿的依据。

填制和审核凭证，是会计核算的专门方法之一，也是整个会计核算工作的起点和基础。

二、会计凭证的作用

会计凭证的填制与审核具有重要的作用，不仅可以真实地反映经济业务的内容，而且还可以有效地监督经济业务的合理性和合法性，以保证我们会计工作核算的资料是真实、合理、合法的。具体来讲，会计凭证的填制和审核具有以下几方面的作用。

（一）实现对经济活动的监督和控制

通过对会计凭证的审核，可以查明各项经济业务是否符合法规、制度的规定，是否与会计主体业务经营、财务收支的方针和计划等相符合，从而确保经济业务的合理、合法性和有效性，发挥会计的监督作用，保护会计主体拥有资产的安全与完整，维护债权人、所有者在内的有关各方的合法权益。

（二）明确经济责任

由于经济业务发生后，有关人员需要填制会计凭证，对经济业务的内容进行记录，以证明该项经济业务已经发生或完成，同时有关部门和经办人员还需在凭证上签字、盖章，这就要求有关部门和经办人员对经济活动的真实性、正确性和合法性负责，即明确了有关部门和经办人员的经济责任。

（三）提供原始资料，传导经济信息和会计信息

当一项经济业务发生以后，首先，会计人员可以掌握与该项经济业务相关的原始资料，为会计分析和会计检查提供基础资料；其次，会计人员可以根据这些原始资料填制原始凭证，原始凭证是经济信息的载体，可以传导经济信息；最后，会计人员根据会计凭证对大量的、分散的原始资料进行整理、分类、汇总和会计处理之后，可以把经济信息转化为有用的会计信息，为会计主体的经营管理提供服务。

（四）提供登记账簿的依据

任何一项经济业务发生之后，会计人员都需要通过填制原始凭证和记账凭证来记录经济业务的内容、数量与金额，然后对已填制的原始凭证和记账凭证进行审核，经过审核、确认无误的会计凭证才可以作为会计工作人员据以登记账簿的依据，而那些没有经过审核或经过审核但发现有误的会计凭证就无法作为会计工作人员登记账簿的依据。因此，正确地对会计凭证进行填制和审核对保证会计账簿资料的真实性和正确性非常重要。

三、会计凭证的种类

会计凭证有很多种，按照不同的分类标准来进行分类，但主要是按填制程序和用途的不同来对会计凭证进行分类的。按会计凭证填制程序和用途的不同，可以分成原始凭证和记账凭证，前者一般是由经办人员填制，作用是证明经济活动的发生，是填制记账凭证的

依据，后者是由会计人员填制，作用是将经济信息转化为会计信息，是登记账簿的直接依据。

第二节　原　始　凭　证

一、原始凭证的概念及其种类

（一）原始凭证的概念

原始凭证是在经济业务发生或完成时取得或填制的，用以载明经济业务的具体内容和完成情况的书面证明，是进行会计核算的原始资料。原始凭证是证明经济业务发生的初始文件，记载着大量的经济信息，且与记账凭证相比具有较强的法律效力，所以原始凭证是一种十分重要的会计凭证，是进行会计核算的主要依据。

（二）原始凭证的分类

（1）原始凭证按其来源不同，可分为自制原始凭证和外来原始凭证。

① 自制原始凭证是指由本单位经办业务的部门和人员在办理某项经济业务时所填制的一种凭证。如领用材料时，由仓库保管人员开出的领料单；出差人员出差后，由其填制的差旅费报销单等。

② 外来原始凭证是指在经济业务发生时，从外部单位取得的原始凭证。例如，银行开来的收款通知（格式见表 5-1 所示），购货时从供货单位取得的发票（格式见表 5-2 所示）均属于外来原始凭证。大多数外来原始凭证是一次性凭证。

表 5-1　中国工商银行收账通知单

付款人	全　　称		收款人	全　　称		
	账　　号			账　　号		
	开户银行			开户银行		
汇款金额 人民币(大写)						
票据种类						
票据张数						
单位主管　　　会计　　　复核　　　记账				收款人开户行盖章		

（2）原始凭证按其填制手续不同，又分为一次性凭证和累计凭证。

① 一次性凭证是指只记载一项经济业务或同时记载若干项同类经济业务的凭证。一次性凭证填制手续是随着经济活动结束而一次性完成的，且填列之后就不能再重复使用了。缴款书（格式见表 5-3 所示）和领料单（格式见表 5-4 所示）等就属于一次性凭证。

表 5-2 ××××××专用发票

发票联   No.

付款单位：＿＿＿＿＿＿＿＿   支票号：＿＿＿＿＿＿＿＿

编号	商品名称	规格	单位	数量	单价	金 额									
						百	十	万	千	百	十	元	角	分	
小写金额合计															
大写金额															

收款单位(盖章)   开票人   年 月 日

表 5-3 缴 款 书

年 月 日   字第 号

缴款单位 (或缴款人)		款别	
摘要			
款项所属		年度 月份	金额 ¥
人民币(大写)			
备考		缴款人	

(收款单位核收章)科长：   审计：   复核：   记账：

表 5-4 领 料 单

领料单位：＿＿＿＿＿＿＿＿   编号：＿＿＿＿＿＿＿＿
用途：＿＿＿＿＿＿＿＿   仓库：＿＿＿＿＿＿＿＿
年 月 日

材料类别	材料编号	材料名称	规格	计量单位	数量		单价	金额
					请领	实发		

发料：   领料：   领料单位负责人：   记账：

　② 累计凭证是指连续记载一定时期内不断重复发生的同类经济业务的凭证。累计凭证填制手续是通过在一张凭证中多次填列特定业务的具体内容来完成的，且属于一次审批额度、实际领用多次的凭证。限额领料单(格式见表 5-5 所示)就属于累计凭证的范畴。累计凭证的优点是：可以减少凭证数量，简化凭证填制手续，因为它将一定时期内与特定业务相关的具体内容在一张凭证中进行填列，即累计凭证只使用一张凭证连续登记一定时期不断重复发生的多笔同类经济业务。

表 5-5　限额领料单

领料单位：＿＿＿＿＿＿＿＿　　　　　　　　　　　　　　　　　　　第　号

用途：＿＿＿＿＿＿＿　　　　　　　　　年　月　日　　　　　　仓库：＿＿＿＿

材料类别	材料编号	材料名称	规格	计量单位	单价	领料限额	全月实领	
							数量	金额

日期	请领			实发		代用材料			限额结余
	数量	审批人签章	领料人签章	数量	发料人签章	数量	单价	金额	

供应部门负责人：　　　　　　　　　　　　　生产计划部门负责人：

（3）原始凭证按用途不同，可分为通知原始凭证和执行原始凭证及汇总原始凭证。

① 通知原始凭证。通知凭证是指要求、指示或命令企业进行某项经济业务的原始凭证，如银行现金缴款单、罚款通知书、付款通知单等。如表 5-6 所示的银行现金缴款单。

表 5-6　中国农业银行　现金缴款单(收款人入账通知)

年　月　日

客户填写部分	收款人户名															
	收款人账号		收款人开户银行													
	缴　款　人		款　项　来　源													
	币种	人民币（　）	大写				十亿	千	百	十万	千	百	十元	角	分	
		外币（　）														
	券别	100元	50元	20元	10元	5元	2元	1元								
	张数															
银行打印部分	日期 金额		日志号 终端号		交易码： 主管：		币种： 柜员：										
单位主管	会计	复核	记账	收款人开户行盖章												

② 执行原始凭证。执行凭证是证明某项经济业务已经完成的原始凭证，如销货发票、领料单、入库单等，如表 5-2 所示的销货发票、表 5-4 所示的领料单从用途上来看属于执行凭证。

③ 汇总原始凭证。汇总原始凭证是将一定时期内许多同类经济业务的原始凭证加以汇总编制而成的一张原始凭证。汇总原始凭证只能对同类性质的经济业务的内容进行汇总，而不能对两类或两类以上性质的经济业务的内容进行汇总。发料汇总表(格式见表5-7)、商品销货汇总表(格式见表5-8)就属于汇总原始凭证的范畴。汇总原始凭证的优点是：可以简化编制记账凭证的手续；缺点是：本身不具备法律效力，因为不是原始单据，而是对原始凭证进行汇总重新编制而成的一张凭证。

表 5-7　发料汇总表

年　月

用途(借方科目)	上　旬	中　旬	下　旬	月　计
生产成本				
甲产品				
乙产品				
制造费用				
管理费用				
在建工程				
本月领料合计				

表 5-8　商品销货汇总表

制表人：＿＿＿＿＿＿＿＿　　　　　　　　　　　　年　月　日

序号	销售日期	销售清单号码	产品名称	数量	单位	销售金额	销售人员
	合计						

以上从不同的角度对原始凭证进行了不同的分类。这些分类不是绝对的，它们之间是相互依存、密切联系的。比如，增值税专用发票从填制的单位来看是自制原始凭证，对于接收到增值税专用发票的单位而言它是外来原始凭证；同时，从填制手续上看它是一次性凭证，从用途看它是执行凭证。

原始凭证的分类，可以归纳成图5-1。

原始凭证
- 按来源分：自制凭证、外来凭证
- 按填制手续：一次性凭证、累计凭证
- 按用途分：通知凭证、执行凭证、汇总凭证

图 5-1　原始凭证的分类

二、原始凭证的填制

（一）原始凭证的基本要素

由于不同经济业务的内容不一样，且每个会计主体对经济管理的要求也不一样，所以原始凭证的格式、内容和名称是多种多样的。但是，作为记录和反映经济业务发生、完成情况的原始证据，必须明确有关单位、部门及有关经手人员的责任，这就决定了每种原始凭证都必须具备以下基本要素：①凭证的名称；②填制凭证日期；③经济业务的数量和金额；④接受凭证单位的名称；⑤填制凭证单位或填表人姓名；⑥有关人员签章。

虽然有些会计主体为了满足自身经济管理和核算的需要，设计了既包括原始凭证基本要素也包括一些补充内容的原始凭证，但是，有关主管部门为了加强宏观管理、强化监督，制定了一些统一的凭证格式。如：银行本票、支票、货运单据、增值税专用发票等。

（二）原始凭证的填制

填制原始凭证的形式有三种，一是由经办人员根据实际发生或完成的经济业务直接填列，如"出库单""领料单"等；二是由会计人员根据已经入账的有关业务，对账簿资料进行加工整理填列；三是根据若干张反映同类经济业务的原始凭证定期汇总填列。

尽管各种原始凭证的具体填制的方法和填制要求不完全一致，但就原始凭证应反映经济业务、明确经济责任而言，应按以下要求进行填制。

▶ 1. 填列内容真实

凭证上所填制的数量、金额等，必须与实际情况相符合，以确保凭证内容真实可靠。从外单位取得的原始凭证如有遗失，应取得原签发单位盖有财务章的证明，并注明原来凭证的号码、金额等内容，由经办单位负责人批准后，可代作原始凭证；对于确实无法取得证明的，如轮船票、火车票等凭证，由当事人写出详细情况，由经办单位负责人批准后，可代作原始凭证。

▶ 2. 填写内容齐全

原始凭证中的各项基本内容都要填写齐全，不得漏填。

▶ 3. 填写手续完备，经济责任明确

原始凭证的填制手续一定要完备，以确保内部控制制度的有效实施。支付款项取得的原始凭证，需要有关收款单位和收款人的收款证明；涉及有大小写金额的原始凭证，大小写金额必须相符；购买实物取得的原始凭证，需要附有实物的验收证明；一式几联的原始凭证，要用复写纸套写，并连续编号；各种借款收据，需要附在记账凭证上，收回借款时，应另开收据或退回收据副本，不得将原借款收据退还；销货退回时，除填制退货发票外，还需取得对方的收款收据或汇款银行的汇款凭证，不得以退货发票代替收据；经有关部门批准办理的某些特殊业务应将批准的文件作为原始凭证附件或在凭证上注明批准机关名称、日期和文件字号。为了明确经济责任，已经填制好的原始凭证需要由有关经办部门和人员签章。从个人手中取得的原始凭证，由填制人员签名或盖章；从外单位取得的原始凭证，由填制单位盖上其公章或财务章。自制原始凭证需要由经办部门负责人或其指定人员盖章或签字，对外开出的原始凭证，需要由本单位加盖财务章或公章。

▶ 4. 书写格式规范

原始凭证上的文字要用蓝或黑笔书写，填写支票的时候要用碳素笔书写，字迹要工

整、规范、清晰，不得使用未经国务院颁布的简化字。用人民币计价结算的原始凭证，合计的小写金额前要加上一个人民币符号，即￥，用外币计价结算的原始凭证，合计的小写金额前要加上外币符号，如"US＄""CA＄"等，币值单位与金额之间，以及各金额数字之间不得留空隙。以元为单位的阿拉伯数字，一律写到角分，没有角分的以"0"来代替。

原始凭证记载的内容不得随意涂改，若填写有错误，应当采用规定的方法进行更正。若重要的原始凭证填写错误，如支票填写错误，一律不得涂改，应按规定的手续注销留存，另行重新填写。

三、原始凭证的审核

为了如实反映经济业务的发生和完成情况，保证原始凭证记载内容的真实性、可靠性、合法性和正确性，防止不符合填制要求的原始凭证影响会计信息的质量，会计机构和会计人员必须对所有的原始凭证进行严格的审核。

（一）审核原始凭证的真实性

原始凭证的真实性证实经济活动的真实性，审核原始凭证的真实性主要是通过对凭证日期、数据、签章等内容进行审核来实现的。如对自制的原始凭证，需要审核是否有经办部门签章和经办人员签字；对外来的原始凭证，需要审核是否有填制单位公章和填制人员签字。

（二）审核原始凭证所记录的经济业务的合法、合理、合规

对原始凭证所记录的经济业务进行审核时，需要以国家的法律法规、所服务会计主体的有关计划和预算以及财会制度等为依据，审核原始凭证所记录的经济业务是否符合国家法律法规的有关规定，是否符合所服务会计主体的规定开支标准和规定手续，有无违法乱纪、贪污舞弊的行为，有无违背企业内部控制制度的要求。

（三）审核原始凭证的填制内容

首先根据原始凭证的填制要求，应审核原始凭证是否具备各项基本要素。其次，应审核原始凭证的日期是否完整，数字是否清晰、正确，大小写金额是否相符，有关单位和人员是否已签字盖章，错误的原始凭证是否按规定的方法进行了更正等。

（四）审核原始凭证的及时性

为了保证每笔经济业务发生或完成后，其内容能及时地填制到有关凭证当中，能及时地进行凭证的传递，为及时提供会计信息做准备，需要对原始凭证的及时性进行审查。对原始凭证的及时性进行审查主要是通过对填制日期进行审查来实现的。

对原始凭证进行审核是一项十分重要且严肃的工作，必须坚持原则，依法办事。对于审核无误的原始凭证，应及时据以编制记账凭证和登记明细分类账；对于不真实、不合法、不合理的原始凭证，会计机构和会计人员有权不予受理，并向单位负责人报告；对于真实、合法、合理、合规但内容不够完整、记载不准确的原始凭证，应退回给有关经办人员，并要求其按照国家统一规定的会计制度进行补充和更正。

四、原始凭证的填制与审核实训

（一）实训目的

通过实训使学生掌握原始凭证的基本内容、填制方法、会计凭证传递程序及审核内容。

（二）实训要求

（1）总体要求：掌握原始凭证填制方法，根据经济业务填制有关原始凭证；理解不同经济业务分别应填制哪种原始凭证，培养学生对原始凭证分别记载的资金运动是什么进行思考。

（2）具体要求：掌握会计书写的规范，掌握阿拉伯数码字的书写、数字中文大写及汉字书写等。书写正确、规范、清晰、整洁。

① 数码字的书写，即阿拉伯数字的书写规范，应当一个一个地写，不得连笔写。

阿拉伯数字书写顺序是从左到右，从高位到低位。阿拉伯数字在书写时应有一定的斜度。倾斜角度的大小应以笔顺书写方便，好看易认为准。不宜过大或过小，一般向右倾斜45°～60°，即数码字的中心斜线与底平线为60°的夹角。格子内的数码字书写应紧靠横格底线，上方留出全格1/2或2/3，即数码字沿底线占全格的1/2或2/3；另"6"的上端比其他数码高出1/4，"7"和"9"的下端比其他数码伸出1/4；每个数码字要大小一致，每一格只能写一个数字，数字的排列要整齐，数字之间的空隙应均匀。不影响原始凭证法律效力的数码字书写错误，错误一般采用画线更正法。如写错一个数字，或位置录错，一律用红线全部画掉，在原数字的上半部分写上正确数字。影响法律效力的书写错误，整张原始凭证一律重填。

② 文字书写基本要求。

文字是会计核算和所形成的各种会计记录中不可缺少的媒介。离开文字说明的数字是呆板的，只有与文字说明有机地结合起来，数字才能成为有意义的会计信息，才能表明经济活动的性质和量的变化及结果。会计书写中的文字包括数字的大写和会计科目、费用项目、计量单位以及摘要、财务分析报表的书写等。用精简的文字把业务的内容表述清楚、完整，不超过栏格。账户名称要写全称，科目也要求准确。字迹工整、易认，书写须用楷书或行书，不能用草书，字的大小要一致、协调，让人易辨认清楚。汉字大写数字用于填写需要防止涂改的销货发票、银行结算凭证、收据等重要原始凭证，在书写时不能写错，如大写出错，则本张凭证作废，重新填制。大写金额前要加"人民币"字样，"人民币"与首位数字之间不留空位，写数与读数顺序要一致。人民币以元为单位。大写金额数字到元或角为止的，在"元"或"角"字之后应当写"整"字或"正"字，大写金额数字有分的，分字后不写"整"字或"正"字。"零"字的写法。阿拉伯金额数字中间有"0"时，汉字大写金额要写"零"字；阿拉伯数字金额中间连续有几个"0"时，汉字大写金额中可以只写一个"零"字，阿拉伯金额数字元位是"0"，或者数字中间连续有几个"0"，元位也是"0"时，汉字大写金额可以只写一个"零"字，也可以不写"零"字。表示位的文字前必须有数字，如拾元应写作壹拾元整。汉字书写应规范，不能以"另"代"零"，以"两"代"贰"，以"廿"代"贰拾"等。比如人民币105 846元，应写成：人民币壹拾万零伍仟捌佰肆拾陆元正。

（三）实训单位基本资料

▶ **1. 模拟实习单位概况**

（1）名称：云南红星电子设备有限公司，简称红星电子。类型：有限责任公司。注册时间：2007年12月21日。注册号：510105000151188。营业期限：2007年12月21日至2017年12月21日。公司地址：昆明市一二一街154号。基本开户银行：招商银行一二一支行，账号5324 5006 04325 6788 336；专户开户银行：中国建设银行建设路支行，账号5324 1388 8028 6338 552。纳税登记号：53045678862398。法定代表人：胡灵。注册资金：55万元人民币。实收资本：55万元人民币。联系电话：0871-8132 1689。邮编：510173。

（2）经营范围：主要从事 A、B 两种产品生产与销售业务。

（3）本厂执行 2006 年 2 月 15 日财政部发布的新《企业会计准则》。

（4）生产组织及工艺流程：

a. 公司生产 A 产品和 B 产品。

b. 公司下设一个封闭式的生产车间。A、B 产品的全部生产过程在该封闭式生产车间完成。

▶ 2. 会计工作组织形式

（1）公司会计工作组织采用集中核算形式。企业的会计核算工作统一都集中在公司财务会计部门进行，公司内其他各部门不单独核算，只是对发生的经济业务进行原始记录，填制或取得原始凭证并进行适当汇总，定期将原始凭证和汇总原始凭证送交会计部门，由会计部门进行总分类核算和明细分类核算。

（2）会计组织机构及会计人员。红星电子设置独立的财务管理与会计核算机构：财务部，统一负责全公司的会计核算与财务管理工作，共配备 2 名会计人员，分别负责出纳和会计核算工作。

▶ 3. 实训单位期初财务资料

实训单位期初账户金额如表 5-9 所示。

表 5-9　红星电子 2017 年 12 月 31 日有关账户余额表　　　　单位：元

账户名称	期初余额		账户名称	期初余额	
	借方	贷方		借方	贷方
库存现金	1 500		短期借款		9 500
银行存款	560 000		应付账款		200 000
原材料	145 000		长期借款		300 000
其他应收款	50 000		应缴税费		17 000
应收账款	70 000		实收资本		550 000
减坏账准备		3 000			
库存商品	100 000				
固定资产	160 000				
减累计折旧		7 000			
合计	1 076 500		合计		1 076 500

注：原材料数量为 1 000 千克，库存商品数量均为 A 产品 100 台；另外应收账款有贷方明细账余额 5 000 元，应付账款有借方明细账余额 10 000 元。

（四）实训操作流程（见附录 A 提供的原始凭证）

红星电子厂 2018 年 1 月份发生如下经济业务：

业务一：1 月 5 日出纳员从银行提取现金 2 000 元。

要求：填制附录 A1-1 现金支票一张，并以出纳身份到银行提取现金。

业务二：1 月 6 日公司从 H 公司购进原材料一批 3 000 千克，不含税价 100 元/千克，增值税税率 16%，价税合计 348 000 元，运费 1 000 元；用单位专户银行汇款方式支付。

要求：填开企业电子银行汇款单一式两联(附录 A2-1、A2-2)替 H 公司填开增值税专用发票(附录 A2-3、A2-4、A2-5)，替运输部门填开运输费发票(附录 A2-6、A2-7)。

业务三：1 月 8 日原材料验收入库。

要求：填写企业原材料验收入库单附录 A3-1。

业务四：1 月 8 日生产车间生产领用原材料 3 000 千克(用先进先出法计算发出材料成本)其中 A 产品使用 2 500 千克，B 产品使用 500 千克。

要求：填开企业原材料领用单 附件附录 A4-1。

业务五：1 月 10 日销售员李明报销差旅费 1 200 元：其中车票一张 600 元，住宿费票一张 300 元，出差地出租车票 4 张 100 元，出差补贴 200 元，出差期间为 6—8 日，差旅费用现金支付。

要求：填写差旅费报销单附录 A5-1。

业务六：1 月 11 日企业以银行存款 10 000 元支付户外广告公司 20×8 年度广告费。

要求：填开工厂转账支票一张附录 A6-1；填开广告公司广告费发票(附录 A6-2)。

业务七：1 月 18 日工厂销售 A 产品 90 台给昆明瑶瑶公司，不含税价格 1 200 元/台，增值税税率 16%，价款已收存银行。

要求：填写工厂存款用的进账单一式两联(附录 A7-1、A7-2)，填写瑶瑶公司付给工厂的转账支票一张(附录 A7-3)，填开增值税专用发票给瑶瑶公司(附录 A7-4、A7-5、A7-6)。

业务八：1 月 21 日结转已销售的 A 产品的成本(用先进先出法计算发出产品成本)。

要求：填制工厂产品出库单附录 A8-1。

业务九：1 月 30 日结算本月应发职工工资共计 86 000 元，其中 A 产品生产工人工资 50 000 元，B 产品生产工人工资 10 000 元，车间管理人员工资 16 000 元，管理人员工资 10 000 元；另外，按工资总额 14% 提取职工福利费，2% 提取工会经费，1.5% 提取职工教育经费。

要求：填制工厂工资汇总表附录 A9-1。

业务十：1 月 30 日假设单位固定资产年折旧折旧率为 5%，其中生产用固定资产比重为 90%，管理用固定资产比重为 10%。

要求：填制本月固定资产折旧计算表附录 A10-1。

业务十一：1 月 30 日生产结束，计算分配 A 产品和 B 产品应承担的制造费用(用直接材料重量标准进行分配)。

要求：填制本月制造费用分配表附录 A11-1。

业务十二：1 月 30 日生产结束，A 产品和 B 产品全部完工，其中 A 产品完工 350 台和 B 产品完工 100 台，并验收入库。

要求：填制 A 产品和 B 产品成本计算表附录 A12-1 及产品入库单附录 A12-2。

业务十三：1 月 30 日按应收款项期末余额的 3% 计提坏账准备。

要求：填制坏账准备计提表附录 A13-1。

业务十四：1 月 30 日按 8% 的利率计提本月应承担的利息费用。

要求：填制利息费用计提计算表附录 A14-1。

业务十五：根据前述业务编制损益类科目发生额汇总表。

要求：填制损益类科目发生额汇总表附录 A15-1。

第三节 记账凭证

一、记账凭证的概念及种类

（一）记账凭证的概念

记账凭证是会计人员根据审核无误的原始凭证进行归纳、整理编制的会计分录凭证，是直接登记账簿的依据。由于原始凭证种类繁多、格式多样，且只能表明经济业务的具体内容而不能反映经济业务具体内容对应的会计科目和记账方向，不便于直接据以记账，所以需要对各种审核无误的原始凭证所反映的经济内容进行归纳整理，并指明应计入账户的名称、记账方向以及应借、应贷的金额，编制记账凭证。记账凭证是会计信息的载体，原始凭证是经济信息的载体，从原始凭证到记账凭证是经济信息转换为会计信息的过程，这个过程是会计循环的初始确认过程，也是经济信息向会计信息的质的转化。

（二）记账凭证的分类

记账凭证有很多不同的分类方式，按不同的分类方式对记账凭证进行分类，会有不同的记账凭证类别，记账凭证的三种主要分类方式，如图 5-2 所示。

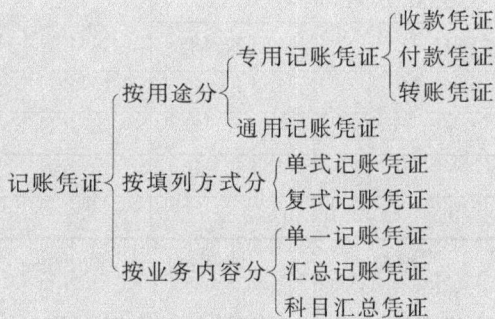

图 5-2　记账凭证

（1）记账凭证按其用途不同进行分类，可以分为专用记账凭证和通用记账凭证。

① 专用记账凭证是指分类反映经济业务的记账凭证。按反映经济业务是否与货币资金有关，分为付款凭证、收款凭证和转账凭证。付款凭证是用来反映货币资金付出业务的记账凭证，是根据货币资金付出业务的原始凭证来填制的。货币资金付出业务是指直接能引起库存现金或银行存款减少的业务，如用银行存款或库存现金购买原材料、用现金支付机械设备的修理费等这些业务就属于货币资金付出业务。在实际工作当中，付款凭证一般是按库存现金和银行存款分别编制的，且出纳人员根据付款凭证进行付款时，要在凭证上加盖"付讫"戳记，以免重付。付款凭证的一般格式见表 5-10 所示。

表 5-10　付 款 凭 证

贷方科目：_____　　　　　　年　月　日　　　　　　付字第_____号

| 摘　要 | 借方科目 | | 金　额 | 记　账 |
	总账科目	二级或明细科目		
合　计				

附单据　张

会计主管：　　　记账：　　　稽核：　　　填制：　　　出纳：　　　领款人：

收款凭证是用来反映货币资金收入业务的记账凭证，是根据货币资金收入业务的原始凭证来填制的。货币资金收入业务是指直接能引起库存现金或银行存款增加的业务，如处置固定资产收到现金、购货方用银行存款偿还前欠货款等这些业务就属于货币资金收入业务。在实际工作当中，收款凭证一般也是按库存现金和银行存款分别编制的，且出纳人员根据收款凭证进行收款（尤其是收到现金）时，要在凭证上加盖"收讫"戳记，以避免出现差错。还须注意的是，对于即属于货币资金收入业务，又属于货币资金付出业务的这类经济业务，一般只编制付款凭证，不编制收款凭证，如将现金存入银行，这笔经济业务即是货币资金付出业务，又是货币资金收入业务，那么对于这笔经济业务，我们只需编制现金付款凭证，而不用编制银行存款收款凭证。收款凭证的一般格式见表 5-11 所示。

表 5-11　收 款 凭 证

借方科目：_____　　　　　　年　月　日　　　　　　收字第_____号

| 摘　要 | 借方科目 | | 金　额 | 记　账 |
	总账科目	二级或明细科目		
合　计				

附单据　张

会计主管：　　　记账：　　　稽核：　　　填制：　　　出纳：　　　交款人：

转账凭证是用来反映非货币资金业务的凭证，是根据有关转账业务的原始凭证来填制的。非货币资金业务是指不涉及货币资金增减变动的业务，如计提累计折旧、结转已销产品成本等这些业务就属于非货币资金业务。转账凭证的一般格式见表 5-12 所示。

表 5-12　转 账 凭 证

年　月　日　　　　　　转字第_____号

摘　要	总账科目	二级或明细科目	借方金额	贷方金额	记账
合　计					

附单据　张

会计主管：　　　记账：　　　稽核：　　　填制：

② 通用记账凭证是指用来反映所有经济业务的记账凭证。通用记账凭证的一般格式与转账凭证的一般格式大体相同。见表 5-13 所示。

表 5-13　记账凭证

年　月　日　　　　　　　　　　　　　　　　第_____号

摘　　要	总账科目	二级或明细科目	借方金额	贷方金额	记账	
						附单据　　张
合　计						

会计主管：　　　　　　记账：　　　　　　稽核：　　　　　　填制：

（2）记账凭证按其填列的方式或会计科目的数目不同进行分类，可以分为单式记账凭证和复式记账凭证。

① 单式记账凭证是指根据一项经济业务所涉及的每个会计科目单独编制的记账凭证。每张单式记账凭证只填列每笔分录中的一方科目，对应的科目在另外的单式记账凭证当中填列，所以每笔经济业务至少需要填列两张单式记账凭证，填列借方科目的单式记账凭证称为借项记账凭证（格式见表 5-14），填列贷方科目的单式记账凭证称为贷项记账凭证（格式见表 5-15）。单式记账凭证的优点：首先是便于汇总，也便于分工记账；其次是有利于贯彻内部控制制度，防止差错和舞弊。缺点：首先是需要填制的凭证张数多，填制凭证的工作量大；其次是不便于反映同一笔经济业务的会计科目之间的对应关系。

表 5-14　借项记账凭证

对应科目：_____　　　　年　月　日　　　　　　　　编号

摘　　要	总账科目	二级或明细科目	金　　额	记　　账	
					附单据　　张
合　计					

会计主管：　　　记账：　　　稽核：　　　填制：　　　出纳：　　　交款人：

表 5-15　贷项记账凭证

对应科目：_____　　　　年　月　日　　　　　　　　编号

摘　　要	总账科目	二级或明细科目	金　　额	记　　账	
					附单据　　张
合　计					

会计主管：　　　记账：　　　稽核：　　　填制：　　　出纳：　　　交款人：

② 复式记账凭证是指将一项经济业务所涉及的全部会计科目完整地填列在一张凭证上。专用和通用记账凭证都属于复式记账凭证。复式记账凭证的优点：首先是可以完整地反映一笔经济业务以及其会计科目之间的对应关系；其次是所填制的凭证张数少，工作量小，附件集中。缺点是：不便于会计人员分工记账以及汇总计算每一会计科目的发生额。

（3）记账凭证按包括的业务内容不同进行分类，可以分为单一记账凭证、汇总记账凭证和科目汇总表。

① 单一记账凭证是指只包括一笔会计分录的记账凭证。专用和通用记账凭证都属于单一记账凭证。

② 汇总记账凭证是指定期对反映同类经济业务的记账凭证进行汇总而重新编制的记账凭证，编制汇总记账凭证的目的是简化登记总分类账的手续。汇总记账凭证还可以进一步分为汇总付款凭证、汇总收款凭证和汇总转账凭证，这三种凭证的一般格式和编制方法在会计核算组织程序这一章会详细讲到。

③ 科目汇总表是指定期对所有反映经济业务的记账凭证进行汇总而重新编制的记账凭证。编制科目汇总表跟编制汇总记账凭证一样都是为了简化登记总分类账的手续。科目汇总表的一般格式和编制方法也会在会计核算组织程序这一章中详细讲到。

二、记账凭证的填制

（一）记账凭证的基本要素

记账凭证种类不一，格式多样，且有时所根据的原始凭证也不一样，如有些记账凭证是根据反映一项经济业务的原始凭证编制的，有些记账凭证是根据反映同类经济业务的原始凭证编制的。但是，作为记账凭证，都需要要对原始凭证所反映的经济内容进行归纳整理，确定会计分录，反映有关人员的责任，为登记账簿提供直接的依据。为了达到以上要求，记账凭证就需要具备以下几个方面的基本要素：①凭证的名称；②填制单位的名称；③填制凭证日期和编号；④经济业务的内容摘要；⑤账户名称及记账金额和方向；⑥所附原始凭证的张数；⑦会计主管人员、记账人员、填制人员等相关人员的签名或盖章。

（二）记账凭证的填制

虽然记账凭证的种类不一，格式多样，但就记账凭证的主要作用来看，各种记账凭证的填制除严格按原始凭证的填制要求填制外，还应注意以下几点。

▶ 1. 摘要简明

要用能简明扼要概括出经济业务要点的语句来作为记账凭证的摘要，因为这种语句既简单明了，又便于查阅凭证和登记账簿。另外，对不同性质的账户，摘要的填写应有所区别，如反映应付账款、应收账款的账户，要在摘要中注明收款或付款单位的名称、款项形成的原因等；反映固定资产等实物资产的账户，要在摘要中注明实物资产的单价和数量等。

▶ 2. 业务记录明确

一张记账凭证只能反映某一项经济业务或者反映某一类经济业务，即记账凭证只能根据反映一项经济业务的原始凭证进行填制或根据反映同一类经济业务的原始凭证汇总填制。

▶ 3. 科目运用准确

以会计制度的统一规定为依据，进行职业判断，选择正确的会计科目编制会计分录，填写记账凭证。不得任意简化或改动会计科目，也不得只填写科目编号而不填写科目名称。

▶ 4. 连续编号

各种类别的记账凭证都应按业务发生的顺序进行连续编号。通用记账凭证可根据每月全部业务发生的先后顺序从第 1 号开始连续编号；付款凭证可根据每月货币资金付出业务发生的先后顺序从付字第 1 号开始连续编号；收款凭证可根据每月货币资金收入业务发生的先后顺序从收字第 1 号开始连续编号；转账凭证可根据每月非货币资金业务发生的先后顺序从转字第 1 号开始连续编号。若一笔经济业务需要填制多张记账凭证，则可采用按该项经济业务的记账凭证数量编列分号的方法进行连续编号。例如，一笔经济业务需要编制 2 张付款凭证，凭证的总顺序号为付字第 26 号，那么反映这笔经济业务的第一张记账凭证的编号就应该为付字第 $26\frac{1}{2}$ 号，反映这笔经济业务的第二张记账凭证的编号就应该为付字第 $26\frac{2}{2}$ 号，前面的整数表示该付款凭证的总顺序号，后面分数的分母表示该项经济业务所需填制的记账凭证的总张数，分子表示现在所填制的是其第几张记账凭证。

▶ 5. 附件齐全

记账凭证所附的原始凭证必须齐全，并需要在记账凭证上注明所附原始凭证的张数，以便核对摘要和编制的会计分录是否正确无误。如果一张原始凭证同时是两张记账凭证的填制依据，那么就应该在没有附原始凭证的记账凭证上注明原始凭证附于第几张记账凭证之后，以便核对。对于更正错账和结账的记账凭证，可不附原始凭证。

三、记账凭证的审核

为了保证账簿记录的正确性，保证会计信息的质量，记账之前必须由有关的稽核人员对记账凭证进行细致、严格的审核。审核的具体内容主要包括以下几点。

（一）基本要素是否齐全

审核记账凭证的基本要素是否填写齐全，即审核填制单位的名称、填制凭证日期和编号、经济业务的内容摘要、账户名称以及记账金额、所附原始凭证的张数、相关人员的签名或盖章等这些基本要素是否填写齐全。

（二）凭证内容是否真实、相符

审核记账凭证是否有原始凭证为依据，所附原始凭证的内容是否与记账凭证的内容相符合等。

（三）科目和金额是否正确

审核记账凭证应借科目和金额、应贷科目和金额是否正确，科目之间是否有明确的账户对应关系，使用的会计科目是否符合企业会计准则的统一规定等。

在审核中如发现记账凭证存在差错，应查明原因，并按照规定的方法及时进行更正或重填。对于审核无误的记账凭证，应及时据以入账。

四、记账凭证填制与审核实训

（一）实训目的

通过实验使学生掌握记账凭证的基本内容、填制方法、记账凭证传递程序及审核内容。

（二）实训要求

▶ 1. 总体要求

（1）根据第二节实训所取得的各项经济业务的原始凭证，分别填制记账凭证。

（2）将填制的记账凭证及所附原始凭证装订进行相应整理。

（3）能够根据日常会计业务梳理期末会计事项内容并编制期末事项相关原始凭证并进行账务处理。

（4）根据日常会计业务编制的记账凭证编制记账凭证汇总表。

（5）根据记账凭证汇总表进行本期成果计算。

▶ 2. 具体要求

1）记账凭证填制的基本要求

记账凭证是登记账簿的依据，正确填制记账凭证，是保证账簿记录正确的基础。填制记账凭证应符合以下基本要求：

a. 审核无误。即在对原始凭证审核无误的基础上填制记账凭证。这是内部控制制度的一个重要环节。

b. 内容完整。即记账凭证应该包括的内容都要具备。注意的是：记账凭证的日期，一般为编制记账凭证当天的日期，按权责发生制原则计算收益、分配费用、结转成本利润等调整分录和结账分录的记账凭证，虽然需要到下个月才能编制，但仍应填写当月月末的日期，以便在当月的账内进行登记。

c. 分类正确。即根据经济业务的内容，正确区别不同类型的原始凭证，正确应用会计科目。在此基础上，记账凭证可以根据每一张原始凭证填制，或者根据若干张同类原始凭证汇总编制，也可以根据原始凭证汇总表填制，但不能将不同内容和类别的原始凭证汇总填制在一张记账凭证上。

d. 连续编号。即记账凭证应连续编号。这有利于分清会计事项处理的先后，便于记账凭证与会计账簿之间的核对，确保记账凭证的完整。

2）记账凭证填制的具体要求

a. 除结账和更正错误外，记账凭证必须附有原始凭证并注明原始凭证的张数。

b. 一张原始凭证所列的支出需要由两个以上的单位共同负担时，应当由保存该原始凭证的单位开给其他应负担单位原始凭证分割单。

c. 记账凭证编号的方法有多种，可以按现金收付、银行存款收付和转账业务三类别编号，即"现字第×号""银字第×号""转字第×号"，也可以按现金收入、现金支出、银行存款收入、银行存款支出和转账五类进行编号，即"现收字第×号""银收字第×号""现付字第×号""银付字第×号""转字第×号"。各单位应当根据本单位业务繁简程度、人员多少和分工情况来选择便于记账、查账、内部稽核、简单严密的编号方法。无论采用哪一种编号方法，都应该按月顺序编号，即每月都从1号编起，顺序编至月末。

d. 若记账之前发现记账凭证有错误，应重新编制正确的记账凭证，并将错误凭证作废或撕毁。已经登记入账的记账凭证，在当年内发现填写错误时，应用红字填写一张与原内容相同的记账凭证，在摘要栏注明"注销某月某日某号凭证"，同时再用蓝字重新填制一张正确的记账凭证，注明"订正某月某日某号凭证"。如果会计科目没有错误，只是金额错误，也可以将正确数字与错误数字之间的差额，另编一张调整的记账凭证，调增金额用蓝字，调减金额用红字。发现以前年度的错误，应用蓝字填制一张更正的记账凭证。

特殊情况：在出现以下经济业务时，要同时编制两种记账凭证。一是销售一批产品，现有一部分货款已收到，而另一部分货款没有收到。这个时候，应该同时编制收款凭证和转账凭证两种；二是业务人员出差回来后报销差旅费，余款退回。此时，也应该同时编制收款凭证和转账凭证。

e. 实行会计电算化的单位，机制记账凭证应当符合对记账凭证的一般要求，并应认真审核，做到会计科目使用正确，数字准确无误。打印出来的机制记账凭证上，要加盖制单人员、审核人员、记账人员和会计主管人员印章或者签字，以明确责任。

f. 记账凭证填制完经济业务事项后，如有空行，应当在金额栏自最后一笔金额数字下空行处至合计数上的空行处画线注销。

g. 正确编制会计分录并保证借贷平衡。

h. 摘要应与原始凭证内容一致，能正确反映经济业务的主要内容，表述简单精练。

i. 只涉及现金和银行存款之间收入或付出的经济业务，应以付款业务为主，只填制付款凭证，不填制收款凭证，以免重复。

（三）实训设计

（1）在填制记账凭证之前，应根据原始凭证详细了解各项经济业务的发生情况，明确记账凭证各项目应填写的内容。

（2）根据借贷记账原理填制和审核记账凭证。

（3）对记账凭证进行试算平衡。

（4）实训时间约需 5 学时（课堂 2 学时，课后 3 学时）。

（5）本项实训需记账凭证 30 张，会计凭证装订封底封面各 1 张。

（四）实训操作流程

（1）根据前节实训所取得的原始凭证填制记账凭证。

（2）根据编制好的记账凭证编制本期发生额试算平衡表。

第 四 节 会计凭证的传递

一、会计凭证的传递概念与内容

（一）会计凭证传递的概念

会计凭证的传递是指会计凭证从取得或编制起，经过审核、记账、装订后到归档止，在单位内部各有关部门、有关人员之间的传递时间和传递程序。为保证会计凭证能及时反映各项经济业务，为使用者提供会计信息，实行会计监督，必须及时地对会计凭证进行传递。

（二）会计凭证传递的内容

会计凭证的传递主要包括会计凭证的传递路线、传递手续和传递时间这三个方面的内容。

（1）会计凭证的传递路线是指各单位应根据自身机构设置、人员分工、经济业务等的特点，规定会计凭证的联次和流程。在保证会计凭证经过必要环节的同时也要避免会计凭证在不必要的环节停留。

（2）会计凭证的传递手续是指会计凭证在传递过程中的衔接手续。凭证的传递手续要做到在完备严密的同时又要简便易行。

（3）会计凭证的传递时间是指各种会计凭证在各经办环节停留的最长时间。会计凭证的传递时间应该按有关部门和人员正常办理经济业务所需时间来进行确定，且各单位应该在本期的报告期内完成其会计凭证的传递，否则，会计核算的及时性将会受到影响。

需要注意的是，如果某一单位的实际情况发生了变化，那么这个单位就应根据现在的实际情况对会计凭证的传递路线、传递手续和传递时间进行修改，以保证会计凭证传递的有效性和科学性。

二、会计凭证传递的作用

（一）有利于及时地登记和处理经济业务

从经济业务的发生到登记账簿一般有一定的时间间隔，通过对会计凭证进行正确、合理的传递，可以使经济业务的发生和完成情况尽快地进入会计系统，以便会计人员及时地登记和处理经济业务，进行会计核算。

（二）有利于协调单位内部各部门、各环节的工作，提高工作效率

通过对会计凭证进行正确、合理的传递，可以在单位内部将一项工作进行合理分工，协调单位内部各部门、各环节的工作，并通过单位内部各部门的协作来共同完成这项工作，提高工作效率。例如，对材料收入业务进行登记和处理，这是一项工作，对于这项工作我们可以通过对会计凭证进行正确、合理的传递，从而将这项工作进行合理的分工，最终通过各部门的协作来共同完成，提高工作效率。

（三）有利于加强经济责任制

由于会计凭证的收发和交接，即会计凭证的传递，都需按一定的程序和手续来进行，且每一种程序或手续都有相关部门和人员对其负责，所以会计凭证的传递有利于加强经济责任制，防止差错舞弊的情况发生。

练习题

一、思考题

1. 什么是会计凭证？作用有哪些？
2. 原始凭证的分类。
3. 记账凭证的分类体系。
4. 原始凭证和记账凭证具备哪些基本要素？
5. 填制原始凭证和记账凭证时应注意哪些事项？
6. 从哪些方面对原始凭证和记账凭证进行审核？

7. 在什么情况下使用收款凭证？又在什么情况下使用付款凭证？

8. 阐述原始凭证和记账凭证的联系与区别。

9. 会计凭证传递的内容有哪些？

10. 会计凭证的传递的作用是什么？

二、单项选择题

1. 填制原始凭证时，下列数字书写符合要求的是（　　　）。

A. 壹仟壹拾捌元　　　　　　　　B. 壹仟贰佰捌拾捌元捌角捌分整

C. 壹仟捌元整　　　　　　　　　D. 壹仟零贰拾捌元整

2. 用转账支票支付前所欠的货款，应填制（　　　）。

A. 转账凭证　　　B. 收款凭证　　　C. 付款凭证　　　D. 原始凭证

3. 收款凭证的主体科目是（　　　）。

A. 借方科目　　　B. 贷方科目　　　C. 应收账款　　　D. 应付账款

4. 规模较大，收付款业务较多的单位适用记账凭证的是（　　　）。

A. 通用记账凭证　　B. 专用记账凭证　　C. 累计凭证　　　D. 汇总凭证

5. 下列各项中，不属于记账凭证审核内容的是（　　　）。

A. 内容是否真实　　B. 项目是否齐全　　C. 科目是否正确　　D. 内容是否合理

6. 下列原始凭证，属于自制原始凭证的是（　　　）。

A. 购入材料后，验收入库时填写的收料单

B. 增值税专用发票

C. 机票

D. 支付过桥费的收费收据

7. 会计凭证按（　　　）分类，分为原始凭证和记账凭证。

A. 填制程序和用途　　　　　　　B. 来源

C. 填制方法　　　　　　　　　　D. 反映的内容

8. 为保证会计账簿记录的正确性，会计人员编制记账凭证时必须依据（　　　）。

A. 金额计算正确的原始凭证　　　B. 填写齐全的原始凭证

C. 盖有填制单位财务公章的原始凭证　　D. 审核无误的原始凭证

9. 下列有关记账凭证说法正确的是（　　　）。

A. 已经登记入账的记账凭证，在当年内发现填写错误时，直接用蓝字重新填写一张正确的记账凭证即可

B. 发现以前年度记账凭证有错误的，可以用红字填写一张与原内容相同的记账凭证，再用蓝字重新填写一张正确的记账凭证

C. 如果会计科目没有错误只是金额错误，也可以将正确数字与错误数字之间的差额，另填制一张调整的记账凭证，调增金额用蓝字，调减金额用红字

D. 发现以前年度记账凭证有错误的，应当用蓝字填制一张正确的记账凭证

10. 购买材料 10 000 元，以银行存款支付 8 000 元，余款暂欠，应填制的记账凭证为（　　　）。

A. 收款凭证　　　　　　　　　　B. 付款凭证

C. 转账凭证　　　　　　　　　　D. 付款凭证和转账凭证

三、多项选择题

1. 下列选项中，（   ）属于原始凭证的审核内容。

A. 反映的经济业务是否真实　　　　　B. 反映的经济业务是否合法

C. 凭证是否及时　　　　　　　　　　D. 会计科目是否正确

2. 会计凭证的传递主要包括（   ）。

A. 传递路线　　　B. 传递时间　　　C. 传递手续　　　D. 传递要求

3. 下列科目中，登记收款凭证的贷方科目可能有（   ）。

A. 现金　　　　B. 银行存款　　　C. 短期借款　　　D. 主营业务收入

4. 下列符合记账凭证编制的基本要求的有（   ）。

A. 主要内容必须完整　　　　　　　　B. 必须附原始凭证

C. 应连续编号　　　　　　　　　　　D. 书写清楚、规范

5. 影响会计凭证传递的因素有（   ）。

A. 企业生产组织的特点　　　　　　　B. 企业经济业务的内容

C. 企业管理的要求　　　　　　　　　D. 规定的保管期限

6. 对外来原始凭证进行真实性审核的内容包括（   ）。

A. 经济业务的内容是否真实

B. 填制的凭证日期是否正确

C. 填制单位公章和填制人员签章是否齐全

D. 是否有本单位公章和经办人签章

7. 下列各凭证，只能在单位内部使用的有（   ）。

A. 自制原始凭证　　B. 通用原始凭证　　C. 外来原始凭证　　D. 专用原始凭证

8. 对职工外出借款凭据，正确的处理方法有（   ）。

A. 必须附在原始凭证之后　　　　　　B. 收回借款时退回原借款收据

C. 收回借款时退回原借款收据副本　　D. 收回借款时另开收据

9. 下列不能作为原始凭证核算的有（   ）。

A. 折旧计算表　　　　　　　　　　　B. 银行存款余额调节表

C. 工资结算汇总表　　　　　　　　　D. 账户余额试算平衡表

10. 在原始凭证上书写阿拉伯数字，下列选项正确的有（   ）。

A. 金额数字一律填写到角分

B. 无角分的，角位和分位可写"00"或者符号"—"

C. 有角无分的，分位应当写"0"

D. 有角无分的，分位也可以用符号"—"代替

第六章
会 计 账 簿

知识目标

1. 了解会计账簿的概念、意义。
2. 了解会计账簿的分类。
3. 理解账簿的设置和登记要求。
4. 掌握各类账簿的登记规则及错账更正方法。
5. 熟悉对账、结账的方法及要求,以达到认识并学会正确使用会计账簿的目的。

案例导入

随着电算化会计的发展,电子技术登记账簿已基本取代了手工登记账簿。老王是一家公司的财务负责人,最近公司上了一套新的财务系统,负责开账套的软件工程师在开设账套时,把明细分类账和总分类账的格式都选成了三栏式的,并且没有选择总账账簿和明细账簿的取数依据。老王觉得软件工程师的做法不妥当,软件工程师却认为,登记账簿工作已不需要会计人员来完成,选择哪种格式和数据来源不太重要,老王有点小题大做了。

思考:他们俩的看法谁对谁错?账簿有哪些格式?传统的会计账簿有哪些使用规则?会计账簿的使用应当如何面对新的变化?对会计提出了哪些新的要求?

第 一 节　会计账簿概述

设置和登记会计账簿,是重要的会计核算基础工作,是连接会计凭证和会计报表的中间环节,填制会计凭证后之所以还要设置和登记账簿,是由于两者虽然都是用来记录经济业务,但两者具有的作用不同。在会计核算中,对每一项经济业务都必须取得和填制会计凭证,使会计凭证数量多又分散;而每张凭证只能记载个别经济业务的内容,又使资料太过零星，不能全面、连续、系统地反映和监督一个经济单位在一定时期内某一类和全部经济业务活动情况，且不便于日后查阅。因此，为了给经济管理提供系统的会计核算资料，各单位都必须在凭证的基础上设置和运用登记账簿的方法，合理地设置和登记账簿，以便能系统地记录和提供企业经济活动的各种数据。

一、会计账簿的概念

会计账簿简称账簿，是以会计凭证为依据，对全部经济业务活动情况进行全面、系统、序时、连续、分类地记录和核算的簿籍，由一定格式、相互联系的账页组成。会计账簿和账户的关系是形式和内容的关系，账户存在于账簿之中，账簿中的每一账页就是账户的存在形式和载体，没有账簿，账户不能独立存在；账簿序时、分类地记载经济业务，是在账户中完成的。因此账簿只是一个外在形式，账户才是其内在真实内容。

账簿的设置与登记对加强企业经济核算、改善和提高经营管理有重要意义，主要表现在以下四个方面：

（1）可以全面、系统、连续、分类地记录和核算企事业单位全部的经济业务，为改善企业经营管理，合理使用资金提供会计信息。通过账簿的序时、分类的登记和核算，可以全面、系统地反映各单位全部的经营活动，财务收支情况，如企业财产的获取、使用、处理，收入及成本费用的产生、结转等都可以得到全面、系统的反映，从而为监督计划、预算的执行情况和资金的合理有效使用情况提供会计信息资料依据，促进企业改善经营管理。

（2）可以为计算财务状况及经营成果提供依据，作为编制会计报表的基础。通过账簿记录可以分门别类地反映各项会计信息，提供一定时期内经济活动的详细情况，也可以通过发生额、余额的计算，提供各方面所需要的总括会计信息，反映财务状况及经营成果，并据以编制会计报表，向有关各方提供所需要的会计信息。

（3）可以起到检查、校正会计信息的作用。账簿记录是对会计凭证信息的进一步整理，而且通过编制各种类别的账簿，可以从不同的角度反映经营活动，通过定期的结账工作和有关账簿间的核对，可使编制会计报表的信息依据更加准确。

（4）可以为开展财务分析和会计检查提供依据。通过对账簿资料的检查、分析，可以了解企业贯彻有关方针、政策、制度的情况，可以考核各项计划的完成情况。另外，还可以更加细化地分析、评价资金使用是否合理，费用开支是否符合标准，经济效益有无提高，利润的形成与分配是否符合规定等。从而找出差距，挖掘潜力，提出改进措施。

二、会计账簿的种类

会计账簿的种类多种多样，由于分类标准的不同，账簿名称也是千差万别，为了更好地了解和正确地运用账簿，我们从账簿的用途、外形特征和账页格式的不同分别进行了解。

（一）账簿按用途分类

会计账簿按用途分类包括分类账簿、序时账簿和其他辅助账簿三类。

分类账簿又称分类账，是对全部经济业务按总分类账户和明细分类账户进行分类登记的账簿。分类账按反映指标的详细程度，分为总分类账簿和明细分类账簿。总分类账簿又称总分类账，简称总账，是按照总分类账户开设，用以总括地反映和监督一个单位的经济业务活动情况以及各项资产、负债、所有者权益、收入、费用、利润等状况的会计账簿，见表 6-1 所示。明细分类账簿又称明细分类账，简称明细账，是按照明细分类账户开设，用以分类详细地记录、反映和监督一个单位的经济业务活动情况及各项资产、负债、所有者权益、收入、费用、利润等状况的会计账簿，见表 6-2 所示。

表 6-1　总 分 类 账

总第　5　页
分第　2　页

会计科目：银行存款

2016年		凭证		摘　要	借　方									√	贷　方									√	借或贷	余　额									√
月	日	字	号		千	百	十	万	千	百	十	元	角	分		千	百	十	万	千	百	十	元	角	分			千	百	十	万	千	百	十	元	角	分	
5	1			上月结存																						借	5	2	8	7	1	7	5	1	0	4	
	2	银付		提现011号																6	1	0	0	0	0	√	借	5	2	8	6	5	6	5	1	0	4	√
	3	银收	1	销售收入		1	3	0	0	0	0	0	0		√											借	5	2	9	9	5	6	5	1	0	4	√
	30			本月合计																						借	5	2	9	9	5	6	5	1	0	4	√

表 6-2　明 细 分 类 账

总第　10　页
分第　5　页

会计科目：主营业务收入

2016年		凭证		摘　要	借　方									√	贷　方									√	借或贷	余　额									√
月	日	字	号		千	百	十	万	千	百	十	元	角	分		千	百	十	万	千	百	十	元	角	分			千	百	十	万	千	百	十	元	角	分	
5	2	银收	1	销售冰箱													1	3	0	0	0	0	0	0		√	贷		1	3	0	0	0	0	0	0		√
	30	转	10	结转本年利润		1	3	0	0	0	0	0	0		√											平							-0-					√
	30			本月合计		1	3	0	0	0	0	0	0													平							-0-					

序时账簿又称为日记账，是按照经济业务发生的先后顺序，逐日连续记载的账簿。可以用来序时地记录、反映和监督全部经济业务的发生和完成情况，也可以用来序时地记录、反映和监督某一类经济业务发生和完成的情况。前者称为普通日记账，后者称为特种日记账。特种日记账是从普通日记账中分离出来单独设置的，如现金日记账，是用来记录、反映和监督库存现金每天的收入、支出和结存情况等，见表 6-3 所示；银行存款日记账，是用来记录、反映和监督单位在银行的存款的增加、减少和结存情况的，见表 6-4 所示。

表 6-3　现金日记账

2016年		凭证号数	摘要	对方科目	总页	借　方										贷　方										余　额									
月	日					千	百	十	万	千	百	十	元	角	分	千	百	十	万	千	百	十	元	角	分	千	百	十	万	千	百	十	元	角	分
5	1		承前页																												9	0	0	0	
	2	银付1	签发支票提现备用	银行存款	总5					6	1	0	0	0	0															6	1	9	0	0	0
			本日合计																											6	1	9	0	0	0

表 6-4 银行存款日记账

账号：073693-369   户名：景明南路中国银

2016年 月	日	凭证号数	摘要	对方科目	现金支票号码	转账支票号码	借 方 (千百十万千百十元角分)	贷 方 (千百十万千百十元角分)	借或贷	余 额 (千百十万千百十元角分)
5	1		上月结存				3 6 1 0 0 0 0 0		借	3 6 1 0 0 0 0 0
	2	银付 1		现金		011		6 1 0 0 0 0	借	3 0 0 0 0 0 0
	3	银收 1	销售收入存银行	主营业务收入			1 3 0 0 0 0 0 0		借	1 6 0 0 0 0 0
			本月合计				1 6 6 1 0 0 0 0	6 1 0 0 0 0	借	1 6 0 0 0 0 借

辅助账簿也称备查簿，是对在总账、明细账、日记账中未能记录的事项进行补充记录的账簿。主要用来为日后备考某些经济业务的内容提供参考资料，如代销商品登记簿、租入固定资产登记簿、受托加工材料登记簿、代销商品登记簿、应收（付）票据备查簿等。备查登记簿是其他账簿记录的一种补充，与其他账簿之间不存在严格的依存、钩稽关系。

备查账簿与序时账簿和分类账簿相比，存在两点不同之处：一是登记依据可能不需要记账凭证，甚至不需要一般意义上的原始凭证；二是账簿的格式和登记方法的不同，备查账簿的主要栏目不记录金额，更注重用文字来表述某项经济业务的发生情况且无固定格式。

（二）按外形特征分类

会计账簿按外形特征分类有订本账、活页账、卡片账。

订本账，即订本式账簿，是在启用前将编有顺序页码的一定数量账页装订成册的账簿。由于订本账的特殊装订方式使得本身具有防止账页散失和非法抽换额的优点，但也同样造成了账页固定后不便于分工记账，不能根据记账需要增减账页的缺点。订本账一般用于总分类账（见表 6-1）、现金日记账（见表 6-3）、银行存款日记账（见表 6-4）。

活页账，即活页式账簿，简称活页账，是将一定数量的账页置于活页夹内，可根据记账内容的变化而随时增加或减少部分账页的账簿。活页账一般适用于明细分类账。同样由于它的特殊制作，也具有可根据需要增添或重新排列账页，并可组织同时分工记账的优点；同时也具有账页容易散失和被抽换的缺点。采用活页账，平时应按账页顺序编号，并在会计期末装订成册。装订完毕后，应按实际账页数顺序编号并加目录。活页账主要用于一般的明细分类账，见表 6-2。

卡片账，即卡片式账簿，简称卡片账，是将一定数量的卡片式账页存放于专设的卡片箱中，账页可以根据需要随时增添的账簿，其实也是一种活页账。卡片账一般适用于低值易耗品、固定资产等的明细核算，具有不需每年更换，可以跨年度使用的特点，在我国一般只对固定资产明细账采用卡片账形式，见表 6-5。

表 6-5　固定资产卡片

类别			年　月　日				第　号
编号		名称		新旧程度		财产来源	
牌号		规格		财产原值		保管地点	
数量		特征		来源时间		已使年限	
所属设备							
折旧价格		折旧年限		年折旧额		清理残值	
备注							

（三）按账页格式分类

按账页格式的不同，账簿可以分为两栏式、三栏式、多栏式、数量金额式和平行式五种。

两栏式账簿是指只有借方和贷方两个基本金额栏目的账簿。普通日记账和转账日记账、一般采用两栏式。此类账簿一般在经济业务比较简单，日记账和分类账不单独设置的企业使用。

三栏式账簿是设有借方、贷方和余额三个基本栏目的账簿。各种日记账、总分类账以及资本、债权、债务明细账都可采用三栏式账簿。三栏式账簿又可分设对方科目和不设对方科目两种。区别是在摘要栏和借方科目之间是否有一栏"对方科目"。设有"对方科目"栏的，称为设对方科目的三栏式账簿；不设"对方科目"栏的，称为不设对方科目的三栏式账簿。

多栏式账簿是在账簿的两个基本栏目由借方和贷方按需要分设若干专栏的账簿。收入、成本、费用、利润和利润分配明细账一般均采用这种格式的账簿。

数量金额式账簿，是在借方、贷方和余额三个栏目内，分设数量、单价和金额三个栏目的账簿，借以反映财产物资的实物数量和价值量。如原材料、库存商品、产成品等存货明细账一般都采用数量金额式账簿。

平行式账簿，也称横线登记式账簿，其特点是将前后密切相关的经济业务登记在同一横格上，以便检查每笔业务的发生和完成情况。比如材料采购，在途物资等明细账一般采用这种格式的账簿。

第 二 节　账簿的设置与登记

一、账簿的设置原则

企业必须根据自身的业务特点和管理需要，科学、合理地设置相应的账簿体系及具体的账簿。各单位的具体情况不同，账簿设置的方法也不尽相同。但是无论设置怎样的账簿都要遵循以下原则：①要依法设账；②要根据本单位经济活动和经济管理的需要来设置账簿的种类和数量；③设置账簿的内容要完整；④账簿体系要科学严密；⑤设置账簿的账页格式要满足实际需要，简便实用。

会计账簿的设置，包括确定账簿的种类，设计账页的格式、内容和规定账簿登记的方法等。由上节的学习了解到各种各样的账簿，由于各种账簿所记录的经济内容不同，账簿的格式又多种多样，不同账簿格式所包含的具体内容也不尽相同，但各种账簿都应具备一些基本要素，即封面、扉页、账页。

（1）封面主要标明账簿名称，如总分类账、材料物资明细账、债权债务明细账等。

（2）扉页主要列明科目索引及账簿使用登记表，一般列于账簿最前面。科目索引用于登记本账簿设计的科目及相应科目所在页数，见表 6-6；账簿使用登记表用于标明账簿的名称、编号、页数、启用日期、责任人及账簿交接情况等信息，一般在活页账和卡片账装订成册后填列。账簿启用及交接表的一般格式，见表 6-7。

表 6-6　账 户 目 录

页码	会计科目	页码	会计科目	页码	会计科目	页码	会计科目

表 6-7　账簿启用及交接表

使用单位					单位签章			
账簿名称								
账簿编号	总　　册　　第　　册							
账簿页数	本账簿共计　　　　页							
启用日期	年　　月　　日至年　　月　　日							
经管 人员	记账		审核		会计主管		负责人	
	姓名	盖章	姓名	盖章	姓名	盖章	姓名	盖章
交接记录	日期		移交		接管		监交	
	年	月	日	职务	姓名	签章	职务	姓名	签章	职务	姓名	签章

（3）账页是账簿的主要内容，各种账页格式一般都包括以下六个方面：账户名称即会计科目；日期栏；凭证种类和号数栏；摘要栏；借方、贷方及余额的方向、金额栏；页次栏。

二、账簿的登记

（一）登记账簿的基本规则

依据《会计基础工作规范》第六十条规定（以下简称《规范》），登记会计账簿的基本规则如下。

（1）登记账簿的依据。为了保证账簿记录的真实、正确，必须根据审核无误的会计凭证登账。单位每天发生的各种经济业务，都要记账，记账的依据是会计凭证。

（2）登记账簿的时间。各种账簿应当每隔多长时间登记一次，没有统一规定。但是，一般的原则是：总分类账要按照单位所采用的会计核算形式及时登账；各种明细分类账，要根据原始凭证、原始凭证汇总表和记账凭证每天进行登记，也可以定期(三天或五天)登记。但是现金日记账和银行存款日记账，应当根据办理完毕的收付款凭证，随时逐笔顺序进行登记，至少每天登记一次。

(3)登记账簿的基本要求。目前，我国企业中启用的会计账簿一般有现金日记账、银行存款日记账、总分类账、各种明细分类账及备查账簿。前三种一般采用订本式账簿，明细分类账一般采用活页式账簿，备查账簿多采用卡片式账簿。

(二)日记账的设置和登记

日记账是按照经济业务的发生或完成时间的先后顺序逐日逐笔登记的账簿。设置日记账的目的是为了将经济业务按时间顺序清晰地反映在账簿记录中。日记账可以用来核算和监督某一类型经济业务或全部经济业务的发生或完成情况，其中，用来记录全部经济业务的日记账称为普通日记账；用来记录某一类型经济业务的日记账称为特种日记账。

由于日记账是用来逐日逐笔序时地反映全部经济业务，并需逐笔过账，工作量相当大，也不便于会计人员的分工记账。随着管理上对会计所提供的信息和分工记账的要求不断提高，在会计实务中日记账也经历了一个由简单到复杂的发展过程，即从普通日记账发展到专栏式日记账，进而又发展到特种日记账。因此根据不同需要，日记账有普通日记账、多栏日记账和特种日记账三类。

▶ 1. 普通日记账

普通日记账也称分录簿，是逐日序时登记特种日记账以外经济业务的账簿。在不设特种日记账的企业，则是序时地登记全部经济业务的日记账。是根据日常发生的经济业务所取得的原始凭证直接作会计分录，并作为过入分类账依据的账簿，所以这种日记账起到了记账凭证的作用。结构一般包括日期栏、摘要栏、对应账户栏、借方金额栏、贷方金额栏、过账备查栏。由于这种账簿不结余额，只有两个金额栏，因此，这种账簿又称为"两栏式"账簿。格式见表 6-8 所示。

表 6-8　普通日记账

2016 年		摘　要	科目名称	借方金额	贷方金额	过账"√"
月	日					
2	1	收到投入资本	银行存款	200 000		√
			实收资本		200 000	√
	2	购买设备	固定资产	80 000		√
			银行存款		80 000	√
	10	银行提取现金	库存现金	2 000		√
			银行存款		2 000	√
	19	A产品完工验收入库	库存商品	300 150		√
			生产成本		300 150	√
	22	收回客户欠款	银行存款	30 000		√
			应收账款		30 000	√
	25	赊销 A 产品 1 000 件，单价 40 元	应收账款	46 800		√
			主营业务收入		40 000	√
			应交税费		6 800	√

登记的方法如下：

日期栏，按照经济业务发生时间的先后顺序逐项登记，并指明分录的日期；摘要栏，简明扼要地说明每一项经济业务的内容；账户名称栏，登记该笔经济业务应借、应贷的账户名称；借方金额、贷方金额栏登记应记入各个账户的借方或贷方的金额；过账栏，已记入普通日记账的记录应在月终编报表之前登记有关总分类账簿，并在普通日记账"过账"栏内注明各有关总分类账户的页数，以备查考。

早期的会计核算主要采用普通日记账，用一本账集中地、序时地记录一个会计主体的全部经济业务，但这样只用一本日记账不便于记账分工，而且登记在日记账里的经济业务必须逐笔过入分类账，过账工作量大，于是便产生了分栏日记账。

▶ 2. 多栏日记账

多栏日记账是对常见的、频繁发生的经济业务，如购货、销货、银行存款的收付等业务，分设多个专栏进行登记，把同类业务在专栏里汇总，然后一次过账。多栏日记账，由于专栏设置受账页篇幅的限制，一般不能设置很多会计科目，所以一般适用于会计科目较少的企业使用。在手工记账时代，对于简化记账手续，提高会计核算效率起到较大作用，随着电子技术在会计实务届的普遍使用，这种格式的日记账已基本被淘汰。格式和登记方法见表 6-9 所示。

表 6-9　多栏日记账

2016 年		凭证号数	摘要	银行存款		库存商品		主营业务收入	其他			
月	日			借方	贷方	借方	贷方	贷方	账户名称	借方	贷方	过账
5	略	1	向 A 工厂购甲产品		4 000	4 000						√
		2	向 B 工厂购乙商品			2 000			应付账款		2 000	√
		3	还应付 A 工厂货款		10 000				应付账款	10 000		√
		4	售给 C 商店甲商品				3 000					√
		5	售给 D 商店乙商品	3 000				10 000	应收账款	10 000		√
		6	代垫 D 商品运杂费		500				应收账款	500		√
		7	收回 D 商店应收款	20 000					应收账款		20 000	√
		8	提取现金		1 000				现金	1 000		√
合计				23 000	15 500	6 000		13 000	逐笔过入有关账户			

多栏日记账的主要作用是减少过账工作，但只能由一人记账，且栏数设置过多，账页过长，记账也不方便。

▶ 3. 特种日记账

特种日记账是专门用来登记某一类经济业务的日记账，是普通日记账或分栏日记账的发展。从我国目前的有关情况看，普通日记账不适用于业务量大的企业，因为大量不同种类的经济业务分散在普通日记账中，给人一种零散的感觉，不利于企业对重要的、规则发生的经济业务的归类反映与控制。为了克服普通日记账的上述缺陷，会计工作者在总结经验的基础上，结合企业经营管理上的特点，在保留了普通日记账固有优点的前提下，发展了一种既序时又分类的特种日记账。一个企业到底要设置多少种特种日记账，取决于企业在经营管理上的考虑与成本效益的权衡。一般来讲，由于现金与银行存款在经营管理上具有相当重要的意义，所以一般企业都设置了特种日记账即现金日记账与银行存款日记账。其他常见的特种日记账还包括销售日记账、购货日记账等。在会计实务中，为了简化记账的手续，除了现金和银行存款收付要记入现金日记账和银行存款日记账以外，其他各项一般不再设置特种日记账进行登记。

1）现金日记账

现金日记账是专门用来记录现金的收入、付出及结余情况的特种日记账，是单位重要的经济档案之一，必须采用订本式账簿。为保证账簿使用的合法性，明确经济责任，防止舞弊行为，保证账簿资料的完整和便于查找，单位在启用时，要按规定内容逐项填写"账簿启用表"和"账簿目录表"。在账簿启用表中，应写明单位名称、账簿名称、账簿编号和启用日期；在经管人员一栏中写明经管人员姓名、职别、接管或移交日期，由会计主管人员签名盖章，并加盖单位公章。在一本日记账中设置有两个以上现金账户的，应在第二页"账户目录表"中注明各账户的名称和页码，以方便登记和查核。

账页格式一般采用三栏式，在同一张账页上分设"借方""贷方"和"余额"三栏。为了清晰地反映现金收付业务的具体内容，在"摘要"栏后，还应专设"对方科目"栏，登记对方科目名称。格式见表 6-10 所示。

表 6-10　现金日记账

第　　页

年		凭证		摘　　要	对方科目	借方	贷方	余额
日	月	字	号					

现金日记账通常由出纳人员根据审核后的现金收款凭证、现金付款凭证，逐日逐笔顺序登记。借方栏一般根据现金收款凭证登记，贷方栏根据现金付款凭证登记。但由于银行提取现金的业务，只填制银行存款付款凭证，不再填制现金收款凭证，因而现金的收入数，应根据银行存款付款凭证登记。每日收付款项逐笔登记完毕后，应根据"上日余额＋本日收入－本日支出＝本日余额"的公式，逐日结出现金余额，与库存现金实存数核对，以检查每日现金收付是否有误。

现金日记账也可以采用多栏式的格式，即将收入栏和支出栏分别按照对方科目设置若干专栏。多栏现金日记账按照现金收、付的每一对应科目设置专栏进行序时、分类登记，收入栏按应贷方科目设置，支出栏按应借方科目设置，月末根据各对应科目的当月发生额一次过记总分类账，因而不仅可以清晰地反映现金收、付的来龙去脉，而且可以简化总分类账的登记工作。多栏现金日记账的格式见表 6-11 所示。

表 6-11　多栏现金日记账

第　　页

年		凭证		摘要	收入				支出					结余
					应贷科目				应借科目					
月	日	字	号		银行存款	其他应收款	……	合计	银行存款	其他应付款	应付工资	……	合计	

有的单位现金收、付款业务比较多，而且比较复杂，这样，多栏式现金日记账篇幅就会过长，因此，可以采用收付分页式，即分别设置现金收入日记账和现金支出日记账。格式见表 6-12 和表 6-13。

表 6-12　现金收入日记账

第　　页

年		收款凭证号数	摘要	贷方科目				支出合计	结余
月	日			银行存款	其他应收款	……	收入合计		

表 6-13　现金支出日记账

第　　页

年		付款凭证号数	摘要	贷 方 科 目					
月	日			银行存款	其他应收款	管理费用	销售费用	……	支出合计

多栏现金日记账的登记，可采用以下两种方法：

（1）由出纳人员根据审核后的收、付款凭证逐日逐笔登记现金的收入日记账和支出日记账，每日应将支出日记账中当日支出合计数，转记入收入日记账中支出合计栏内，以结算当日账面结余额。会计人员应对多栏现金日记账的记录加强检查监督，并于月末根据多栏现金日记账各栏的合计数，分别登记有关总分类账户。

（2）另外设置现金出纳登记簿，由出纳人员根据审核后的收、付款凭证逐日逐笔登记，以便逐笔掌握库存现金收付情况。然后将收、付款凭证交由会计人员据以逐日汇总登记多栏现金日记账，并于月末根据日记账登记总账。出纳登记簿与多栏现金日记账要相互核对。采用这种登记账方法有利于加强内部控制和监督。

2）银行存款日记账

银行存款日记账是用来逐日反映银行存款的增减变化和结余情况的特种日记账。银行存款日记账应按企业在银行开立的账户和币种分别设置，每个银行账户设置一本日记账。通过银行存款日记账的设置和登记，可以加强对银行存款进行日常的监督和管理，并便于与开户银行进行账页的核对。

银行存款日记账的格式也有三栏式和多栏式两种，基本结构与现金日记账基本相同。为了便于与银行对账，也便于反映银行存款收付所采用的结算方式，并突出各单位支票的管理，银行存款日记账还专设了"结算凭证——种类、号数"栏或专设"现金支票号数及转账支票号数"栏。三栏式银行存款日记账的格式见表 6-14。

银行存款日记账，应按各种存款分别设置。银行存款日记账通常也由出纳员根据审核后的银行存款收款凭证、银行存款付款凭证逐日逐笔顺序登记的。对于现金存入银行的业务，银行存款的增加数，应根据现金付款凭证登记。每日终了，应分别计算银行存款收入、支出的合计数和本日余额，以便于检查监督银行存款的收支情况，并便于定期同银行对账单逐笔核对。

表 6-14　银行存款日记账

第　页

年		凭证		摘　要	结算凭证		对方科目	借方	贷方	余额
日	月	字	号		字	号				

为了避免银行存款日记账的篇幅过大，在实际工作中，一般也将其划分为银行存款收入日记账和银行存款支出日记账，格式与现金收入日记账和现金支出日记账基本相同。

另外，现金日记账和银行存款日记账必须采用订本式账簿，不得用银行对账单或其他方法代替日记账。

3）转账日记账

除设置现金、银行存款日记账外，一般企业不再设其他日记账。有的企业因管理的需要还设一本转账日记账，用来登记现金日记账和银行存款日记账不能包括的其他经济业务。这本转账日记账相对于现金、银行存款日记账来说，可认为是企业的普通日记账。不过，此时的转账日记账与最早出现的普通日记账是不同的：

其一，是根据有关转账凭证登记的，因此，在账页中要增设"转账凭证号"栏。

其二，不再作为登记有关总分类账的依据，因此，账页中不再设"过账"栏。转账日记账的账页格式见表 6-15。

表 6-15　转账日记账

第　页

年		转账凭证号数	摘　要	对方科目	借方	贷方
日	月					

转账日记账是根据转账凭证逐笔顺序登记的。设置转账日记账的主要目的是将每日发生的转账业务集中反映出来；同时，利用转账日记账的记录，可以检查转账凭证有无丢失，发生差错便于查找。

三、分类账的设置和登记

根据会计凭证或日记账，各个账户分别登记经济业务的账簿。按总分类账户登记的账簿，称为"总账分类账"；按明细分类账户登记的账簿，称为"明细分类账"。

（一）总分类账

总分类账简称总账。是根据总分类科目开设账户，用来登记全部经济业务，进行总分类核算，能全面、总括地反映和记录经济业务引起的资金运动和财务收支情况的分类账簿，是编制会计报表的主要依据，任何单位都需要设置总分类账。

总分类账一般采用订本式账簿。总分类账的账页格式，一般采用"借方""贷方""余额"

三栏式，如表 6-1 所示。根据实际需要，也可以在"借方""贷方"两栏内增设"对方科目"栏。总分类账的账页格式，也可以采用多栏式格式，如把序时记录和总分类记录结合在一起则形成联合账簿，即日记总账，如表 6-16 所示。

表 6-16 日 记 总 账
_____年___月

年		凭证号数	摘　　要	发生额	现金		银行存款		应收账款		……
日	月										
			月初余额		借	贷	借	贷	借	贷	
			发生额								
			发生额合计								
			月末余额								

总分类账的登记依据和方法，主要取决于所采用的会计核算形式。可以直接根据各种记账凭证逐笔登记，也可以先把记账凭证按照一定方式进行汇总，编制成科目汇总表或汇总记账凭证等，然后据以登记。

（二）明细分类账

明细分类账，是指按照明细分类账户进行分类登记的账簿，是根据单位开展经济管理的需要，对经济业务的详细内容进行的核算，是对总分类账进行的补充反映。一般采用活页式账簿，也有采用卡片式账簿（如固定资产明细账）。明细分类账的格式根据经营管理的要求及经济业务内容的不同，采用不同的格式，常用的格式主要有三栏式、多栏式、数量金额式及横线登记式明细分类账。

▶ 1. 三栏式明细分类账

三栏式明细分类账是在账页内只设"借方""贷方""余额"三个金额栏，不设数量栏的明细账。适用于只要求提供价值指标的账户，如应收账款、应付账款、实收资本等账户的明细分类账。三栏式明细分类账账页的格式见表 6-17 所示。

表 6-17 明细账分类账（三栏式）
_____科目_____

年		凭证号数	摘　　要	对方科目	页数	借方	贷方	借或贷	余额
日	月								

财会主管：　　　　　　　　　　复核：　　　　　　　　　　记账：

▶ 2. 多栏式明细分类账

多栏式明细分类账是企业根据经营管理的需要和经济业务的特点，在借方栏或贷方栏下设置多个栏目用以记录某一会计科目所属的各明细科目的内容。一般适用于成本、费用类的明细账，如：管理费用、制造费用、营业外收入、利润分配等账户的明细分类账。

费用明细账一般按借方设多栏，如表 6-18 所示，若需冲减有关费用的事项，可以在明细账户中以红字在借方登记。会计期末将借方净发生额从贷方结转到"本年利润"或其他账户。收入明细账一般按贷方设多栏，如表 6-19 所示，需要冲减有关收入的事项，可以在明细账中以红字在贷方登记。会计期末将贷方净发生额从借方结转到"本年利润"账户。利润明细账一般按借方和贷方分设多栏，及按利润构成项目设多栏记录，如表 6-20 所示。

表 6-18　管理费用明细账

年		凭证号数	摘　要	借方(项目)								贷方	余额
月	日			差旅费	人工费	办公费	水电费	折旧	……	其他	合计		

表 6-19　营业外收入明细账

年		凭证号数	摘要	借方	贷方(项目)						余额
月	日				处置无形资产	固定资产盘盈	罚款	……	其他	合计	

表 6-20　本年利润明细账

年		凭证号数	摘要	借方(项目)				贷方(项目)				借(贷)	余额
月	日			管理费用	财务费用	……	合计	主营业务收入	其他业务收入	……	合计		

▶ 3. 数量金额式明细分类账

数量金额式明细分类账是在账页的"借方""贷方""余额"各栏中分别设置"数量""单价""金额"栏目的明细账。适用于既要提供价值指标又要提供数量指标的账户，如：原材料、库存商品、产成品等账户的明细分类账。数量金额式明细分类账账页的格式如表 6-21 和表 6-22 所示。

表 6-21　在用低值易耗品明细账

编号：　　　　页次：　　　　总页：
名称：
计量单位：　　摊销率：　　%　　规格：　　　类别：

年		凭证号数	名称及规格	领用		使用地点	摊销		报废		结存	
月	日			数量	金额	金额	数量	金额	数量	金额	数量	金额

财会主管：　　　　复核：　　　　记账：

表 6-22　————　明细分类账

总第————页
分第————页
编号————

年		凭证		摘要	借(增加)方									贷(减少)方									余额								
月	日	字	号		数量	平均单价	金额							数量	平均单价	金额							数量	平均单价	金额						
							百	十	万	千	百	十	元	角	分	百	十	万	千	百	十	元	角	分	百	十	万	千	百	十	元	角	分

140

▶ 4. 横线登记式明细分类账

横线登记式明细分类账也称平行式明细分类账，是将前后密切相关的业务登记在同一行，从而可依据每一行各个栏目的登记是否齐全来判断该项业务的进展情况。此明细分类账适用于登记材料采购业务、应收票据和一次性备用金业务，即"在途物资""生产成本""材料采购"等明细分类账。平行式明细分类账账页的格式见表 6-23 所示。

表 6-23　生产成本明细账

产品品种或种类：A 产品　　　　　　　　　　　　　　　　　　　　　（金额单位：元）

年		凭证号码	摘要	借方（成本项目）				贷方	借或贷	余额
月	日			直接材料	直接人工	制造费用	合计			
略										

明细分类账通常根据原始凭证或标有明细科目及金额的记账凭证进行登记，可以逐笔登记，也可以定期汇总登记。如固定资产、债权债务等明细账需要逐日逐笔登记；而库存商品、原材料、产成品收发明细账及收入、费用明细账可逐日逐笔登记也可定期汇总登记。

（三）总账与明细账的关系

（1）分类账是根据总分类科目设置的，用以对会计要素具体内容进行总分类核算的账户，简称总账账户或总账，与总分类科目一致，总分类账户一般是根据国家的统一会计制度规定进行设置。

明细分类账户是根据明细分类科目设置的，用以对会计要素具体内容进行明细分类核算的账户，简称明细账户或明细账。总分类账户对明细分类账户具有统驭控制作用，而明细分类账户对总分类账户具有补充说明作用。

（2）总分类账与明细分类账的联系：①两者反映的经济业务内容一样，如"原资料"总账账户与所属的"原料及主要资料""辅助资料"等明细账户都是用以反映资料的收发及结存业务的。②登记账簿的原始根据一样，登记总分类账户与登记所属明细账户的记账凭证和原始凭证是一样的。

（3）总分类账与明细分类账的区别：①反映经济内容的详细水平不一样，总分类账户一般只反映资金增减调整的总括情形，明细分类账除了反映某一方面的资金运动的详细情形外，有些明细分类账还能够提供实物数量和劳动量的情形。②总分类账户是所属明细分类账核算资料的总括和综合，对所属明细分类账起驾驭和掌握作用；明细分类账是总分类账户核算资料的填补和具体化，对总分类账户起着辅助和说明的作用，是总分类账户的从属账户。

第 三 节　登记账簿的规则

一、建立账簿规则

（1）从事生产、经营的纳税人应当在领取营业执照之日起 15 日内按照规定设置总账、明细账、日记账以及其他辅助性账簿，其中总账、日记账必须采用订本式。

生产经营规模小又确无建账能力的个体工商业户，可以聘请注册会计师或者经主管国家税务机关认可的财会人员代为建账和办理账务；聘请注册会计师或者经主管国家税务机关认可的财会人员有实际困难的，经县(市)以上国家税务局批准，可以按照国家税务机关的规定，建立收支凭证粘贴簿、进货销货登记簿等扣缴义务人应当自税收法律、行政法规规定的扣缴义务发生之日起 10 日内，按照所代扣、代收的税种，分别设置代扣代缴、代收代缴税款账簿。

(2) 纳税人、扣缴义务人采用电子计算机记账的，对于会计制度健全，能够通过电子计算机正确、完整计算收入、所得的，电子计算机储存和输出的会计记录，可视同会计账簿，但应按期打印成书面记录并完整保存；对于会计制度不健全，不能通过电子计算机正确、完整反映收入、所得的，应当建立总账和与纳税或者代扣代缴、代收代缴税款有关的其他账簿。

(3) 从事生产、经营的纳税人应当自领取税务登记证件之日起 15 日内，将财务、会计制度或者财务、会计处理办法报送主管国家税务机关备案。纳税人、扣缴义务人采用计算机记账的，应当在使用前将记账软件、程序和使用说明书及有关资料报送主管国家税务机关备案。

二、账簿启用及交接规则

会计账簿是储存数据资料的重要会计档案。为保证账簿的合法性、合理性和完整性，以防止舞弊行为，明确记账责任，在账簿启用时，应在账簿的扉页上"账簿启用表和经管人员一览表"中详细记载：单位名称、账簿编号、账簿册数、账簿页数、启用日期，并加盖单位公章；经管人员(包括企业负责人、主管会计、复核和记账人员等)均应签名盖章。见表 6-24 所示。

表 6-24　账簿启用表

账 簿 启 用 表						
单位名称	(加盖公章)		负责人	职别	姓名	盖章
账簿名称			单位负责人			
账簿号数	字第	号	单位主管财会工作负责人			
本账簿总页数	共计	页	会计机构负责人			
启用日期	公元　年　月　日		会计主管人员			
经 管 人 员 一 览 表						
经管人员		盖章	接管		交出	备注
职别	姓名		年　月　日		年　月　日	

记账人员调离岗位时，必须与接管人员办理交接手续；在交接记录栏内填写交接日期、交接人员和监交人员姓名，并由交接双方签字并盖章，以明确责任。一般会计人员办理交接手续，由会计机构负责人监交。会计机构负责人办理交接手续，由单位负责人监交。

三、账簿的登记规则

(一)登记账簿的一般规则

(1) 会计人员应根据审核无误的会计凭证及时地登记会计账簿。

（2）按各单位所选用的会计核算形式来确定登记总账的依据和具体时间。

（3）对于各种明细账，可逐笔逐日进行登记，也可定期（三天或五天）进行登记。但债权债务类和财产物资类明细账应当每天进行登记。

（4）现金和银行存款日记账，应当根据办理完毕的收付款凭证，随时逐笔顺序进行登记，最少每天登记一次。

（二）登记账簿的具体要求

（1）必须用蓝黑色墨水钢笔书写，不能用铅笔或圆珠笔记账。

（2）应当将会计凭证的日期、编号、业务内容摘要、金额和其他有关资料逐项记入账内。同时要在记账凭证上签章并注明已经登账的标记（如打√等），以避免重登或漏登。

（3）应按账户页次顺序连续登记，不得跳行、隔页。如果发生跳行、隔页现象，应在空行、空页处用红色墨水划对角线注销，注明"此页空白"或"此行空白"字样，并由记账人员签章。

（4）订本式的账簿都编有账页的顺序号，不得任意撕毁，活页式账簿也不得随便抽换账页。

（5）账簿中书写的文字或数字不能顶格书写，符合规范，一般只应占格距的二分之一，以便留有改错的空间。不要用怪字体、错字体，字迹不要潦草。

（6）记账除结账、改错、冲销记录外，不能用红色墨水笔。因为在会计工作中，红色数字表示对蓝色数字的冲销或表示负数。

（7）对于错误记录，不得刮擦、挖补、涂改或用药水消除字迹等手段更正错误，也不允许重抄。应采用正确的错账更正规则进行更正。

（8）各账户在一张账页登记完毕结转下页时，应当结出本页合计数和余额，写在本页最后一行和下页第一行有关栏内，并在本页最后一行的"摘要"栏内注明"转次页"字样，在下一页第一行的"摘要"栏内注明"承前页"字样。对"转次页"的本页合计数如何计算，一般分三种情况：

① 需要结出本月发生额的账户，结计"转次页"的本页合计数应当为自本月初起至本页末的发生额合计数，如现金日记账及采用"账结法"下的各损益类账户。

② 需要结计本年累计发生额的账户，结计"转次页"的本页合计数应当为自年初起至本页末止的累计数，如采用"表结法"下的各损益类账户。

③ 既不需要结计本月发生额也不需要结计本年累积发生额的账户，可以只将每页末的余额结转次页。如债权、债务结算类账户和财产物资类账户等。

（9）凡需结出余额的账户，结出余额后，应在"借或贷"栏内写明"借"或"贷"的字样。对于没有余额的账户，应在该栏中写"平"字，并在余额栏"元"位上写"0"。现金日记账或银行存款日记账必须做到日清月结，每日结出余额。

（10）每登记满一张账页结转下页时，应当结出本页合计数和余额，写在本页最后一行和下页第一行有关栏内，并在本页的摘要栏内注明"转后页"字样，在次页的摘要栏内注明"承前页"字样。

四、总分类账与明细分类账平行登记的规则

总分类账是按照总分类账户开设，用以提供总括指标的账簿；明细分类账是按照总分类账户所属的明细账户开设，用以提供明细指标的分类账簿。在总分类账中进行的核算称为总分类核算（简称总核算），在明细分类账中进行的核算称为明细分类核算（简称明细核

算）。各单位在进行总分类核算的同时，应根据管理的需要，进行必要的明细分类核算。

从提供指标之间的关系来看，总账对所属明细账起统驭和控制的作用，可称为统驭账户或控制账户；明细账则对所隶属的总账起辅助和补充的作用，可称为从属账户。

在会计实务中，有些账户没有必要进行明细核算，所以不设明细分类账户，这样的总分类账户不能称为统驭账户或控制账户。总分类账与所属的明细分类账核算的经济内容相同，提供的核算资料相互补充，但是详简程度不同。因此，在核算时，必须采用平行登记的方法。

所谓平行登记，就是对每一项经济业务，根据会计凭证，一方面要在有关的总分类账中进行总括登记；另一方面要在所属的有关明细分类账中进行明细登记，登记总分类账和明细分类账的原始依据应该相同，会计期间应该一致，借贷方向应该一致，金额应该相等。

平行登记的登记要点是同时间、同方向、同金额。

（一）同时间

同时间是指对每一项经济业务在记入总分类账和所属的明细分类账的过程中，可能时间先后不同，但必须在同一会计期间双方都登记入账，不能只登记总分类账，不登明细分类账；或只登明细分类账，不登总分类账。比如：某企业在 10 月 10 日购入原材料一批，总金额 6 000 元，其中 A 材料 2 000 元，B 材料 1 500 元，C 材料 2 500 元，登记账户账时，总账和明细账登记的日期可以都是 10 月 10 日。

（二）同方向

同方向是指对每一项经济业务，总分类账和所属的明细分类账登记的方向应相同。一般来说，总分类账记入借方，明细分类账也应记入借方，反之都应记入贷方。但是对于不设置贷方栏或不设置借方栏的多栏式明细账来说，当发生冲减组成项目额的业务时，只能用红字进行登记。如管理费用多栏式明细账，当发生冲减费用及月末结转分配业务时，只能用红字在借方进行登记，表示冲减。对于冲减费用及月末结转分配业务，管理费用总账是在贷方登记。这里明细账以红字在相反的方向进行登记表示总账中相同方向的记录。

（三）同金额

同金额是指记入总分类账的金额和记入所属的明细分类账的金额合计相等。

依据平行登记规则记账后，总分类账和所属的明细分类账之间形成如下相互核对的数量关系。

（1）总分类账有关账户的本期发生额与所属的各个明细分类账户本期发生额的合计数相等。以公式表示为

总账本期发生额＝所属明细账本期发生额合计

（2）总分类账有关账户的期末余额与所属的各个明细分类账户的期末余额的合计数相等。以公式表示为

总账期末余额＝所属明细账期末余额合计

即如果总账的发生额是 6 000 元，则所属明细账的发生额合计也应当是 6 000 元。

总账：

（借）	原材料	（贷）
10/10	6 000 元	

明细分类账：

①
(借)	原材料—A 材料	(贷)
10/10	2 000 元	

②
(借)	原材料—B 材料	(贷)
10/10	1 500 元	

③
(借)	原材料—C 材料	(贷)
10/10	2 500 元	

当然，在手工会计工作时代，由于企业的规模不同，岗位设置和分工不同，总账和明细账登记的时间不一定会完全同步，但实行电算化核算的企业则完全不存在障碍。

【例 6-1】某公司 2018 年 5 月 1 日原材料和应付账款的期初余额如表 6-25、表 6-26 所示。

表 6-25　原材料账户账面余额

会计科目	数　量	单价/(元/千克)	金额/元
原材料			78 000
——甲材料	1 250 千克	20	25 000
——乙材料	5 300 千克	10	53 000

表 6-26　应付账款账户账面余额　　　　　　　　　单位：元

会计科目	借方金额	贷方金额
应付账款		50 000
——光明厂		24 000
——顺达公司		26 000

5 月份，F 公司发生以下经济业务：

(1) 2 日，向大明厂购进甲材料 1 000 千克，每千克 20 元，材料已验收入库，货款以银行存款支付(增值税略，下同)。

(2) 5 日，生产车间领用甲材料 500 千克，每千克 20 元，共计 10 000 元；领用乙材料 300 千克，每千克 10 元，共计 3 000 元。

(3) 12 日，向顺达公司购进乙材料 400 千克，每千克 10 元，材料已验收入库，货款尚未支付。

(4) 26 日，以银行存款 4 000 元偿还顺达公司货款。

(5) 30 日，向大明厂购进甲材料 1 000 千克，每千克 20 元，向顺达公司购进乙材料 500 千克，每千克 10 元，材料都已验收入库，货款尚未支付。

根据上述经济业务编制会计分录如下：

(1) 借：材料采购　　　　　　　　　　　　　　　　　　　　　　20 000

　　　贷：银行存款　　　　　　　　　　　　　　　　　　　　　　　　20 000

```
        借：原材料——甲材料                                              20 000
            贷：材料采购                                                          20 000
    （2）借：生产成本                                                    13 000
            贷：原材料——甲材料                                                  10 000
                    ——乙材料                                                     3 000
    （3）借：材料采购                                                     4 000
            贷：应付账款——顺达公司                                               4 000
        借：原材料——乙材料                                               4 000
            贷：材料采购                                                           4 000
    （4）借：应付账款——顺达公司                                          4 000
            贷：银行存款                                                           4 000
    （5）借：材料采购                                                    25 000
            贷：应付账款——大明厂                                                20 000
                    ——顺达公司                                                   5 000
        借：原材料——甲材料                                              20 000
                ——乙材料                                                  5 000
            贷：材料采购                                                          25 000
```

根据上述会计分录登记有关的总分类账户和明细分类账户如表 6-27～表 6-28 所示。

表 6-27(a)　总分类账户

会计科目：原材料 金额单位：元

2018 年		凭证		摘　要	借 方	贷 方	借或贷	余　额
月	日	字	号					
5	1			月初余额			借	78 000
	2	略	略	购进材料	20 000		借	98 000
	5			生产领用材料		13 000	借	85 000
	12			购进材料	4 000		借	89 000
	30			购进材料	25 000		借	114 000
	31			本月合计	49 000	13 000	借	114 000

表 6-27(b)　应付账款总账

会计科目：应付账款 金额单位：元

2018 年		凭证		摘　要	借　方	贷　方	借或贷	余　额
月	日	字	号					
5	1			月初余额			贷	50 000
	12	略	略	购进材料		4 000	贷	54 000
	26			偿还货款	4 000		贷	50 000
	30			购进材料		25 000	贷	75 000
	31			本月合计	4 000	29 000	贷	75 000

表 6-28(a) 明细分类账户

原材料明细账

类别：　　　　　　　　　　　　存放地点：

品名：甲材料　　　　　　　　　储备定额：

编号：　　　　　　　　　　　　计量单位：千克　　　　　　　金额单位：元

| 2018年 | | 凭证 | | 摘　要 | 收　入 | | | 发　出 | | | 结　存 | | |
月	日	字	号		数量	单价	金额	数量	单价	金额	数量	单价	金额
5	1			月初余额							1 250	20	25 000
	2	略	略	购进材料	1 000	20	20 000				2 250	20	45 000
	5			生产领用材料				500	20	10 000	1 750	20	35 000
	30			购进材料	1 000	20	20 000				2 750	20	55 000
	31			本月合计	2 000		40 000	500		10 000	2 750	20	55 000

表 6-28(b) 原材料明细账

类别：　　　　　　　　　　　　存放地点：

品名：乙材料　　　　　　　　　储备定额：

编号：　　　　　　　　　　　　计量单位：千克　　　　　　　金额单位：元

| 2018年 | | 凭证 | | 摘　要 | 收　入 | | | 发　出 | | | 结　存 | | |
月	日	字	号		数量	单价	金额	数量	单价	金额	数量	单价	金额
5	1			月初余额							5 300	10	53 000
	5	略	略	生产领用材料				300	10	3 000	5 000	10	50 000
	12			购进材料	400	10	4 000				5 400	10	54 000
	30			购进材料	500	10	5 000				5 900	10	59 000
	31			本月合计	900		9 000	300		3 000	5 900	10	59 000

表 6-28(c) 应付账款明细账

会计科目：应付账款　　　　　　明细科目：光明厂　　　　　　金额单位：元

| 2018年 | | 凭证 | | 摘　要 | 借　方 | 贷　方 | 借或贷 | 余　额 |
月	日	字	号					
5	1			月初余额			贷	24 000
	30	略	略	购进材料		20 000	贷	44 000
	31			本月合计		20 000	贷	44 000

表 6-28(d) 应付账款明细账

会计科目：应付账款　　　　　　明细科目：顺达公司　　　　　金额单位：元

| 2018年 | | 凭证 | | 摘　要 | 借　方 | 贷　方 | 借或贷 | 余　额 |
月	日	字	号					
5	1			月初余额			贷	26 000
	12	略	略	购进材料		4 000	贷	30 000
	26			偿还货款	4 000		贷	26 000
	30			购进材料		5 000	贷	31 000
	31			本月合计	4 000	9 000	贷	31 000

五、错账的更正规则

(一) 账簿错误的类型及原因

每日或每月结账时，可能会出现日记账的期末余额与期初余额加本期收入总数减本期支出总数的合计数不符，或者日记账期末余额与总账期末余额不符合的情况。一旦发生这种情况，应及时采用正确的方法查明原因，按规定方法予以更正。

▷ 1. 账簿错误的类型

账簿的数据来源于会计凭证，会计凭证又是根据原始凭证记载的经济活动编制的，所以账簿发生的类型从来源上看主要有三种类型：账簿记录错误，会计凭证编制错误导致的账簿错误，原始凭证错误导致的账簿记录错误，如表 6-29 所示。

表 6-29　账簿错误类型

项　　目	原 始 凭 证	记 账 凭 证	账　　簿
账簿错误类型 1	正确	正确	错误
账簿错误类型 2	正确	错误	错误
账簿错误类型 3	错误	错误	错误

导致账簿错误的类型不同，原因不同，错账更正的方法也不同。

▷ 2. 账簿错误的原因

具体而言，错账的原因是多种多样的，概括起来主要包括如下几种：

(1) 记账方向错误。在记账时，在账簿中借方与贷方的记载颠倒，把借方记成贷方或把贷方记成借方。如果把应记的红字的数字误记为蓝字；或把应记的蓝字数字误记为红字，这也属于记账方向错误。

(2) 漏记。在记账时将某一凭证的金额的数字遗漏未记入账簿。

(3) 重记。将已经登记入账的金额数字，又重复记入账簿。

(4) 记错科目。在记账时"张冠李戴"，如将现金记入银行存款科目。

(5) 数字位数移位。在记账时将数字位数移动，即以大写小(少写 1 个或几个 0)或以小写大(多写 1 个或几个 0)。例如将 100 写成 10，或将 10 写成 100，等等。

(6) 数字位数颠倒。在记账时，将某一数字中相邻的两位颠倒登记入账。如将 12 写成 21，123 写成 132 等。

(7) 结账时计算错误。结账时发现数字打错，余额记错，从而导致不符。

(8) 其他不规则错误。

(二) 错账的查找方法

在日常的会计核算中，发生差错的现象时有发生。如果发现错误：

一是要确认错误的金额；

二是要确认错在借方还是贷方；

三是根据产生差错的具体情况，分析可能产生差错的原因，采取相应的查找方法，便于缩短查找差错的时间，减少查账工作量。

查找错误的方法有很多，现将常用的几种方法介绍如下。

▷ 1. 顺查法(亦称正查法)

顺查法是按照账务处理的顺序，从原始凭证、账簿、编制会计报表全部过程进行查找的一种方法。即首先检查记账凭证是否正确，然后将记账凭证、原始凭证同有关账簿记录一笔一笔地进行核对，最后检查有关账户的发生额和余额。这种检查方法，可以发现重记、漏记、错记科目、错记金额等。这种方法的优点是查的范围大，不易遗漏；缺点是工作量大，需要的时间比较长。所以在实际工作中，一般是在采用其他方法查找不到错误的情况下采用这种方法。

▶ 2. 逆查法（亦称反查法）

逆查法与顺查法相反，是按照账务处理的顺序，从会计报表、账簿、原始凭证的过程进行查找的一种方法。即首先检查各有关账户的余额是否正确，然后将有关账簿按照记录的顺序由后向前同有关记账凭证或原始凭证进行逐笔核对，最后检查有关记账凭证的填制是否正确。这种方法的优缺点与顺查法相同。区别是根据实际工作的需要，对由于某种原因造成后期产生差错的可能性较大而采用的。

▶ 3. 抽查法

抽查法是对整个账簿记账记录抽取其中某部分进行局部检查的一种方法。当出现差错时，可根据具体情况分段、重点查找。将某一部分账簿记录同有关的记账凭证或原始凭证进行核对。还可以根据差错发生的位数有针对性地查找。如果差错是角、分，只要查找元以下尾数即可；如果差错是整数的千位、万位，只需查找千位、万位数即可，其他的位数就不用逐项或逐笔地查找了。这种方法的优点是范围小，可以节省时间，减少工作量。

▶ 4. 偶合法

偶合法是根据账簿记录差错中经常遇见的规律，推测与差错有关的记录而进行查找的一种方法。这种方法主要适用于漏记、重记、错记的查找。

1）漏记的查找

总账一方漏记，在试算平衡时，借贷双方发生额不平衡，出现差错，在总账与明细账核对时，会发现某一总账所属明细账的借（或贷）方发生额合计数大于总账的借（或贷）方发生额，也出现一个差额，这两个差额正好相等。而且在总账与明细账中有与这个差额相等的发生额，这说明总账一方的借（或贷）漏记，借（或贷）哪一方的数额小，漏记就在哪一方。

明细账一方漏记，在总账与明细账核对时可以发现。总账已经试算平衡，但在进行总账与明细账核对时，发现某一总账借（或贷）方发生额大于所属各明细账借（或贷）发生额之和，说明明细账一方可能漏记，可对该明细账的有关凭证进行查对。

如果整张的记账凭证漏记，则没有明显的错误特征，只有通过顺查法或逆查法逐笔查找。

2）重记的查找

总账一方重记。在试算平衡时，借贷双方发生额不平衡，出现差错；在总账与明细账核对时，会发现某一总账所属明细账的借（或贷）方发生额合计数小于总账的借（或贷）方发生额，也会出现一个差额，这两个差额正好相等，而且在总账与明细账中有与这个差额相等的发生额记录，说明总账借（或贷）方重记，借（或贷）哪一方的数额大，重记就在哪一方。

如果明细账一方重记，在总账与明细账核对时可以发现。总账已经试算平衡，与明细账核对时，某一总账借（或贷）方发生额小于其所属明细账借（或贷）方发生额之和，则可能是明细账一方重记，可对与该明细账有关的记账凭证查对。

如果整张的记账凭证重记账，则没有明显的错误特征，只能用顺查法或逆查法逐笔查找。

3）记账金额反向的查找

记账金额反向是指在记账时把发生额的方向弄错，将借方发生额记入贷方，或者将贷方发生额记入借方。总账一方记反账,则在试算平衡时发现借贷双方发生不平衡,出现差额。这个差额是偶数,能被2整除,所得的商数则在账簿上有记录,如果借方大于贷方,则说明将贷方错记为借方;反之,则说明将借方错记为贷方。如果明细账记反了,而总账记录正确,则总账发生额试算是正确的,可用总账与明细账核对的方法查找。

4)错记账的查找

在实际工作中,错记账是指把数字写错,常见的有两种:

第一种,数字错位,即应记的位数不是前移就是后移,即小记大或大记小。

例如,把千位数变成了百位数(大变小),把1600记成160(大变小);或把百位数变成千位数(小变大),把2.43记成243(小变大)。如果是大变小,在试算平衡或者总账与明细账核对时,正确数字与错误数字的差额是一个正数,这个差额除以9所得的商与账上错误的数额正好相等。查账时如果差额能够除以9,所得商恰是账上的数,可能记错了位。如果是小变大,在试算平衡或者总账与明细账核对时,正确数与错误数的差额是一个负数,这个差额除以9所得商数再乘以10,得到的绝对数与账上错误恰好相等。查账时应遵循:差额负数除以9,商数乘以10的数账上有,可能记错了位。

第二种,错记。错记是在登记账簿过程中的数字误写。

对于错记的查找,可根据由于错记而形成的差数,分别确定查找方法,查找时不仅要查找发生额,同时也要查找余额。一般情况下,邻数颠倒的概率比较大。邻数颠倒是指在登记账簿时把相邻的两个数字互换了位置。如43错记34,或把34错记43,如果前大后小颠倒为后大前小,在试算平衡时,正确数与错误数的差额是一个正数,这个差额除以9所得商数中的有效数值正好与相邻颠倒两数的差额相等,并且不大于9,可以根据这个特征在差值相同的两个邻数范围内查找。如果前小后大颠倒为前大后小,在试算平衡或者总账与明细账核算时,正确数与错误数的差额是一负数,其他特征同上。在上述情况下,查账时,差额能除以9,有效数字不超过9,可能记账数颠倒,根据差值确定查找。

(三)错账的更正方法

会计账簿错弊主要表现在几个方面:账簿启用、账簿设置、账簿登记、结账。

账簿记录应做到整洁,记账应力求正确,如果发现账簿记录错误时,应当根据差错的性质,采用正确、规范的方法予以及时更正,错账的更正方法一般有画线更正法、补充登记法、红字更正法三种。

▶ 1. 画线更正法

画线更正法又称红线更正,在结账以前,如果发现账簿记录有错误,而记账凭证没有错误,仅属于记账时发生文字或数字上的笔误,应采用画线更正法。更正的方法是:先将错误的文字或数字用一条红色横线画去,表示注销;再在画线的上方用蓝色字迹写上正确的文字或数字,并在画线处加盖更正人图章,以明确责任。但要注意划掉错误数字时,应将整笔数字划掉,不能只划掉其中一个或几个写错的数字,并保持被划去的字迹仍可清晰辨认。这种方法在采用电算化会计记账的企业已无用武之地了。

▶ 2. 红字更正法

红字更正法又称红字冲销,是指由于记账凭证错误而使账簿记录发生错误,而用红字冲销原记账凭证,以更正账簿记录的一种方法。红字更正法适用于以下两种情况:

记账以后,如果发现账簿记录的错误,是因记账凭证中的应借、应贷会计科目或记账方向有错误而引起的,应用红字更正法进行更正。

更正的方法是：先用红字将原错误记账凭证冲去，并在"摘要"栏中写明"冲销错账"以及错误凭证的号数和日期，并据以用红字金额登记入账，以冲销原来错误的账簿记录；然后，再用蓝字或黑字填写一张正确的记账凭证，在"摘要"栏中写明"更正错账"以及冲账凭证的号数和日期，并据以用蓝字或黑字登记入账。

例如：C公司购入行政管理部门用办公用品2 700元，货款用银行存款支付。在填制记账凭证时，误记入"现金"科目，并已据以登记入账，其错误记账凭证所反映的会计分录是：

借：管理费用　　　　　　　　　　　　　　　　　　　　　2 700
　贷：现金　　　　　　　　　　　　　　　　　　　　　　　2 700

这笔业务的会计分录应贷记"银行存款"科目。在更正时，应用红字金额填制一张记账凭证冲销原会计分录，并据以登记入账，冲销原错误的账簿记录。

借：管理费用　　　　　　　　　　　　　　　　　　　　　2 700
　贷：现金　　　　　　　　　　　　　　　　　　　　　　　2 700

然后再用蓝字或黑字填制一张正确的记账凭证，并据以登记入账。

借：管理费用　　　　　　　　　　　　　　　　　　　　　2 700
　贷：银行存款　　　　　　　　　　　　　　　　　　　　　2 700

记账以后，如果发现记账凭证和账簿记录的金额有错误（所记金额大于应记的正确金额），而应借、应贷的会计科目没有错误，应用红字更正法进行更正。

更正的方法是：将多记的金额用红字填制一张记账凭证，而应借、应贷会计科目与原错误记账凭证相同，在"摘要"栏写明"冲销多记金额"以及原错误记账凭证的号数和日期，并据以登记入账，以冲销多记的金额。

例如：企业的生产车间领用一批工具，价值900元。在填制记账凭证时，误记金额为9 000元，但会计科目、借贷方向均没有错误，并已据以登记入账。错误记账凭证所反映的会计分录是：

借：制造费用　　　　　　　　　　　　　　　　　　　　　9 000
　贷：低值易耗品　　　　　　　　　　　　　　　　　　　　9 000

更正时，应将多记的金额8 100元用红字编制如下的记账凭证，并登记入账。

借：制造费用　　　　　　　　　　　　　　　　　　　　　8 100
　贷：低值易耗品　　　　　　　　　　　　　　　　　　　　8 100

▶ 3. 补充登记法

记账以后，如果发现记账凭证和账簿记录的金额有错误（所记金额小于应记的正确金额），而应借、应贷的会计科目没有错误，应用补充登记法进行更正。

更正的方法是：将少记的金额用蓝字或黑字填制一张应借、应贷会计科目与原错误记账凭证相同的记账凭证，在"摘要"栏中写明"补充少记金额"以及原错误记账凭证的号数和日期，并据以登记入账，以补充登记少额。

例如：企业的生产车间领用一批工具，价值9 000元。在填制记账凭证时，误记金额为900元，但会计科目、借贷方向均没有错误，并已据以登记入账。错误记账凭证所反映的会计分录是：

借：制造费用　　　　　　　　　　　　　　　　　　　　　900
　贷：低值易耗品　　　　　　　　　　　　　　　　　　　　900

更正时，应将少记的金额 8 100 元用蓝字或黑字编制如下的记账凭证，并登记入账。

借：制造费用   8 100

 贷：低值易耗品   8 100

注意：红字更正时，在实际工作中可以出现红字，但考试时只允许进行画框操作，不能用红笔写红字。

六、会计账簿的更换与保管规则

（一）会计账簿的更换

会计账簿的更换是指在会计年度终了，将上年旧账更换为次年新账。

更换新账的程序是：年度终了，在本年有余额的账户"摘要"栏内注明"结转下年"字样。在更换新账时，注明各账户的年份，在第一行"日期"栏内写明 1 月 1 日；"记账凭证"栏空置不填；将各账户的年末余额直接抄入新账余额栏内，并注明余额的借贷方向。过入新账的有关账簿余额的转让事项，无须编制记账凭证。

因会计制度改变而需要变更账户名称及核算内容的，应在上年度结账时，编制余额调整分录，按本会计年度的账户名称、核算内容，将上年度有关账户的余额进行合并或分解结出新账中应列出的余额，然后再过渡到新账中的各有关账户，或者在上年度结账后，通过编制余额调整工作底稿的方式，将上年度有关账户余额分解、归并为本年度有关账户的余额，然后开设本年度新账，将余额抄入有关账户第一行并标明余额方向，同时在摘要栏内注明"上年结转"或"年初余额"字样。上年末编制的余额调整分录，应与上年度会计凭证一并归档保管；编制的月调整工作底稿应与上年度的账簿一并归档保管。

在新的会计年度建账并不是所有的账簿都更换为新的。一般来说，现金日记账、银行存款日记账、总分类账、大多数明细分类账应每年更换一次。但是有些财产物资明细账和债权债务明细账，由于材料品种、规格和往来单位较多，更换新账，重抄一遍，工作量较大，因此，可以跨年度使用，不必每年更换一次，如固定资产明细账或固定资产卡片。第二年使用时，可直接在上年终了的双线下面记账。各种备查簿也可以连续使用。

（二）保管

会计账簿是各单位重要的经济资料，必须建立管理制度，妥善保管。账簿管理分为平时管理和归档保管两部分。

▶ 1. 账簿平时管理的具体要求

各种账簿要分工明确，指定专人管理，账簿经管人员既要负责记账、对账、结账等工作，又要负责保证账簿安全。会计账簿未经领导和会计负责人或者有关人员批准，非经管人员不能随意翻阅查看会计账簿。会计账簿除需要与外单位核对外，一般不能携带外出，对携带外出的账簿，一般应由经管人员或会计主管人指定专人负责。会计账簿不能随意交与其他人员管理，以保证账簿安全和防止任意涂改账簿等问题的发生。

▶ 2. 旧账归档保管

年度终了更换并启用新账后，对更换下来的旧账要整理装订，造册归档。归档前旧账的整理工作包括检查和补齐应办的手续，如改错盖章、注销空行及空页、结转余额等。

各种会计账簿年度结账后，除跨年使用的账簿外，其他账簿应按时整理立卷。其基本要求是：账簿装订前，首先按账簿启用表的使用页数核对各个账户是否相符，账页数是否齐全，序号排列是否连续；其次按会计账簿封面、账簿启用表、账户目录、账簿按页数顺序排列的账页、会计账簿装订封底的顺序装订。活页账簿装订具体要求：保留已使用过的账页，将账页数填写齐全，去除空白页和撤掉账夹，用质地较好的牛皮纸做封面、封底，装订成册。活页账一般按账户分类装订成册，一个账户装订成一册或数册；某些账户账页较少，也可以合并装订成一册。多栏式活页账、三栏式活页账、数量金额式活页账等不得混装，应按同类业务、同类账页装订在一起。在本账的封面上填写好账目的种类，编好卷号，会计主管人员和装订人（经办人）签章。

账簿装订后的其他要求：

（1）会计账簿应牢固、平整，不得有折角、缺角，错页、掉页、加空白纸的现象。

（2）会计账簿的封口要严密，封口处要加盖有关印章。

（3）封面应齐全、平整，并注明所属年度及账簿名称、编号，编号为一年一编，编号顺序为总账、现金日记账、银行存（借）款日记账、分户明细账。

（4）会计账簿按保管期限分别编制卷号，如现金日记账全年按顺序编制卷号；总账、各类明细账、辅助账全年按顺序编制卷号。

（5）旧账装订完毕应编制目录和编写移交清单，然后按期移交档案部门保管。各种账簿同会计凭证和会计报表一样，都是重要的经济档案，必须按照制度统一规定的保存年限妥善保管，不得丢失和任意销毁。

根据最新《会计档案管理办法》的规定，总分类账、明细分类账、辅助账、日记账均应保存 30 年；涉外和对私改造账簿应永久保存。

第四节 对账与结账

一、对账

（一）对账的基本内容

对账是指在本期内对账簿记录进行核对。为了保证各种账簿记录的完整和正确，为编制会计报表提供真实可靠的数据资料，必须做好对账工作。

对账包括账证核对、账账核对、账实核对。

（1）账证核对，是指对各种账簿的记录与有关会计凭证进行核对。

（2）账账核对，是指对各种账簿之间的有关数字进行核对。主要包括：

① 总分类账各账户本月借方发生额合计数与贷方发生额合计数是否相等；期末借方余额合计数与贷方余额合计数是否相等，以检查总分类账户的登记是否正确。

② 各明细分类账的本期借、贷方发生额合计数及期末余额合计数与总分类账应该分别核对相符，以检查各明细分类账的登记是否正确。

③ 现金日记账和银行存款日记账的本期借、贷方发生额合计数及期末余额合计数与总分类账应该分别核对相符，以检查日记账的登记是否正确。

④ 会计部门有关财产物资的明细分类账结存数，应该与财产物资保管或使用部门的有关保管账的账存数核对相符，以检查双方记录是否正确。

（3）账实核对，是指各种财产物资的账面余额与实存数额相核对。具体内容有：

① 现金日记账账面余额与实地盘点的库存现金实有数相核对。

② 银行存款日记账账面余额与开户银行账目（银行对账单）相核对。

③ 各种财产物资明细分类账账面余额与清查盘点后的实存数相核对。

④ 各种应收、应付款明细分类账账面余额与有关债务、债权单位的账目相核对。账实核对一般是通过财产清查进行的。

（二）实务主要对账内容

▶ 1. 现金日记账对账

1）账证核对

收、付款凭证是登记现金日记账的依据，账目和凭证应该是完全一致的。但是，在记账过程中，由于工作粗心等原因，往往会发生重记、漏记、记错方向或记错数字等情况。账证核对要按照业务发生的先后顺序一笔一笔地进行。检查的项目主要有：核对凭证编号；复查记账凭证与原始凭证，两者是否完全相符；查对账证金额与方向的一致性；检查如发现差错，要立即按规定方法更正，确保账证完全一致。

2）账账核对

现金日记账是根据收、付款凭证逐笔登记的，现金总分类账是根据收、付款凭证汇总登记的，记账的依据是相同的，记录的结果应该完全一致。但是，由于两种账簿是由不同人员分别记账，而且总账一般是汇总登记，在汇总和登记过程中，都有可能发生差错；日记账是逐笔地记，记录的次数多，难免会发生差错。因此，出纳应定期出具"出纳报告单"与总账会计进行核对。平时要经常核对两账的余额，每月终了结账后，总分类账各个科目的借方发生额、贷方发生额和余额都已试算平衡，一定要将总分类账中现金当月借方发生额、贷方发生额以及月末余额分别同现金日记账的当月收入（借方）合计数、当月支出（贷方）合计数和余额相互核对，查看账账之间是否完全相符。如果不相符，应先查出差错出在哪一方，如果借方发生额出现差错，应查找现金收款凭证、银行存款付款凭证（提取现金业务）和现金收入一方的账目；反之，则应查找现金付款凭证和现金付出一方的账目。找出错误后应立即按规定的方法加以更正，做到账账相符。

3）账实核对

出纳人员在每天业务终了以后，应自行清查账款是否相符。首先结出当天现金日记账的账面余额，再盘点库存现金的实有数，看两者是否完全相符。在实际工作中，凡是有当天来不及登记的现金收、付凭证的，均应按"库存现金实有数＋未记账的收款凭证金额－未记账的付款凭证金额＝现金日记账账存余额"的公式进行核对。反复核对仍不相符的，即说明当日记账或实际现金收、付有误。在这种情况下，出纳人员一方面应向会计负责人报告；另一方面应对当天办理的收、付款业务逐笔核对，争取尽快找出差错的原因。

▶ 2. 银行存款日记账对账

银行存款日记账核对是通过与银行送来的对账单进行核对完成的，银行存款日记账的核对主要包括两点内容：一是银行存款日记账与银行存款收、付款凭证核对，做到账证相符；二是银行存款日记账与银行存款总账核对，做到账账相符。

1）账证核对

收付凭证是登记银行存款日记账的依据，账目和凭证应该是完全一致的，但是在记账过程中，由于各种原因，往往会发生重记、漏记、记错方向或记错数字等情况。账证核对主要按照业务发生后的顺序逐笔进行，检查项目主要有：①核对凭证的编号。②检查记账凭证与原始凭证两者是否完全相符。③查对账证金额与方向的一致性。④检查中发现差错，要立即按照规定方法更正，以确保账证完全一致。

2）账账核对

银行存款日记账是根据收付凭证逐项登记的，银行存款总账是根据收付凭证汇总登记的，记账依据是相同的，记录结果应一致，但由于两种账簿是不同人员分别记账的，而且总账一般是汇总登记的，在汇总和登记过程中，都有可能发生差错。日记账是一笔一笔地记，记录次数多，难免会发生差错。平时是经常核对两账的余额，每月终了结账后，总账各科目的借方发生额，贷方发生额以及月末余额都已试算平衡，如果不符，先应查出差错在哪一方，如果借方发生额出现差错，应查找银行存款收款凭证和银行存款收入一方的账目。反之，则查找银行存款付款凭证和银行存款付款一方的账目。找出差错，应立即加以更正，做到账账相符。

3）账实核对

企事业单位在银行中的存款实有数是通过"银行对账单"来反映的，所以照实核对是银行存款日记账定期与"银行对账单"核对，至少每月一次，这是出纳人员的一项重要日常工作。

理论上讲，"银行存款日记账"的记录对银行开出的"银行存款对账单"无论是发生额，还是期末余额都应是完全一致的，因为是同一账号存款的记录，但是通过核对，会发现双方的账目经常出现不一致的情况，原因有两个：一是双方账目可能发生记录或计算上的错误，如单位记账是漏记、重记、银行对账单串户等，这种错误应由双方及时查明原因，予以更正。二是有"未达账项"，即由于期末银行估算凭证传递时间的差异，而造成的银行与开户单位之间一方入账，另一方尚未入账的账项。无论是记录有误，还是有"未达账项"，都要通过单位银行存款日记账的记录与银行开出的"银行存款对账单"进行逐笔"核对"才能发现。具体做法是出纳人员根据银行提供的"对账单"同自己的"银行存款日记账"进行核对，核对时，需要对凭证的种类、编号、摘要、记账方向、金额、记账日期等内容进行逐项核对、凡是对账单与银行存款日记账记录内容相同的可用"√"在对账单和日记账上分别标示，以查明该笔业务核对一致；若有"未达账项"，应编制"银行存款余额调节表"进行调节，使双方余额相等。

（三）对账技巧

在对账前，财务部门会计对供应商提供的对账资料应进行初步审核，不满足条件的对账资料应要求供应商补充完善。首先审核对账手续，是否经过有权人士的签批。其次审核如下内容：

（1）对于只提供余额无明细账目的对账资料，不予对账。

供应商必须提供最后一次对账以前的全部账目资料；以前从未进行过对账的，需要提供自双方开始业务往来以后的所有账目资料。对于对方因财务决算审计发函要求核对账面余额的，同样应按照上述原则办理。

（2）对于供应商直接依据销售部门往来资料而非财务部门账目提供对账资料的，不予对账。

双方核对的账目主要应是财务账目，供应商销售部门账目可能与财务部门账目不符，对账基数存在问题，会给以后的双方清算带来不必要的麻烦，因为最后清算以双方财务账目为准。

（3）对于多年无业务往来的供应商前来对账，即使经过企业有权人士签批，供应商的对账资料也需要加盖供应商公章（或财务专用章），或者提供加盖公章的介绍信，否则不予对账。

因为多年无业务往来的供应商，不太了解在一定时期的情况，可能原有企业已解体、改制，在一定时期对账及以后催款都可能系个人行为，并不代表原企业，可能对账人并不具有索偿权利。

（4）对于对账手续和账目资料齐全的供应商，应及时对账并出具对账单。

（5）有些供应商属于小企业或个体工商户，账目资料并不齐全，很可能缺失以前年度的账目资料，这种情况应该如何处理呢？

如果今后双方继续合作，那么应就现有资料出具"有保留意见的对账单"，至少不会对账目齐全的年度造成历史遗留问题。"有保留意见的对账单"就是在对账单上加一个说明段，说明双方对账由于供应商提供账目不全的原因，只对某年某月以来的账目资料进行对账，以前年度的账目并未核对，暂时以某余额为准出具对账单，采购企业有保留证据进一步调整账目的权利。

如果供应商账目不全而双方余额又不符的，这时供应商通常会同意暂时以双方较小的余额为准出具对账单，如果采购企业余额较小，就不必调整应付账款账面余额；如果供应商余额较小，采购企业就要调低应付账款账面余额，凭对账单确认（债务重组）收益，这时需要由供应商在对账单上签字并同时加盖公章。

（6）对于发票丢失又无法确认是采购企业责任的，采购企业不能在对账单上确认该项债务，应要求供应商调减该债权。

（7）采购企业财务部门如果采用手工账记账的，最难查找的就是串户错误。对方入账，采购企业方账面上没有入账，很可能是下错户，但是从手工账上查串户，非常困难，而使用财务软件的，在财务软件上查找串户就非常容易，主要是查有无该金额的发生额。

（8）为方便对账，应要求供应商下次对账时携带本次的对账单或其复印件。

二、结账

各个单位的经济活动是连续不断进行的，为了总结每一会计期间（月份、季度、年度）的经济活动情况，考核经营成果，编制会计报表，就必须在每一会计期末进行结账。结账是指在将本期内所发生的经济业务全部登记入账的基础上，于会计期末按照规定的方法结算账目，包括结算出本期发生额和期末余额。

（一）结账的主要程序和内容

（1）结账前，必须将本期内发生的各项经济业务全部登记入账。

（2）实行权责发生制的单位，按照权责发生制的要求，进行账项调整的账务处理，并在此基础上，进行其他有关转账业务的账务处理，以计算确定本期的成本、费用、收入和利润。需要说明的是，不能为了赶编报表而提前结账，也不能将本期发生的经济业务延至下期登账，也不能先编会计报表后结账。

（3）结账时，应结出现金日记账、银行存款日记账以及总分类账和明细分类账各账户的本期发生额和期末余额，并将期末余额结转至下期。

（二）结账的方法

计算登记各种账簿本期发生额和期末余额的工作，一般按月进行，称为月结；有的账目还应按季结算，称为季结；年度终了，还应进行年终结账，称为年结。期末结账主要采用画线结账法。也就是期末结出各账户的本期发生额和期末余额后，加以画线标记，将期末余额结转下期。结账时，不同的账户记录应分别采用不同的方法：

(1) 月结。每月结账时，应在各账户本月份最后一笔记录下面画一条通栏红线，表示本月结束；然后，在红线下面结出本月发生额和月末余额，如果没有余额，在余额栏内写上"平"或"0"符号。同时，在摘要栏内注明"本月合计"或"×月份发生额及余额"字样，最后，再在下面画一条通栏红线，表示完成月结工作。

(2) 季结。季结的结账方法与月结基本相同，但在摘要栏内注明"本季合计"或"第×季度发生额及余额"字样。

(3) 年结。办理年结时，首先，应在12月份月结下面(需办理季结的，应在第四季度的季结下面)结算填列全年12个月的月结发生额和年末余额，如果没有余额，在余额栏内写上"平"或"0"符号，并在摘要栏内注明"本年合计"或"年度发生额及余额"字样；其次，将年初借(贷)方余额抄列于下一行的借(贷)方栏内，并在摘要栏内注明"年初余额"字样，同时将年末借(贷)方余额再列入下一行的贷(借)方栏内，在摘要栏内注明"结转下年"字样；最后，分别加计借贷方合计数，并在合计数下面画通栏双红线表示封账，完成了年结工作。需要更换新账的，应在新账有关账户的第一行摘要栏内注明"上年结转"或"年初余额"字样，并将上年的年末余额以相同方向记入新账中的余额栏内。

结账时按下列方法进行：

① 对于需按月统计发生额的账户，在期末结账时，要在最后一笔业务记录下面的借方栏开始到余额栏为止画通栏单红线，结出本月发生额和余额，在摘要栏内盖"本月合计"戳记，在"本月合计"栏下面再画一条同样的通栏红线。

② 对于需要结计本年累计发生额的账户每月结账时，应在"本月合计"栏下结出自年初至本月末止的累计发生额，登记在月份发生额下面，在摘要栏写明"本年累计"字样，在栏下再画一条通栏红线，12月末的"本年累计"就是全年累计发生额，应在全年累计发生额下面画通栏双红线。

③ 对于不需按月结计发生额的账户，如应收应付、财产物资明细账，每登记一次，就要随时结出余额，每月最后一笔余额就是月末余额，月末结账时，只需在最后一笔业务记录下面自借方栏至余额栏画通栏红线即可。

④ 对于总账账户只需结出月末金额即可，但在年终结账时，为了总括反映企业财务状况和经营成果全貌，核对账目，需将所有总账账户结出全年发生额和年末余额，在摘要栏内注明"本年合计"字样，并在合计栏下画通栏红线。

⑤ 企业在年度终了，会计人员需要结账。凡有余额的账户，应将余额结转下年，即将所有余额的账户余额直接过入新账余额栏内，而不需专门编制记账凭证，也不需要将余额再记入各账户的借方，使本年余额为零。

第 五 节　登记账簿实训

一、实训目的

通过实训使学生了解账簿格式有哪些，不同性质不同特点和管理要求的资金在账户格式选择上的区别；掌握三栏式现金日记账和银行存款日记账、明细账、总账的登记方法。

二、实训要求

(一) 总体要求

根据记账凭证实验编制的有关记账凭证, 逐日逐笔登记现金日记账和银行存款日记账、明细账、总账, 并进行结账。

(二) 登记账簿的具体要求

▶ 1. 内容准确完整

登记会计账簿时, 应当将会计凭证日期、编号、业务内容摘要、金额和其他有关资料逐项计入账内, 做到数字准确、摘要清楚、登记及时、字迹工整。对于每一项会计事项, 一方面要计入有关的总账; 另一方面要计入总账所属的明细账。账簿记录中的日期, 应该填写记账凭证上的日期; 以自制的原始凭证(如收料单、领料单等)作为记账依据的, 账簿记录中的日期应按有关自制凭证上的日期填列。

此外, 负责登记账簿的会计人员, 在登记账簿前, 应对已经专门复核人员审查过的记账凭证再复核一遍, 这是岗位责任制和内部牵制制度的要求。如果记账人员对记账凭证中的某些问题弄不明白, 可以向填制记账凭证的人员或其他人员请教; 如果认为记账凭证的处理有错误, 可暂停登记, 及时向会计主管人员反映, 由会计主管人员作出更改或照登的决定。在任何情况下, 凡不兼任填制记账凭证工作的记账人员都不得自行更改记账凭证。

▶ 2. 登记账簿要及时

登记账簿的间隔时间应该多长, 没有统一的规定, 这要看企业单位所采用的具体会计核算形式而定。总的来说是越短越好。一般情况下, 总账可以三五天登记一次; 明细账的登记时间间隔要短于总账, 日记账和债权债务明细账一般一天就要登记一次。现金、银行存款日记账, 应根据收、付款记账凭证, 随时按照业务发生顺序逐笔登记, 每日终了应结出余额。经管现金和银行存款日记账的专门人员, 必须每日掌握银行存款和现金的实有数, 谨防开出空头支票和影响经营活动的正常资金。

▶ 3. 注明记账符号

登记完毕后, 要在记账凭证上签名或者盖章, 并注明已经登账的符号, 表示已经记账。在记账凭证上设有专门的栏目应注明记账的符号, 以免发生重记或漏记。

▶ 4. 书写留空

账簿中书写的文字和数字上面要留有适当空格, 不要写满格, 一般应占格距的1/2。这样, 在一旦发生登记错误时, 能比较容易地进行更正, 同时也方便查账工作。

▶ 5. 正常记账使用蓝黑墨水

登记账簿要用蓝黑墨水或者碳素墨水书写, 不得使用圆珠笔(银行的复写账簿除外)或者铅笔书写。在会计上, 数字的颜色是重要的要素之一, 同数字和文字一起传达出会计信息, 书写墨水的颜色用错了, 其导致的概念混乱不亚于数字和文字的错误。

▶ 6. 特殊记账使用红墨水

对在登记账簿中使用红色墨水的问题, 依据财政部会计基础工作规范的规定, 下列情况, 可以用红色墨水记账: ①按照红字冲账的记账凭证, 冲销错误记录。②在不设借贷等栏的多栏式账页中, 登记减少数。③在三栏式账户的余额栏前, 如未印明余额方向的, 在余额栏内登记负数余额。④根据国家统一会计制度的规定可以用红字登记的其他会计记录。

▶ 7. 顺序连续登记

各种账簿应按页次顺序连续登记，不得跳行、隔页。如果发生跳行、隔页，应当将空行、空页画线注销，或者注明"此行空白""此页空白"字样，并由记账人员签名或者盖章。这对避免在账簿登记中可能出现的漏洞，是十分必要的防范措施。

▶ 8. 结出余额

需要结出余额的账户，结出余额后，应当在"借或贷"等栏内写明"借"或者"贷"等字样。没有余额的账户，应当在"借或贷"等栏内写"平"字，并在余额栏内用"0"表示。现金日记账和银行存款日记账必须逐日结出余额。一般说来，对于没有余额的账户，在余额栏内标注的"0"应当放在"元"位。

▶ 9. 登记出错

登记发生错误时，必须按规定方法更正，严禁刮、擦、挖、补，或使用化学药物清除字迹。发现差错必须根据差错的具体情况采用画线更正、红字更正、补充登记等方法更正。

▶ 10. 过次承前

每一账页登记完毕结转下页时，应当结出本页合计数及余额，写在本页最后一行和下页第一行有关栏内，并在摘要栏内注明"过次页"和"承前页"字样；也可以将本页合计数及金额只写在下页第一行有关栏内，并在摘要栏内注明"承前页"字样。

▶ 11. 定期打印

《会计基础工作规范》第六十一条对实行会计电算化的单位提出了打印上的要求："实行会计电算化的单位，总账和明细账应当定期打印""发生收款和付款业务的，在输入收款凭证和付款凭证的当天必须打印出现金日记账和银行存款日记账，并与库存现金核对无误。"因为在以机器或其他磁性介质储存的状态下，各种资料或数据的直观性不强，而且信息处理的过程不明，不便于进行某些会计操作和进行内部或外部审计，对会计信息的安全和完整也不利。

三、实训设计

（1）登记账簿前要求学生对编制的收、付款凭证交换审核，以确保账簿登记的准确性。
（2）登记账簿时应明确账簿登记的基本要求，做到按规则登记账簿。
（3）了解不同账务处理程序登记总账的异同。
（4）实训时间约需 2 学时。
（5）本项实训需三栏式日记账账页 2 张、三栏式明细账账页 20 张，总账账页 20 张。在账页上分别开设现金日记账、银行存款日记账，并将相关凭证汇总登记总账。

四、实训操作流程

（1）根据填制记账凭证实验完成的记账凭证逐日逐笔登记。
（2）登记完毕后结出每个账户的发生额及余额。
（3）利用试算平衡表对各账户进行检查。

练习题

一、思考题

1. 会计账簿的分类及各种账簿有什么区别？各自的作用是什么？

2. 设置账簿时需要注意哪些原则？不同种类的账簿在设置时各自需要注意的事项有什么区别？

3. 日记账的种类及为什么要设置特种日记账？

4. 总分类账与明细分类账有哪几种格式？

5. 在启用新账簿或交接时需要注意哪些问题？

6. 登记账簿时需要注意的问题是什么？

7. 错账产生的原因有哪些？对应的查找方法和更正方法是什么？

8. 为什么要对账？如何对账和结账？

9. 更换账簿时需要注意哪些问题？各种账簿资料的保管方法是什么？

二、单项选择题

1. 会计账簿按（　　）分类，分为序时账、分类账、被查账。

A. 用途　　　　　B. 性质　　　　　C. 格式　　　　　D. 外形

2. 下列项目中，（　　）是连接会计凭证和会计报表的中间环节。

A. 复式记账　　　　　　　　　B. 设置会计科目和账户

C. 设置和登记账簿　　　　　　D. 编制会计分录

3. 能够序时反映企业某一类经济业务会计信息的账簿是（　　）。

A. 总分类账　　　B. 明细分类账　　　C. 备查账　　　D. 日记账

4. 一般情况下，不需根据记账凭证登记的账簿是（　　）。

A. 总分类账　　　B. 明细分类账　　　C. 备查账　　　D. 日记账

5. 下列明细账分类账中，可以采用多栏式格式的是（　　）。

A. 应付账款明细分类账　　　　B. 原材料明细分类账

C. 库存商品明细分类账　　　　D. 管理费用明细分类账

6. 下列项目中，可以采用卡片式格式的是（　　）。

A. 库存现金日记账　　　　　　B. 库存商品明细账

C. 制造费用明细账　　　　　　D. 固定资产明细账

7. 启用账簿时，不能在扉页上书写的是（　　）。

A. 单位名称　　　B. 账簿名称　　　C. 账户名称　　　D. 启用日期

8. 登记账簿时，下列错误的做法是（　　）。

A. 文字和数字的书写占格距的 1/2　　B. 使用圆珠笔书写

C. 用红字冲销错误记录　　　　　　　D. 在发生的空页上注明"此页空白"

9. 在记账凭证没有错误，而是在登记账簿时发生错误导致账簿记录错误的情况下，应该采用（　　）。

A. 画线更正法　　B. 红字冲销法　　C. 补充登记法　　D. 重新登记法

10. 下列不属于账账核对内容的是（　　）。

A. 总账有关账户的余额核对　　　B. 总账与明细账核对

C. 总账与日记账核对　　　　　　D. 会计账簿记录与原始凭证核对

11. 用转账支票归还欠 A 公司货款 50 000 元，会计人员编制的记账凭证为：借记应收账款 50 000 元，贷记银行存款 50 000 元，审核并已登记入账，该记账凭证（　　）。

A. 没有错误　　　　　　　　　　B. 有错误，使用画线更正法更正

C. 有错误，是用红字冲销法更正　　D. 有错误，使用补充登记法更正

12. 企业的结账时间应为（　　　）。

A. 每项经济业务登账后 　　　　　　 B. 每日终了时

C. 一定时期终了时 　　　　　　 D. 会计报表编制后

13. 下列账簿中不必每年进行更换的是（　　　）。

A. 应收账款明细账　 B. 短期贷款明细账　 C. 固定资产明细账　 D. 长期投资明细账

14. 登记账簿时，正确的做法是（　　　）。

A. 文字和数字的书写需要占满格 　　　　　 B. 书写可以使用蓝黑墨水、圆珠笔或铅笔

C. 用红字冲销错误记录 　　　　　 D. 发生的空行，空页一定要补充书写

15. 对账时，账账核对不包括（　　　）。

A. 总账各账户的余额核对 　　　　　 B. 总账与明细账之间的核对

C. 总账与备查簿之间的核对 　　　　　 D. 总账与日记账的核对

16. 错账更正时，画线更正法的使用范围是（　　　）。

A. 记账凭证中会计科目或借贷方向错误，导致账簿记录错误

B. 记账凭证正确，登记账簿时发生文字和数字错误

C. 记账凭证中会计科目或借贷方向正确，所记金额大于应记金额，导致账簿记录错误

D. 记账凭证中会计科目或借贷方向正确，所记金额小于应记金额，导致账簿记录错误

17. 采用补充登记法，是因为（　　　）导致账簿记录错误。

A. 记账凭证上会计科目错误

B. 记账凭证上记账方向错误

C. 记账凭证上会计科目和记账方向正确，所记金额小于应记金额

D. 记账凭证上会计科目和记账方向正确，所记金额大于应记金额

18. 结账时，应当画通栏双红线的是（　　　）。

A. 12月末结出全年累计发生额后 　　　　　 B. 各月末结出全年累计发生额后

C. 结出本季累计发生额后 　　　　　 D. 结出当月发生额后

三、多项选择题

1. 在会计账簿登记中，可以用红色墨水记账的有（　　　）。

A. 更正会计科目和金额同时错误的记账凭证

B. 登记减少数

C. 未印有余额方向的，在余额栏内登记相反方向数额

D. 更正会计科目正确，多记金额的记账凭证

2. 下列说法中，正确的有（　　　）。

A. 登记会计账簿时应当做到数字准确、摘要清楚

B. 账簿中书写的文字和数字上面要留有适当空格

C. 登记账簿要用蓝黑墨水或者碳素墨水书写

D. 各种账簿应按页次顺序连续登记

3. 能够详细反映某一类经济业务增减变动的会计账簿有（　　　）。

A. 总分类账　　　　 B. 明细分类账　　　　 C. 备查账　　　　 D. 序时账

4. 下列项目中，应当建立备查账的有（　　　）。

A. 租入的固定资产 　　　　　 B. 接受外单位的捐赠

C. 委托加工材料登记簿 　　　　　 D. 无形资产

5. 会计账簿的基本构成包括(　　　)。

A. 封面　　　　　　B. 扉页　　　　　　C. 使用说明　　　　　　D. 账页

6. 启用会计账簿时，在账簿扉页上应当附启用表，内容包括(　　　)。

A. 启用日期　　　　　　　　　　　B. 记账人员和会计机构负责人姓名

C. 记账人员和会计机构负责人名章　　D. 单位公章

7. 下列符合登记会计账簿基本要求的有(　　　)。

A. 文字和数字的书写应占格局的1/3　　B. 不得使用圆珠笔书写

C. 应连续登记，不得跳行、隔页　　　　D. 无余额的账户，在"借或贷"栏内写"0"

8. 下列项目中，可以采用数量金额登记账簿的有(　　　)。

A. 银行存款日记账　　　　　　　　　B. 应收账款明细分类账

C. 库存商品明细分类　　　　　　　　D. 材料明细分类账

9. 下列项目中，可以采用三栏式格式的有(　　　)。

A. 应收账款明细分类账　　　　　　　B. 长期借款明细分类账

C. 实收资本明细分类账　　　　　　　D. 库存现金日记账

10. 下列适合采用多栏式明细分类账的有(　　　)。

A. 应收账款明细分类账　　　　　　　B. 管理费用明细分类账

C. 生产成本明细分类账　　　　　　　D. 制造费用明细分类账

11. 错账的更正方法包括(　　　)。

A. 画线更正法　　B. 直接涂改法　　C. 红字冲销法　　D. 补充登记法

12. 下列选项中，属于对账内容的有(　　　)。

A. 账实核对　　　B. 账证核对　　　C. 账账核对　　　D. 账款核对

13. 结账的种类包括(　　　)。

A. 月结　　　　　B. 季结　　　　　C. 年结　　　　　D. 日结

14. 对账时，账实核对包括(　　　)。

A. 库存现金日记账账面余额与库存现金库存数相核对

B. 银行存款日记账账面余额与银行对账单相核对

C. 各种财务明细账账面余额与财务实存数额相核对

D. 总账与日记账的核对

15. 下列账目中，必须逐日结出余额的账簿有(　　　)。

A. 库存现金总账　　B. 银行存款总账　　C. 库存现金日记账　D. 银行存款日记账

16. 下列选项中，结账时正确的做法有(　　　)。

A. 结出当月发生额的，在"本月合计"下面通栏画单红线

B. 结出本年累计发生额的，在"本年累计"下面通栏画单红线

C. 12月末，结出全年累计发生额的，在下面通栏画单红线

D. 12月末，结出全年累计发生额的，在下面通栏画双红线

17. 收回货款1 500元存入银行，记账凭证误填为15 000元，并已入账，错误的更正方法有(　　　)。

A. 采用画线更正

B. 用蓝字借记"银行存款"，贷记"应收账款"

C. 用蓝字借记"应收账款"，贷记"银行存款"

D. 用红字借记"银行存款"，贷记"应收账款"

四、判断题

1. 库存现金日记账的借方是根据收款凭证登记的，贷方是根据付款凭证登记的。　（　　）

2. 账簿与账户的关系是形式和内容的关系，账户是形式、账簿是内容。　　（　　）

3. 登记账簿不得使用圆珠笔（银行复写账簿除外），但可以用铅笔。　　　（　　）

4. 总分类账必须采用订本式的三栏式账簿。　　　　　　　　　　　　　（　　）

5. 登记启用日期属于账页的基本内容。　　　　　　　　　　　　　　　（　　）

6. 库存商品适合采用多栏明细账的格式。　　　　　　　　　　　　　　（　　）

7. 期末对账时，也包括账证核对，即会计账簿与原始凭证、记账凭证核对。（　　）

8. 结账工作是建立在持续经营前提下的。　　　　　　　　　　　　　　（　　）

9. 会计账簿暂由本单位财务会计部门保管半年，期满后，交由档案部门保管。（　　）

10. 备查账簿需要每年更换一次。　　　　　　　　　　　　　　　　　（　　）

11. 总账账户平时只需要结出月末余额，年终结账时，将总账账户结出全年发生额和年末余额，并在合计数下通栏画双红线。　　　　　　　　　　　　　　　　　（　　）

12. 对需要按月进行月结的账簿，结账时，应在"本月合计"字样下面通栏画单红线，而不是画双红线。　　　　　　　　　　　　　　　　　　　　　　　　　（　　）

13. 登记账簿时，发生的空行、空页一定要补充书写，不得注销。　　　（　　）

五、综合业务题

甲企业会计人员在结账前进行对账时，查找出以下错账：

1. 用银行存款预付建造固定资产的工程价款（通过"在建工程"核算）86 000 元，编制的会计分录为：

借：在建工程　　　　　　　　　　　　　　　　　　　　86 000

　贷：银行存款　　　　　　　　　　　　　　　　　　　　　　　86 000

在登账时，"在建工程"账户记录为 68 000 元。

2. 用库存现金支付职工生活困难补助（通过"应付职工薪酬"核算）300 元，编制的会计分录为：

借：管理费用　　　　　　　　　　　　　　　　　　　　　300

　贷：库存商品　　　　　　　　　　　　　　　　　　　　　　　300

3. 计提车间生产用固定资产折旧（涉及累计折旧和制造费用账户）3 500 元，编制的会计的分录为：

借：制造费用　　　　　　　　　　　　　　　　　　　　35 000

　贷：累计折旧　　　　　　　　　　　　　　　　　　　　　　35 000

4. 用库存现金支付工人工资 45 000 元，编制的会计分录为：

借：应付职工薪酬　　　　　　　　　　　　　　　　　　　4 500

　贷：库存现金　　　　　　　　　　　　　　　　　　　　　　4 500

要求：1. 指出对各题中的错账应采用何种更正方法。

　　　2. 编制错账更正的会计分录。

第七章
账务处理程序

知识目标

1. 了解账务处理程序的含义、了解账务处理程序中会计凭证、会计账簿和财务报告之间的关系形成的程序以及各种具体组织程序的特点、分类和适应范围。

2. 理解各类账务处理程序的主要区别；掌握各种账务处理程序的基本步骤。

3. 熟悉各种账务处理程序的适用范围及优、缺点；理解会计循环的各个会计程序。

案例导入

几年前，王某开了一家地产租赁公司，当时注册资本仅有300万元，年销售额200万元左右；考虑到规模和业务量，会计小张采用了记账凭证账务处理程序。经过几年的发展，公司成为集销售、开发、设计和物业管理于一体的中型房地产企业，注册资本也由原来的300万元增资到了3 000万元，年营业额过亿元的综合型地产公司；会计工作人员由原来的3人，增加到现在的8人。财务主管认为：企业的业务量增大，采用记账凭证账务处理程序不太合适，应该采用科目汇总表账务处理程序。

思考： 你认为变更合适吗？为什么？

第 一 节 账务处理程序概述

一、账户处理程序的概念

账务处理程序亦称会计核算组织程序，是指会计从填制记账凭证到会计报表编出的组织形式和记账的步骤。

账簿的组织主要是指账簿的种类、格式及相互之间的关系。

记账的步骤是指从填制会计凭证登记各种账簿至编制会计报表的过程和步骤。

企业发生的经济业务先通过会计凭证分类，登记到账簿上，再以账簿体系为核心，把会计凭证、会计账簿、记账程序和记账方法等有机结合起来的技术组织方式。体现了不同企业业务性质、组织规模、经济业务繁简的程度对会计核算组织的要求。基本流程如图7-1所示。

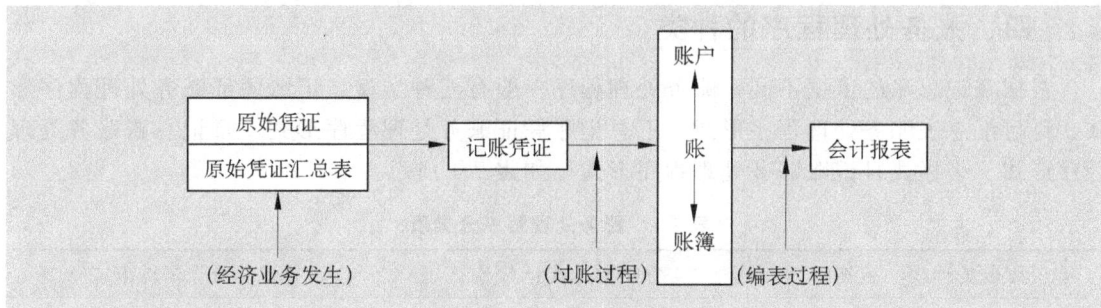

图 7-1　账务处理基本流程

（1）经济业务发生，接受并审核原始凭证，编制记账凭证。

（2）登记日记账和分类账（总分类账和明细分类账）。

（3）账证核对。

（4）调整应记账项并计算成本和损益。

（5）结账，编制会计报表。

二、组织账务处理程序的意义

一个单位的性质、规模和业务繁简程度决定适用的账务处理程序。不同的账务处理程序，对汇总凭证、登记总分类账的依据和办法的要求不同。组织一套科学合理的会计核算形式，对企业的会计核算工作具有十分重要的意义，也是会计部门和会计人员的一项重要工作。

▶ 1. 提高会计核算工作效率

科学地建立会计核算形式，可以简化会计核算手续，提高会计工作效率和质量。

▶ 2. 节约会计核算工作成本

企业组织会计核算工作必然会消耗一定的人力、物力和财力。合理组织运用适当的账务处理程序，可以减少会计凭证、账簿的使用数量，节约会计核算工作成本，从而提高经济效益。

▶ 3. 保证会计核算工作质量

有效地运用组织账务处理程序，有利于会计工作的分工协作、明确责任，规范会计核算组织工作，保证会计核算的工作质量。

三、会计核算形式的要求

科学的、合理的、适用的会计核算形式，应符合以下四个要求：

（1）要适应本单位的经济活动特点、规模大小和经济业务繁简程度，以有利于会计核算的分工，建立岗位责任制。

（2）要适应本单位、主管部门以及国家管理经济的需要，全面、及时、准确地提供反映本单位经济活动情况的会计核算资料。

（3）要在确保会计核算资料准确、及时和完整的前提下，尽可能地简化会计核算手续，提高会计核算工作质量效率，节约人力物力，降低核算费用。

（4）要逐步采用现代化的核算工具，适应电子计算机处理会计业务的要求。

四、账务处理程序的种类

根据登记总账的依据不同，账务处理程序一般有五种类型：记账凭证账务处理程序形式、科目汇总表账务处理程序形式、汇总记账凭证账务处理程序形式、日记总账账务处理程序形式、多栏式日记账账务处理程序形式。如表 7-1 所示。

表 7-1 账务处理程序分类表

账务处理程序名称	登记总分类账依据	登记总分类账的方式
记账凭证账务处理程序	记账凭证	直接登记
汇总记账凭证账务处理程序	汇总记账凭证	汇总记账
科目汇总表账务处理程序	科目汇总表	汇总记账
多栏式日记账账务处理程序	转账凭证科目汇总表＋多栏日记账	汇总记账直接记账
日记总账账务处理程序	记账凭证	直接登记日记总账

由于电子技术的发展，账簿登记工作已全面被电子技术取代，会计已从繁重的记账工作中解脱，被各种财务软件处理所代替，但账务处理程序在各种财务软件处理账簿数据时仍然存在。

会计核算组织程序是规定凭证、账簿的种类、格式和登记方法及各种凭证之间、账簿之间和各种凭证与账簿之间，以及各种报表之间，各种账簿与报表之间的相互联系及编制的程序。选用适当的会计核算组织程序，对于科学地组织本单位的会计核算工作具有重要意义。

第 二 节　记账凭证账务处理程序

一、记账凭证核算形式的基本内容

记账凭证核算形式是指经济业务发生后，根据所填制的记账凭证直接逐笔登记总分类账，并定期编制财务报表的一种会计账务处理程序。是会计核算中最基本的一种核算形式，其他各种会计核算形式都是在此基础上，根据经济管理的需要发展而形成的。

二、记账凭证核算形式下凭证、账簿的格式及设置

采用这种核算形式，一般应设置现金日记账、银行存款日记账、总分类账和明细分类账。日记账和总账一般采用三栏式；明细账可根据实际需要，分别采用三栏式、数量金额式或多栏式。记账凭证一般采用通用记账凭证格式，也可采用收款凭证、付款凭证和转账凭证三种格式。

三、记账凭证核算形式的账务处理程序

记账凭证账务处理流程如图 7-2 所示。

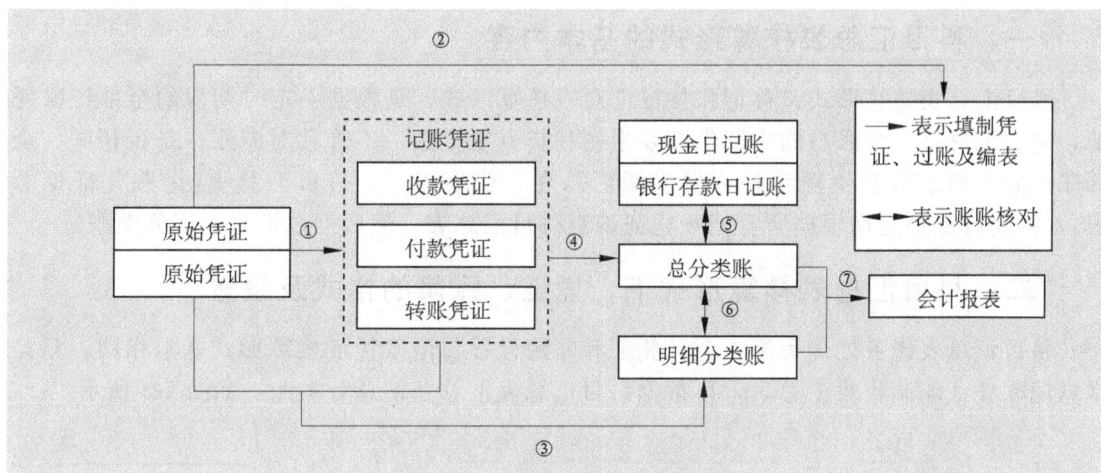

图 7-2 记账凭证账务处理流程

（1）根据原始凭证或原始凭证汇总表，编制收款凭证、付款凭证和转账凭证或通用格式记账凭证。

（2）根据收款凭证和付款凭证及所附原始凭证，逐笔顺序登记现金日记账和银行存款日记账。

（3）根据记账凭证结合有关原始凭证或原始凭证汇总表，逐笔登记各种明细分类账。

（4）根据记账凭证逐笔登记总分类账。

（5）月末，将现金日记账、银行存款日记账和明细分类账的余额与对应的总分类账的余额互相核对。

（6）根据总分类账、明细分类账和其他有关资料编制会计报表。

四、记账凭证核算形式的优、缺点及适用范围

（1）记账凭证核算形式的评价

优点：简单明了，核算手续简便，层次清楚、便于查账。这是由于省去了编制记账凭证的汇总工作，而且对于一些不经常发生经济业务的账户，可省去设置明细账，只需在总账的摘要栏中说明经济业务的主要内容，从而简化了记账工作。总分类账还较详尽地反映了全部的经济业务内容，账户的对应关系和经济业务的来龙去脉比较清晰，便于查账和用账。

缺点：主要是登记总分类账的工作量较大，而且不便于对会计工作进行分工。

（2）记账凭证核算形式的适应范围：一般适用于规模较小、经济业务较少、凭证不多的单位。

第三节 科目汇总表核算形式

一、科目汇总表核算形式的基本内容

科目汇总表核算形式又称记账凭证汇总表核算形式，是根据一定时期内的全部记账凭证，定期汇总每一个账户的本期借方发生额和贷方发生额，不管其对应账户是否相同，全部账户的本期借方发生额和贷方发生额汇总在一张表内——科目汇总表（记账凭证汇总表）。主要特点是定期根据所有记账凭证编制科目汇总表，然后据以汇总登记分类账。

二、科目汇总表核算形式下，凭证、账簿的格式及设置

科目汇总表账务处理程序，会计凭证和账簿设置与记账凭证核算形式基本相同，只是根据记账凭证编制科目汇总表，再根据科目汇总表汇总登记总分类账，如图 7-3 所示。

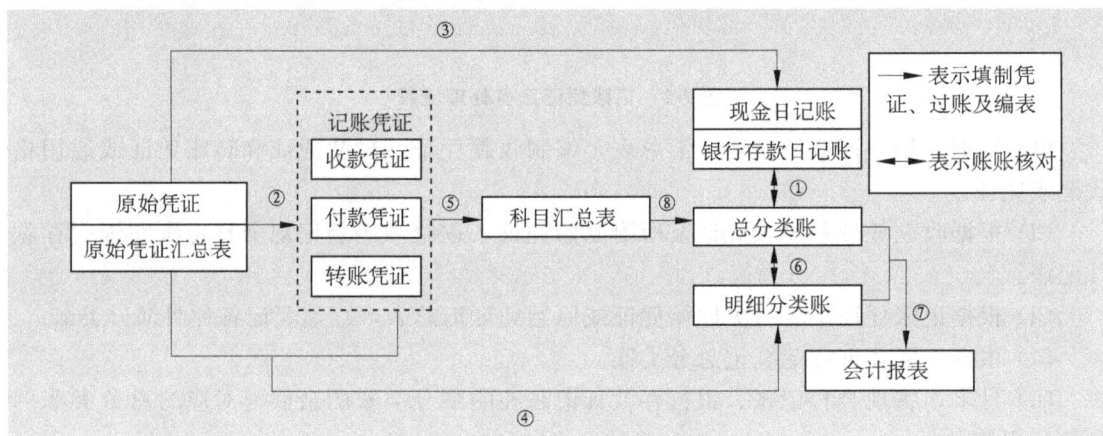

图 7-3　科目汇总表账务处理程序

三、科目汇总表的编制方法

（1）全部汇总，是将一定时期的全部记账凭证，按照相同科目的借方和贷方归类，定期汇总每一会计科目的借方本期发生额和贷方本期发生额，填写在一张科目汇总表上，再据以登记总分类账。

（2）分类汇总，是将一定时期的收款凭证、付款凭证和转账凭证分别汇总，编制收款凭证科目汇总表、付款凭证科目汇总表和转账凭证科目汇总表，再据以登记总分类账。

在实际工作中，科目汇总表可采用不同的格式，即可以用一张通用的科目汇总表汇总所有科目，也可以按现金、银行存款和转账业务分别汇总与该业务有关的科目。

四、科目汇总表核算形式的账务处理程序

（1）根据原始凭证或原始凭证汇总表，编制收款凭证、付款凭证和转账凭证，或通用格式记账凭证。

（2）根据收款凭证、付款凭证及所附原始凭证，逐笔顺序登记现金日记账和银行存款日记账。

（3）根据记账凭证结合有关原始凭证或原始凭证汇总表，逐笔登记各种明细分类账。

（4）根据记账凭证定期编制科目汇总表。

（5）根据科目汇总表登记总分类账。

（6）月末，将现金日记账、银行存款日记账和明细分类账的余额与对应的总分类账的余额互相核对。

（7）根据总分类账、明细分类账和其他有关资料编制会计报表。

五、科目汇总表核算形式的优、缺点及适用范围

（1）科目汇总表核算形式的评价

优点：根据科目汇总表登记总分类账，大大简化了登记总账工作量，而且通过科目汇总表的编制，可以根据各科目本期借方、贷方发生额的合计数进行试算平衡，及时发现并纠正记账过程中的差错，从而保证记账工作的质量。

缺点：科目汇总表不能与对应科目进行汇总，反映不出账户的对应关系和经济业务的来龙去脉，不便于对经济业务进行分析和检查，不利于查账。

（2）科目汇总表核算形式适应范围：这种核算程序一般适用于规模较大、经济业务较多的单位。

第四节 汇总记账凭证核算形式

一、汇总记账凭证核算形式的基本特点

汇总记账凭证核算形式是将需要进行汇总的付款凭证按对应的借方科目进行归类，计算出每一个借方科目发生额合计数，填入汇总付款凭证中，然后根据记账凭证定期编制汇总记账凭证，并据以登记总分类账的会计账务处理程序。

二、汇总记账凭证核算形式下，凭证、账簿的格式及设置

采用这种核算形式，除仍应设置收款凭证、付款凭证和转账凭证外，还要设置汇总收款凭证、汇总付款凭证和汇总转账凭证，在各种汇总凭证中都要求反映账户的对应关系。由于汇总记账凭证反映了账户的对应关系，为使总分类账的内容与各种汇总记账凭证相一致，总分类账所采用的借、贷、余三栏式中的借、贷两栏应设有"对方科目"专栏的格式，以便于清晰反映科目之间的对应关系。日记账、明细账的设置与记账凭证核算程序基本相同。汇总记账凭证账务处理程序如图 7-4 所示。

三、汇总记账凭证的编制方法

汇总收款凭证是根据一定时期的全部收款凭证，按月编制而成。汇总收款凭证按借方科目现金和银行存款科目设置，按相对应的贷方科目加以归类，定期归总，按月编制。月末时，结算出汇总收款凭证中各贷方科目的合计数，作为登记"现金""银行存款"总分类账

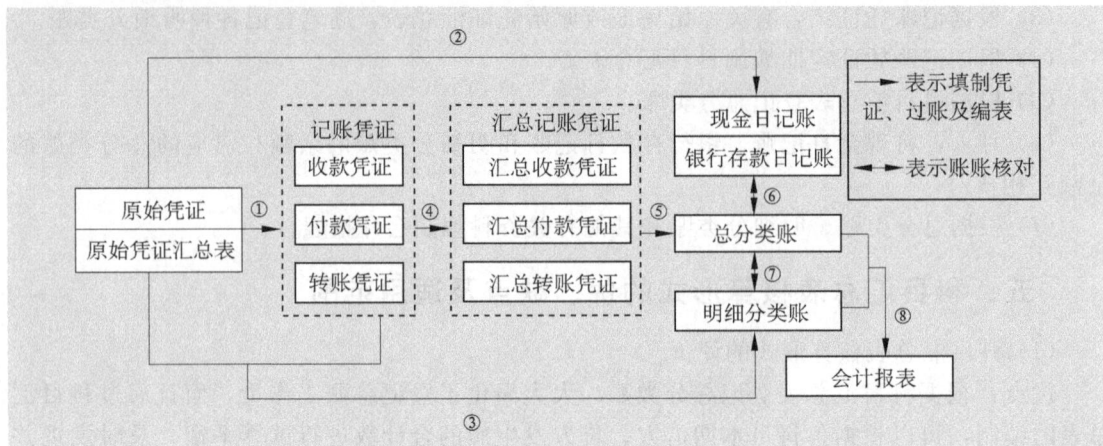

图 7-4 汇总记账凭证账务处理程序

的借方和各对应总分类账的贷方的依据。需要注意的是：汇总转账凭证上的科目对应关系是一个贷方科目与一个或几个借方科目相对应。因此，在汇总记账凭证核算形式下，为了便于编制汇总转账凭证，所有转账凭证只能按一借一贷或多借一贷对应关系编制，不允许填制一借多贷或多借多贷的转账凭证。

四、汇总记账凭证核算形式的账务处理程序

（1）根据原始凭证或原始凭证汇总表，编制收款凭证、付款凭证和转账凭证。

（2）根据收款凭证、付款凭证及所附原始凭证，逐笔顺序登记现金日记账和银行存款日记账。

（3）根据记账凭证及有关原始凭证或原始凭证汇总表，逐笔登记各种明细分类账。

（4）根据收款凭证、付款凭证、转账凭证定期编制汇总收款凭证、汇总付款凭证、汇总转账凭证。

（5）根据各种汇总记账凭证登记总分类账。

（6）月末，将现金日记账、银行存款日记账的余额和明细分类账余额合计数，分别与对应的总分类账户的余额相互核对。

（7）根据总分类账、明细分类账和其他有关资料编制会计报表。

五、汇总记账凭证核算形式的优、缺点和适用范围

▶ 1. 汇总记账凭证核算形式的评价

优点：汇总记账凭证核算形式是根据汇总记账凭证月终一次登记总分类账的，从而大大减轻了登记总账的工作量；同时，汇总记账凭证是按照会计科目的对应关系编制的，清晰地反映了经济业务的来龙去脉，总分类账也反映账户的对应关系，便于查账。

缺点：这种核算形式的汇总转账凭证是按每一贷方科目而不是按经济业务性质归类、汇总的，不利于日常核算工作的合理分工。同时，编制汇总记账凭证工作量也较大。

▶ 2. 汇总记账凭证核算形式适用范围

这种核算形式适用于规模较大、经济业务较多、管理要求总分类核算提供详细资料的大型会计单位。

练习题

一、思考题

1. 什么是账务处理程序？合理组织账务处理程序有何意义？
2. 我国采用的账务处理程序有哪些？
3. 什么是记账凭证核算组织程序？
4. 记账凭证核算组织程序的特点是什么？适用范围是什么？
5. 什么是科目汇总表账务处理程序？
6. 科目汇总表核算组织程序的优点以及缺点是什么？
7. 什么是汇总记账凭证账务处理程序？组织特点、适用范围以及优、缺点是什么？

二、单项选择题

1. 在账务处理程序中，最基本的核算形式是(　　　)。
A. 科目汇总表账务处理程序　　　　　B. 记账凭证账务处理程序
C. 汇总记账凭证账务处理程序　　　　D. 多栏式日记账账务处理程序

2. 账务处理程序分类采用的主要依据是(　　　)。
A. 登录明细分类账的依据不同　　　　B. 登录总分类账的依据不同
C. 明细分类账的账簿格式不同　　　　D. 总分类账的账簿格式不同

3. 下列各项中，属于科目汇总表汇总范围的是(　　　)。
A. 全部科目的借、贷方余额
B. 汇总收款凭证、汇总付款凭证、汇总转账凭证的合计数
C. 全部科目的借、贷方发生额和余额
D. 全部科目的借、贷方发生额

4. 下列选项属于汇总记账凭证账务处理程序的优点是(　　　)。
A. 有利于会计核算的日常分工　　　　B. 便于了解账户之间的对应关系
C. 手续简便　　　　　　　　　　　　D. 便于试算平衡

5. 下列各项中，不能反映各科目的对应关系，不便于分析和检查经济业务的来龙去脉，不便于查对账目的是(　　　)。
A. 记账凭证账务处理程序　　　　　　B. 科目汇总表账务处理程序
C. 日记总账账务处理程序　　　　　　D. 汇总记账凭证账务处理程序

6. 下列各项中，属于汇总记账凭证账务处理程序步骤的是(　　　)。
A. 根据各种记账凭证登记总账　　　　B. 根据各种记账凭证编制科目汇总表
C. 根据科目汇总表登记总分类账　　　D. 根据各种记账凭证编制有关汇总记账凭证

7. (　　　)是科目汇总表账务处理程序和汇总记账凭证账务处理程序主要相同点。
A. 记账凭证汇总的方法　　　　　　　B. 登记总账的依据
C. 会计凭证的种类　　　　　　　　　D. 可以大大减少登记总分类账的工作量

8. 总分类账是根据记账凭证直接登记的账务处理程序的是(　　　)。
A. 科目汇总表账务处理程序　　　　　B. 记账凭证账务处理程序
C. 汇总记账凭证账务处理程序　　　　D. 多栏式日记账账务处理程序

9. 需要编制转账凭证科目汇总表的账务处理程序的是(　　　)。
A. 科目汇总表账务处理程序　　　　　B. 多栏式日记账账务处理程序
C. 汇总记账凭证账务处理程序　　　　D. 日记总账账务处理程序

10. 下列不属于组织账务处理程序的意义的说法是（   ）。

A. 提高会计核算工作效率　　　　　　B. 浪费会计核算资源

C. 节约会计核算成本　　　　　　　　D. 保证会计核算工作质量

三、多项选择题

1. 下列有关记账凭证账务处理程序、汇总记账凭证账务处理程序和科目汇总表账务处理程序的表述中，正确的有（   ）。

A. 登记总分类账的依据不同　　　　　B. 三者的基本流程相同

C. 登记总分类账的方法不同　　　　　D. 三者完全不相同

2. 下列各项中，属于记账凭证账务处理程序优点的有（   ）。

A. 记账程序简单明了、易于理解

B. 登记总分类账的工作量较小

C. 总分类账可以较详细地反映经济业务的发生情况

D. 具有试算平衡的作用，有利于保证总账登记的正确性

3. 下列各项中，能够起到简化登记总分类账工作的账务处理程序的有（   ）。

A. 汇总记账凭证账务处理程序　　　　B. 科目汇总表账务处理程序

C. 日记总账账务处理程序　　　　　　D. 记账凭证账务处理程序

4. 下列各项中，属于我国常用账务处理程序的有（   ）。

A. 总账账务处理程序　　　　　　　　B. 科目汇总表账务处理程序

C. 汇总记账凭证账务处理程序　　　　D. 记账凭证账务处理程序

5. 下列各项中是根据总账的登记依据和方法进行账务处理程序分类的有（   ）。

A. 汇总记账凭证账务处理程序　　　　B. 一般账务处理程序

C. 科目汇总表账务处理程序　　　　　D. 记账凭证账务处理程序

6. 下列各项中，在记账凭证账务处理程序下应设置的有（   ）。

A. 收款付款转账凭证或通用记账凭证　B. 现金和银行存款日记账

C. 科目汇总表或汇总记账凭证　　　　D. 总分类账和若干明细分类账

7. 下列各项中，属于记账凭证账务处理程序内容的有（   ）。

A. 逐笔登记总账　　　　　　　　　　B. 编制科目汇总表

C. 逐笔登记明细分类账　　　　　　　D. 填制记账凭证

8. 下列各项中，属于汇总记账凭证账务处理程序优点的有（   ）。

A. 登记总分类账的工作量较小

B. 可以清晰反映科目之间的对应关系

C. 编制汇总记账凭证的程序比较简单

D. 具有试算平衡的作用，有利于保证总账登记的正确性

9. 下列属于汇总记账凭证的有（   ）。

A. 汇总付款凭证　　　　　　　　　　B. 汇总收款凭证

C. 汇总转账凭证　　　　　　　　　　D. 汇总原始凭证

10. 关于科目汇总表账务处理程序与汇总记账凭证账务处理程序共同之处的表述中，正确的有（   ）。

A. 可以进行发生额试算平衡　　　　　B. 可以减少总分类账登记工作量

C. 都适用于规模较大的企业　　　　　D. 可以保持会计科目之间对应关系

第八章
财产清查

知识目标

1. 掌握财产清查的含义，了解财产清查的意义，掌握财产清查的分类。

2. 了解财产物资账面数与实存数发生差异的原因，了解财产清查前需要做的准备工作；掌握财产物资盘存制度，理解永续盘存制度和实地盘存制度的异同。

3. 了解实物盘存的方法，掌握货币资金的清查方法，掌握银行存款余额调节表的编制方法，了解往来款项的清查方法。

4. 了解财产清查结果有哪些类型、账户设置，财产清查结果的账务处理。

案例导入

昆明市《都市条形码》媒体曾报道出这样一个事件：某中药连锁店在对某门店进行年末存货盘点后，发现了该门店的中药材账实不符，实际数比账面数短缺价值约 30 000 元，连锁店领导做出了要求门店经理及工作人员进行赔偿的处理决定，而门店经理及工作人员认为：第一，中药材入库时湿度较大，昆明市又比较干燥，自然损耗较大。第二，中药材销售是称重销售，也会产生一定的误差。第三，公司连续 3 年未对门店存货进行盘点，集中一次清查累计的损耗量就会十分明显。30 000 元的赔偿款对门店工作人员而言，十分不公平。

思考： 究竟应该多长时间进行财产清查呢？清查结果的处理要如何区分原因，提出相对公允的处理决定呢？门店经理和连锁店领导在处理此事上可能存在哪些不足？

第 一 节 财产清查的概述

一、财产清查的概念

财产清查是指通过对货币资金、实物资产等各项财产物资及往来款项进行盘点和核对，确定其实存数，查明账面数与实存数是否相符的一种专门方法。财产清查不仅包括实物财产的清点，还应包括各种债权、债务等往来款项的检查核对。这里所指的财产清查在永续盘存制的情况下适用。因为只有在这种情况下，账簿才能够发挥控制财产物资的作用。

财产清查的主要项目包括货币资金的清查，有库存现金、银行存款、其他货币资金的清查；存货的清查包括各种材料、存货、在产品、半成品等资产的清查；金融资产的清查，包括以公允价值计量且其变动计入当期损益的金融资产、持有至到期投资、长期股权投资、可供出售金融资产、贷款和应收款项的核查；固定资产的清查；无形资产的清查；其他债权、债务的核查，如应收账款、其他应收款、应付账款和其他应付款等的清查。

我国《会计法》第四章第二十七条第三款明确规定：财产清查的范围、期限和组织程序应当明确。

二、财产清查的种类

财产清查的种类可以按不同的标准进行分类。主要分类方法有以下两种：

(一) 按清查对象的范围分类

财产清查按照清查的范围大小，可分为全面清查和局部清查。

▶ 1. 全面清查

全面清查就是对属于本单位或存放在本单位的所有财产物资、货币资金和各项债权债务进行全面盘点和核对。对资产负债表内所列的项目，要一一盘点、核对。全面清查的内容多、范围广，一般在以下几种情况下，才需要进行全面清查。

(1) 年终决算之前，要进行一次全面清查。

(2) 单位撤销、合并或改变隶属关系时，要进行一次全面清查，以明确经济责任。

(3) 开展资产评估、清产核资等活动，需要进行全面清查，摸清家底，以便按需要组织资金的供应。

▶ 2. 局部清查

局部清查也叫重点清查。局部清查就是根据管理的需要或依据有关规定，对部分财产物资、债权债务进行盘点和核对。一般情况下，对于流动性较大的材料物资，除年度清查外，年内还要轮流盘点和核对。对于各种贵重物资，每月都应清查盘点一次；对于现金，应由出纳人员当日清点核对；对于银行存款，至少每月同银行核对一次；对各种债权债务，每月至少应当核对一至两次。

(二) 按照清查的时间分类

按照清查的时间是否事先有计划，财产清查可分为定期清查和不定期(临时)清查。

▶ 1. 定期清查

定期清查就是按事先计划安排的时间对财产物资、债权债务进行的清查。一般是在年末、季末或月末结账时进行。例如，每月结账时，要对现金进行账实核对；要对银行存款日记账进行对账等。定期清查，既可以是局部清查，也可以是全面清查。

▶ 2. 不定期清查

不定期清查是事先并无计划安排，而是根据实际需要所进行的临时性清查。一般在以下几种情况下，才需要进行不定期清查。

（1）更换财产物资和现金的保管人员时，要对有关人员所保管的财产物资和现金进行清查，以便分清经济责任。

（2）发生非常灾害和意外损失时，要对受灾损失的有关财产物资进行清查，以查明损失情况并分清责任。

（3）单位撤销、合并或改变隶属关系时，应对本单位的各项财产物资、货币资金、债权债务进行清查，以摸清家底。不定期清查，既可以是局部清查，也可以是全面清查。

定期清查和不定期清查的时候，可以根据具体情况而决定全面清查还是局部清查。

三、财产清查的意义

机关和企事业单位的财产物资、货币资金在管理过程中及业务经营过程中发生手法错误，检验计量不准或者在运输、保管和销售过程中的自然损耗等原因，发生账实不符的现象，不仅会影响会计信息的质量，也会给单位带来不必要的损失。

保证财务信息资料的真实性，是会计最重要的质量信息要求。只有在真实的会计信息下，会计核算才能起到应有的作用。因此，在整个会计核算过程中，一定要严格按规范的程序和方法进行。但是，由于种种原因，往往会出现某些财产物资实存数与账存数不符的现象。原因主要有：财产物资的自然损耗；计量器具可能失灵；收发物资出现差错；登记会计凭证或会计账簿出现的漏记、重记、错记或计算上的错误；不法分子的营私舞弊、贪污盗窃行为；自然灾害造成的非常损失等。因此，需要进行财产清查，对各项财产物资和债权债务进行定期或不定期的盘点和核对，在账实相符的基础上编制财务报表。

财产清查的关键是要解决账实不符的问题。造成账实之间差异的原因是多方面的。通过财产清查，可以起到以下作用：

▶ 1. 确保核算资料的真实可靠

通过财产清查，可以确定各项财产物资的实存数，与账存数相核对，查明各项财产物资的账实是否相符，以及产生差异的原因，并及时调整账存记录，使账实相符，从而保证会计账簿记录的真实性，为编制报表做好准备。

▶ 2. 健全财产物资的管理制度

在造成账实不符的原因中，对于财产物资的账面盘盈、盘亏，一方面可能是企业在物资管理上的问题；另一方面可能是会计核算方面的问题。出现财产物资的大量盘盈、盘亏，都说明企业内部控制出现了问题，是一个报警信号。通过财产清查，可以发现财产管理上存在的问题，促使企业不断改进财产物资管理，健全财产物资的管理制度，确保财产物资的安全、完整。

▶ 3. 促进财产物资的安全完整及有效使用

在财产清查中，不仅要对财产物资进行账实核对，还要查明各种财产物资的储存和使用情况，储存不足的应及时补足，多余积压的应及时处理，充分认识财产物资节约使用的经验和铺张浪费的教训。所以，通过财产清查，可以促进财产物资的有效使用，充分发挥财产物资的潜力，加速资金周转，避免损失浪费。

▶ 4. 保证财经纪律和结算制度的贯彻执行

通过财产清查，可以查明单位有关业务人员是否遵守财经纪律和结算制度，查明各项资金的使用是否合理，是否符合相关的政策和法规。在财产清查中，对于债权债务等往来结算账款，也要与对方逐一核对清楚，对于各种应收、应付账款及时结算，已确认的坏账要按规定处理，避免长期拖欠和长年挂账，共同维护结算纪律和商业信用。

第二节　财产清查的方法

　　财产清查是一项涉及面比较广、工作量比较大，既复杂又细致的工作。因此，在进行财产清查前，必须要有计划、有组织地进行各项准备工作，包括组织准备和业务准备。一般情况下，企业应在企业负责人的领导下，组织一个由分管会计工作的企业负责人、会计主管、相关专业人员及职工群众参加的专门财产清查小组，负责财产清查工作。然后，才能按科学、合理的方法进行财产清查。

一、财产清查的一般程序

　　不同目的的财产清查，应按不同的程序进行，但就一般程序来说，主要包括三个步骤：

（一）成立财产清查领导小组

　　财产清查，尤其是进行全面清查，由于涉及面广，工作量大，经济责任也相应较大，所以必须专门成立清查组织，具体负责财产清查的组织和管理。清查组织应由会计、业务、仓库等有关业务部门人员组成，并由具有一定权限的人员负责清查组织的领导工作。

（二）业务准备工作

　　为做好财产清查工作，会计部门和有关业务部门要在清查组织的指导下，做好各项业务准备工作。主要有：

　　（1）会计部门应在进行财产清查之前，将有关账簿登记齐全，结出余额，做好账簿准备，为账实核对提供正确的账簿资料。

　　（2）财产物资保管和使用等业务部门应登记好所经营的各种财产物资明细账，并结出余额。将所保管和使用的各种财产物资整理好，挂上标签，表明品种、规格和结存数量，以盘点核对。

　　（3）准备好各种计量器具和有关清查登记用的表册。例如，"盘存表""实存账存对比表""未达账项登记表"等。

（三）实施财产清查

　　在做好各项准备工作以后，应由清查人员根据清查对象的特点，依据清查的目的，采用相应的清查方法，实施财产清查。

　　清查人员按清查组的计划和要求，进行清查。在盘点财产物资时，财产物资的保管人员必须在场，并登记盘点表；在盘点现金时，出纳人员必须在场，并登记现金盘点报告表；清查银行存款，应将银行存款日记账和银行对账单核对，并记录"未达账项登记表"，必要时还可以到银行查证；清查债权债务，可通过询证、函证进行核实，并登记"往来款项核对登记表"。盘点时，要由盘点人员做好盘点记录；盘点结束，盘点人员应根据财产物资的盘点记录，编制"盘存表"，并由盘点人员、财产物资的保管人员及有关责任人签名盖章。同时，应根据有关账簿资料和盘存表资料填制"实存账存对比表"，据以检查账实是否相符，并根据对比结果调整账簿记录，分析差异原因，做出相应的处理。

二、财产清查的一般方法

为了全面说明财产清查的方法，下面按财产清查财产的对象分别从财产物资、货币资金和往来款项三个角度进行说明。

（一）实物清查方法

实物形态的财产物资多种多样，有低值易耗品、原材料、固定资产价值有高有低、使用寿命有长有短；财产清查主要是账面数和实际数进行核对；财产物资账面数的确定方式决定财产清查是否能顺利完成。

▶ 1. 物资盘存制度

所谓物资盘存制度，就是通过实物盘点方法查明财产实际存量的物资管理制度。实施这一制度的目的在于加强财产物资实物管理，并保证财产物资的安全与完整，关键还在于选择何种物资的盘存制度。一般来说，财产物资的盘存制度有永续盘存制和实地盘存制两种。使用永续盘存制时可以继续使用"财产清查会计处理方法"，而使用实地盘存制时已经保证了期末的账实相符，需要解决的会计核算问题则集中在"本期发出"存货物资的成本计算与确定方面。企业可以根据经营管理的需要和财产物资品种的不同，分别采用不同的方法，以达到账实清楚、查明原因、提高经营管理水平的目的。因此，需要分清这两种存货盘存制度。

1）永续盘存制及其应用

永续盘存制又称账面盘存制。是平时对单位各项财产物资分别设立明细账，根据会计凭证连续记载其增减变化并随时结出余额的一种盘存制度。财产物资在管理和核算中，收发数量是根据有关会计凭证逐笔登记增加或减少，并结出期末余额。按这种方法进行会计核算的存货数量及成本有这样的计算公式：

账面期末余额＝账面期初余额＋本期增加额－本期减少额

通常，许多企业的"原材料明细账""低值易耗品明细账""库存商品明细账""半成品明细账""固定资产明细账"，大都可能使用这种财产物资盘存制度。使用这一制度进行会计核算与财产物资管理时，可以随时掌握财产物资的动态占用情况，便于实行对这些财产物资的检查与监督，但各财产物资明细账的记录工作量较大。在财产物资管理中，除"账存"信息以外，还可以通过某一时点，如期末用财产物资的实际盘存办法查明各财产物资的实际结存数（"实存"），把"实存"与"账存"相比较，便能得到该财产物资的盈余（多出）或短缺（减少）情况，进而查明影响盈余或短缺的原因，以便改进财产物资管理与会计核算办法。也可以说，只有在使用"永续盘存制"时，才有财产物资管理中的盈余或短缺计算，才可能使用会计核算中的"财产清查及会计处理"技术方法。因此，"财产清查及会计处理"方法需要建立在永续盘存制财产物资管理制度上。为保证"账实相符"，企业单位每年至少应对实行这种制度管理的财产物资进行一次实地清查盘点；对某些重要的存货，还应该实行不定期的清查盘点，这不仅利于保证"账实相符"，还可以从"账存""实存"结余数额对比中发现存货财产是否存在有"不足"或"过多"的管理问题，以便及时组织货源或积极销货，减少资金积压或浪费。在使用"永续盘存制”管理制度时，年度内必须保证管理办法和计算基础的一致性，跨年度重新调整时，再彻底进行财产清查，并经过会计处理的基础上方能改变这一制度。

2）实地盘存制及其应用

实地盘存制是在平时根据有关会计凭证，只登记财产物资的增加数，不登记减少数，月末或一定时间根据期末盘点资料，确定各种财产物资的实有数额，然后根据公式计算出本期减少数额，亦即"以存计耗""以存计销"，通过现场实物盘点方法确定财产物资数量，并据以计算成本的一种物资盘存管理制度。就是说，在物资管理和存货核算下，平时账面只根据会计凭证登记财产物资的增加数而不记录减少数。到月末，对各项财产物资进行实地盘点后，将"实有数"同"收入数"（增加数）进行比较，可以得出本期"发出数"（或减少数）。按这种方法进行会计核算时的计算公式是：

本期发出数额＝期初实存数额＋本期收入（增加）数额－期末实盘（已存）数额

在这个计算式中，"期初实存""本期收入（增加）"可以从账面记录得到，"期末实际盘存数额"是实际盘存所得，而"本期发出数（减少）数额"是据前三项推导出来的（并非以会计凭证为依据），因而这种算账俗称"倒扎账"，在商品流通企业又被称为"以存计销""盘存计销"和"存量倒扎出销量"。产品制造业中的"以存计耗""以存计销"也是这种方法。

产生这种物资管理制度和存货核算方法的根本原因是，有些财产物资因自然作用会减少数量，例如，清晨时，某商店有5千克韭菜，即使不销售，但经中午烈日烤晒后，晚间所存数量也会少于5千克。对于这种"减少"，一般都没有及时记录的"会计凭证"作证明，因而无法依据前面所述的会计核算方法来确定"减少数量"与"发出成本"，只有用"期初数＋本期收入数－本期实存数"的计算倒查出"本期发生数额（或成本）"。在产品制造业中，有些"原材料"等存货管理也会有类似的情况发生，所以，企业对某些财产物资存货会采用实地盘存制方法。

实施实地盘存制的最大优点是简化了财产物资及存货的"发出"记账过程，且账务处理非常简单，但这种简单不能随时反映财产物资及存货的收、发、存等变动的情况。"倒扎账"计算出的"发出数量（及成本）"可能掩盖管理中的不正当损耗和财产物资及存货"库存管理"上的问题，极不利于内部控制制度的正常运行。因而，这种方法只是用于存货品种规模繁多且单位价值低的财产物资管理。显然，使用这种方法管理时，财产物资及存货的"期末余额"都是从实地盘存中得到的，而它同时又是该存货的"账存"数，在两者完全一致时就不会出现"财产清查结果会计处理"的调账等问题。

由于财产物资种类繁多、形态各异，对实物资产、货币资金、结算款项等应采取不同的方法进行清查。正因为两种盘存制度有不同的特点和要求，各会计单位的具体情况又存在一定的差异，所以应按照财产物资的不同种类，根据单位的管理需要和会计核算要求，从有利于企业内部牵制制度的积极组织出发，以提高会计信息的真实、完整、全面、系统为目标，选择各自适用的方法。

▶ 2. 清查财产物资金额的方法

在清查对象的实存数量确定后，就要进一步确定金额。当有些财产物资没有实存数量只有金额时，可以确定其金额。

对于各项财产物资实存金额的清查，一般采用账面价值法、评估确认法、协商议价法和查询核实法等。

（1）账面价值法。账面价值法是根据财产物资的账面单位价值来确定实存金额的方法，即根据各项财产物资的实存数量乘以账面单位价值，计算出各项财产物资的实存金额。

（2）评估确认法。评估确认法是根据资产评估的价值确定财产物资实存金额的方法。这种方法根据资产的特点，有专门的评估机构依据资产评估方法对有关的财产物资进行评估，以评估确认的价值作为财产物资的实存金额。这种方法适用于企业改组、隶属关系改变、联营、单位撤销、清产核资等情况。

（3）协商议价法。协商议价法是根据涉及资产利益的有关各方，按照互惠互利原则，参考目前市场价格，协商确定财产物资实存金额的方法。这种方法根据协商议价作为财产物资的价值，适于企业联营投资，或以资产对外投资时采用。

（4）查询核实法。查询核实法是依据账簿记录，以一定的查询方式，清查财产物资、货币资金、债权债务数量及其价值量的方法。这种方法根据查询结果进行分析，来确定有关财产物资、货币资金、债权债务的实存数量和价值量，适用于债权债务、出租出借的财产物资以及外埠存款的查询核实。

▶ 3. 清查财产物资实存数的方法

对于各项财产物资实存数量的清查，一般采用实地盘点法或技术推算法。

（1）实地盘点法。实地盘点法是通过实地逐一点数或用计量器具确定实存数量的一种常用方法。例如，逐台清点有多少台机床，用秤计量库存有多少吨钢材等。实地盘点常用到盘存单（见表 8-1）和账存实存对比表（见表 8-2）。

表 8-1 盘 存 单

单位名称：　　　　　　　盘点时间：　　　　　　　编号：
财产类别：　　　　　　　存放地点：　　　　　　　金额单位：

编号	名称	计量单位	数量	单价	金额	备注

清查小组负责人签章：　　　　盘点人签章：　　　　保管人签章：

表 8-2 账存实存对比表

年　月　日

单位名称：　　　　　　　盘点时间：　　　　　　　编号：
财产类别：　　　　　　　存放地点：　　　　　　　金额单位：

编号	类别及名称	计量单位	单价	账存数		实存数		对比结果				备注
				数量	金额	数量	金额	盘盈		盘亏		
								数量	金额	数量	金额	

主管：　　　　　　　会计：　　　　　　　制表：

（2）技术推算法。技术推算法是通过技术推算确定实存数量的一种方法。对有些价值低、数量大的材料物资，如露天堆放的原煤、沙石等，不便于逐一过磅、点数的，可以在抽样盘点的基础上，进行技术推算，从而确定其实存数量。

（3）抽查法。对于包装完整的财产物资，可以按大件点数，抽查包装即可。

三、货币资金清查的方法

货币资金主要包括库存现金、银行存款、其他货币资金等项目；库存现金是指企业存放在单位由出纳员保管的那部分现金，银行存款是企业存放在银行或其他金融机构的货币资金，其他货币资金也是存放银行或其他金融机构有一定用途的货币资金。银行存款和其他货币资金清查方法一致，分别以库存现金和银行存款的清查方法来说明货币资金的清查方法。

（一）库存现金清查方法

库存现金是企业存放在单位由出纳员保管的那部分现金，清查方法采用的也是实地盘点法。企业应当定期或者不定期对出纳员保管的现金进行实地盘点，盘点时一般有盘点人员和出纳员共同实施；现金盘点结束，直接填制"库存现金盘点报告表"（见表 8-3），由盘点人员、出纳人员及有关负责人签字盖章，并据以调整账簿记录。

表 8-3　库存现金盘点报告表

单位名称：　　　　　　　　　　年　月　日　　　　　　　　　　单位：元

实 存 金 额	账 存 金 额	对 比 结 果		备　注
		盘盈	盘亏	

清查小组负责人签单：　　　　　盘点人签章：　　　　　出纳人员签章：

（二）银行存款的清查

银行存款是企业存放在银行或其他金融机构的货币资金，银行或其他金融机构相当于企业的出纳员，由于银行或其他金融机构的特殊性，单位无法采用实地盘点法进行实地盘点；对于银行存款的清查采用对账法，企业应当定期或不定期用企业银行存款日记账和银行对账单进行核对。对账结束如果双方记录一致且没有错账双方余额应当相等；对账日双方余额不相等，主要有两个原因：一是企业银行存款日记账或银行对账单一方有错账；二是存在"未达账项"。"未达账项"主要是指一方已记账而另一方由于未在对账期间内收到原始凭证而没有及时入账的账项。如果有错账需按错账更正规则进行相关账项更正，对于"未达账项"则需要编制银行存款余额调节表。

银行存款清查的具体步骤是：

第一，银行存款日记账同银行对账单逐日逐笔核对，将一方已经记账而另一方未入账的收付款项填制"未达账项登记表"，未达账项，是指企业和银行之间对于同一项业务，由于取得凭证的时间不同，导致记账时间不一致，而发生的一方已取得结算凭证并已登记入账，而另外一方由于尚未取得结算凭证而尚未入账的款项。未达账项有：①企业已收，银行未收的款项。②企业已付，银行未付款项。③银行已收，企业未收款项。④银行已付，企业未付款项。对于开户银行实行计算机自动查询的各开户单位，应经常查对银行记录，及时登记"未达账项登记表"，并随时注销已经入账的"未达账项"。"未达账项"登记表的一般格式如表8-4所示。

表8-4 未达账项登记表

单位名称： 年 月 日

未达账项种类	摘要	结算凭证种类号数	记账凭证种类号数	金额	备注
银行已收，本单位未收账项					
合计					
银行已付，本单位未付款项					
合计					
本单位已收，银行未收账项					
合计					
本单位已付，银行未付账项					
合计					

核对人签章： 出纳员签章：

第二，分析未达账项登记表，判断"未达账项"产生的原因。

第三，如果对账日双方结果是错账造成的，要按规定方法进行错账更正；若是"未达账项"造成的，财务人员应根据"未达账项登记表"进行余额调节，银行存款余额调节的编制方法主要有两种：余额调节法和差额调节法。

▶ **1. 余额调节法**

银行存款余额调节表如表8-5所示。

表8-5 银行存款余额调节表 金额单位：元

项 目	金 额	项 目	金 额
调整前银行存款日记账余额		调整前银行对账单余额	
加：银行已收，企业未收		加：企业已收，银行未收	
减：银行已付，企业未付		减：企业已付，银行未付	
调整后银行存款日记账余额		调整后银行对账单余额	

"银行存款余额调节表"只起到对账的作用，不能作为调节账面余额的凭证。

余额调节法是指编制调节表时，在双方（开户行和企业各为一方）现有银行存款余额基础上，各自加减未达账项进行调节的方法。调节的方式有两种：一种是补记式，即双方在原有余额的基础上，各自补记双方已入账而单位尚未入账的账项（包括增加和减少款项），然后检查经过调节后的账面余额是否相等。等式表示为企业银行存款日记账余额＋银行已收入账企业尚未入账账项－银行已付入账企业尚未入账账项＝银行对账单余额＋企业已收入账银行尚未入账账项－企业已付入账银行尚未入账

【例 8-1】2017 年 6 月 30 日，某企业接到开户银行的对账单，其银行对账单余额为 180 900元，企业银行存款日记账余额为 164 032 元。经核对找出下列未达账项：

（1）企业将销售收入的银行支票送存开户银行 3 000 元，企业已登记银行存款日记账，银行由于尚未收到对方款项，未记账。

（2）企业本期因购买材料和支付劳务费用签发银行支票如下：

转账支票 支票号码 Ⅷ2944720，金额 4 000 元；转账支票 支票号码 Ⅷ2944723，金额 3 860元；转账支票 支票号码 Ⅷ2944727，金额 6 739 元；转账支票 支票号码 Ⅷ2944730，金额 385 元；现金支票 支票号码 ⅢⅡ0520940，金额 2 984 元

现金支票 支票号码 ⅢⅡ0520943，金额 1 000 元；银行对账单均未显示付款。

（3）银行代企业收到一笔货款 1 000 元；企业尚未收到收账通知。

（4）银行代付企业办理结算的手续费和电费分别为 25 元和 75 元；企业尚未收到结算通知，未登记入账。根据上述资料采用余额调节法如表 8-6 所示。

表 8-6　银行存款余额调节表

账号：084729—68　　　　　　2017 年 6 月 30 日　　　　　　单位：元

项　目	金　额	项　目	金　额
银行存款日记账余额	164 032	银行对账单余额	180 900
加：银行已收入账 企业尚未入账	1 000	加：企业已收入账 银行尚未入账	3 000
减：银行已付入账 企业尚未入账	25 75	减：企业已付入账 银行尚未入账	4 000；3 860 6 739；385 2 984；1 000
调节后余额	164 932	调节后余额	164 932

2. 差额调节法

银行存款余额调节表的编制，除了上述余额调节法外，还有一种差额调节法。差额调节法是根据未达账项对双方银行存款余额差额的影响数额进行调节。等式表示，即：

企业银行存款日记账余额－银行对账单余额＝企业未达账项的差额－银行对账单未达账项影响的差额

银行存款差额调节表如表 8-7 所示。

差额调节法的原理是，由于银行对账单的余额大于银行存款日记账余额，可以逐个分析未达账项对此差额的影响，凡是对产生这个差额起增加作用的记为"正数"，凡是对产生这个差额起减少作用的记为"负数"，正负相抵后如差额正好相等，则说明企业银行存款日记账与银行对账单核对相符。反之，则说明记账错误，应及时查明原因，并予以更正。

表 8-7　银行存款差额调节表

年　月　日　　　　　　　　　　　　　　　　　　单位：元

项　目	金　额	项　目	金　额
调整前双方余额：		未达账项的差额	
①银行对账单余额		④银行已收入账、企业尚未入账	
		减： ⑤银行已付入账、企业尚未入账	
		等于： ⑥企业未达账项影响的差额	
②银行存款 日记账余额		⑦企业已收入账、银行尚未入账	
		减： ⑧企业已付入账、银行尚未入账	
		⑨银行未达账项影响的差额	
③双方余额差额（①－②）		⑩未达账项的差额合计（⑥－⑨）	

【例 8-2】承例 8-1，采用差额调节法编制调节表，如表 8-8 所示。

表 8-8　银行存款差额调节表

编号：084729—68　　　　　　　　　年　月　日　　　　　　　　单位：元

项　目	金　额	项　目	金　额
调整前双方余额：		未达账项的差额	
①银行对账单余额	180 900	④银行已收入账、企业尚未入账	1 000
		减： ⑤银行已付入账、企业尚未入账	25；75
		等于： ⑥企业未达账项影响的差额	900
②银行存款 日记账余额	164 032	⑦企业已收入账、银行尚未入账	3 000
		减： ⑧企业已付入账、银行尚未入账	4 000；3 860 6 739；385 2 984；1 000
		⑨银行未达账项影响的差额	－15 968
③双方余额差额（①－②）	16 868	⑩未达账项的差额合计（⑥－⑨）	16 868

四、债权债务清查的方法

债权债务也称往来款项，主要包括各种应收、应付、暂收、暂付等款项。

各种往来款项的清查，与银行存款的清查一样，也是采取同对方单位核对账目的方法。在清查各项债权债务时，应通过电函、信函或面询等方式，查询核对各种应收、应付款项，并根据查询结果，填制"结算款项核对登记表"，经过分析研究后，据以做出处理。结算款项核对登记表的一般格式如表8-9所示。

表8-9　结算款项核对登记表

单位名称：　　　　　　　　　　年　月　日

结 算 性 质	对 方 单 位	应结算金额	核 对 金 额	备　　注
应收款项				
1.				
2.				
3.				
应付款项				
1.				
2.				
3.				

负责人签章：

企业应当定期或者至少每年年度终了时，对应收应付款项进行全面检查，对于长期无法收回和长期无法支付的款项要及时进行处理。

第三节　财产清查结果的账务处理

通过财产清查所发现的财产管理和核算方面存在的问题，应当认真分析研究，分清责任，以有关法律法规、制度、准则为依据进行处理。同时还要进行认真总结，加强管理，建立和健全以岗位责任制为中心的财产管理制度，切实提出改进工作的措施，进一步加强企业财产管理，以便于做好以后的工作，保护企业财产的安全和完整。

财产清查的结果有三种情况：①实存数等于账存数，账实相符；②实存数大于账存数，即盘盈；③实存数小于账存数，即盘亏。后两种情况为账实不符。

对财产清查结果的处理，同时也要对清查过程中发现的物资变质霉烂等情况进行处理。在处理时应设置"待处理财产损溢"账户。该账户是一个过渡账户，主要用于归集财产清查过程中发现的财产物资盘亏、盘盈资产的价值及对结果进行账务处理而使用的账户。借方先用来登记发生的待处理盘亏、毁损的金额，待盘亏、毁损的原因查明，并经审批后，再从该账户的贷方转入有关账户的借方；贷方先用来登记发生的待处理盘盈的金额，待盘盈的原因查明，并经审批后再从账户的借方转入有关账户的贷方。

"待处理财产损溢"账户的结构如图8-1所示。

此账户下设置"待处理流动资产损溢"和"待处理固定资产损溢"两个明细分类账户，分别对流动资产和固定资产损溢进行核算。

借　　　　　　　　　　　　待处理财产损溢　　　　　　　　　　　　贷	
发生额：发生的待处理财产盘亏和毁损数以及批准转销的待处理财产盘盈数	发生额：发生的待处理财产盘盈数以及批准转销的待处理财产盘亏和毁损数
结余额：尚未批准处理的盘亏和毁损数与盘盈数的差额	结余额：尚未批准处理的盘盈数与盘亏或毁损数的差额

图 8-1　待处理财产损溢账户的结构图

一、财产清查结果的处理程序

(一) 查明盘盈、盘亏的原因

一般地，盘盈可能是由于保管过程中发生自然增量，记录时发生错记、漏记，收发中计量不准确等造成。造成盘亏的原因较多，如保管中的自然损耗，记录中发生错记、重记，管理不善或工作人员失职而造成的财产损失、变质、霉烂或短缺，不法分子贪污盗窃、营私舞弊，自然灾害等。财产清查人员应当以高度负责的责任心，深入调查差异的原因，实事求是，并向上级主管部门汇报处理。

(二) 认真总结，强化物资管理

财产清查之后，企业应当针对所发现的问题和缺点，认真总结财产管理中的经验和教训，表彰先进，巩固成绩，发扬优点，改正缺点，做好下一步的工作。同时，企业要建立健全以岗位责任制为中心的财产物资管理制度，切实提出改进工作的措施和方法，进一步加强财产管理。

(三) 进行账务处理

财产物资发生盘盈、盘亏，账务处理要做的第一步是调整财产物资实物账，(根据有关盘亏盘盈报告表等原始凭证编制相关记账凭证，并据以登记有关账簿)以保证账实相符。第二步是按规定把清查结果和原因及账务处理方案报有关部门批准审批，根据审批意见进行账务处理。

▶ 1. 审批阶段的账务处理

(1) 盘盈的会计处理。对于盘盈的各种材料等，借记"原材料"等账户，贷记"待处理财产损溢"账户。对于盘盈的固定资产，借记"固定资产"账户，贷记"待处理财产损溢""累计折旧"账户。

(2) 盘亏和毁损的会计处理。对于盘亏的各种材料等，借记"待处理财产损溢"账户，贷记"原材料"等账户。对于盘亏的固定资产，借记"待处理财产损溢""累计折旧"账户，贷记"固定资产"账户。

▶ 2. 在有关部门批准有关清查结果后，应按照有关规定进行转销处理

(1) 盘盈财产的转销。如流动资产盘盈，借记"待处理财产损溢"账户，贷记"管理费用"等账户；如固定资产盘盈，借记"待处理财产损溢"账户，贷记"营业外收入——固定资产盘盈"账户。

（2）盘亏和毁损的会计处理。流动资产的盘亏和毁损，扣除残料价值、可收回的保险赔偿和过失人赔偿后的剩余部分，属于非常损失的部分，借记"营业外支出——非常损失"账户，贷记"待处理财产损溢"账户；属于一般经营损失的部分，借记"管理费用"账户，贷记"待处理财产损溢"账户。固定资产的盘亏，借记"营业外支出——固定资产盘亏"账户，贷记"待处理财产损溢"账户。

二、财产物资盘盈、盘亏的账务处理

（一）货币资金清查结果的账务处理

▶ 1. 现金清查结果的账务处理

在库存现金清查中，发现现金短缺或盈余时，除了设法查明原因外，还应及时根据"盘点报告表"进行账务处理。

财产清查发现的有待查明原因的现金短缺或盈余，首先应通过"待处理财产损溢——待处理流动资产损溢"科目核算。该账户属于资产类账户，借方登记短缺数和盈余数的转销，贷方登记盈余数和短缺数的转销。经过上述账务处理后，保证了库存现金的账实相符。

【例 8-3】某公司于 2017 年 12 月末进行现金清查中发现短缺了 4 000 元，根据"盘点报告表"作会计分录：

借：待处理财产损溢——待处理流动资产损溢　　　　　　　　　　　　4 000
　　贷：库存现金　　　　　　　　　　　　　　　　　　　　　　　　　　4 000

后经反复核查，其中 200 元应由出纳员李某负责赔偿

借：其他应收款——应收现金短缺款（李某）　　　　　　　　　　　　　200
　　贷：待处理财产损溢——待处理流动资产损溢　　　　　　　　　　　　　200

其中 2 500 元应由保险公司赔偿

借：其他应收款——应收保险公司赔款　　　　　　　　　　　　　　　2 500
　　贷：待处理财产损溢——待处理流动资产损溢　　　　　　　　　　　　2 500

其余 1 300 元未查明原因，经批准处理

借：管理费用——现金短缺　　　　　　　　　　　　　　　　　　　　1 300
　　贷：待处理财产损溢——待处理流动资产损溢　　　　　　　　　　　　1 300

▶ 2. 银行存款清查结果的账务处理

核查方法主要是通过核对企业的银行存款日记账和对银行转来的对账单逐条核对。核对的结果有两种，一致和不一致，但往往趋于不一致。造成这种核对结果账实不符的原因可能有两种情况，一是记账错误；二是未达账项的存在。记账错误按规定进行错账更正。

（二）存货清查结果账务处理

▶ 1. 存货盘盈的账务处理

发生存货盘盈后，应查明发生的原因，及时办理盘盈存货的入账手续，调整存货账面记录，借记有关存货账户，贷记"待处理财产损溢"账户；经有关部门批准后，借记"待处理财产损溢"账户，贷记有关账户。

【例 8-4】某企业在财产清查过程中盘盈一批材料，价值 600 元；盘盈已加工完成的产

品，价值 2 500 元。

在批准前，根据实存账存对比表所载明的盘盈数，作会计分录如下：

借：原材料　　　　　　　　　　　　　　　　　　　　　　　　　　600
　　产成品　　　　　　　　　　　　　　　　　　　　　　　　　2 500
　　贷：待处理财产损溢——待处理流动资产损溢　　　　　　　　　　　3 100

存货的盘盈一般都是出于计量上的差错引起的，对于这种盘盈一般应冲减当期的管理费用。在报经批准后，作会计分录如下：

借：待处理财产损溢——待处理流动资产损溢　　　　　　　　　　　3 100
　　贷：管理费用　　　　　　　　　　　　　　　　　　　　　　　3 100

▶ **2. 存货盘亏和毁损的账务处理**

存货发生盘亏和毁损后，在报批前应转入"待处理财产损溢"账户。待批准后根据不同情况分别进行处理：

(1) 属于定额内的自然损耗，按规定转入管理费用。

(2) 属于超定额损耗及存货毁损。能确定过失人的，应由过失人赔偿；属保险责任范围的，应由保险公司理赔。扣除过失人或保险公司赔偿和残值后，记入管理费用。

(3) 属于自然灾害所造成的存货损失，扣除保险公司赔款和残值后，记入营业外支出。

【例 8-5】 某企业在财产清查中发现乙材料盘亏价值 375 元、丙材料盘亏价值 5 000 元。经查，乙材料盘亏中定额内损耗 225 元，管理人员过失造成损失 150 元；丙材料的毁损是由自然灾害造成的，经整理收回残料价值 200 元，已入库，可以从保险公司取得赔款 3 000元。在报批以前，根据实存账存对比表，作会计分录如下：

借：待处理财产损溢——待处理流动资产损溢　　　　　　　　　　　5 375
　　贷：原材料——乙材料　　　　　　　　　　　　　　　　　　　　375
　　　　　　——丙材料　　　　　　　　　　　　　　　　　　　5 000

根据盘亏、毁损的原因及审批意见，乙材料的盘亏定额内部分记入"管理费用"账户；管理人员过失造成的损失应由相应的责任人赔偿，记入"其他应收款"账户；扣除残料价值和保险赔偿款后的净损失，记入"营业外支出"账户。作会计分录如下：

① 借：管理费用　　　　　　　　　　　　　　　　　　　　　　　　225
　　　其他应收款——过失人补款　　　　　　　　　　　　　　　　　150
　　　　贷：待处理财产损溢——待处理流动资产损溢　　　　　　　　　375
② 借：原材料　　　　　　　　　　　　　　　　　　　　　　　　　200
　　　其他应收款——保险赔款　　　　　　　　　　　　　　　　　3 000
　　　营业外支出　　　　　　　　　　　　　　　　　　　　　　　1 800
　　　　贷：待处理财产损溢——待处理流动资产损溢　　　　　　　　5 000

(三) 固定资产清查结果的账务处理

▶ **1. 固定资产盘盈的账务处理**

企业在财产清查中发现盘盈的固定资产。经查，确实属于本企业所有，应根据盘存凭证填制固定资产交接凭证，经有关人员签章后送交会计部门，填写固定资产卡片，并按重置价值和估计已提折旧额记账。

【例8-6】某企业在财产清查中发现账外小型设备1台，重置价值为5 000元，估计磨损价值1 000元。

在报批前，作会计分录如下：

借：固定资产 5 000
 贷：累计折旧 1 000
  以前年度损益调整 4 000

盘盈设备按规定程序报批后，作会计分录如下：

借：以前年度损益调整 4 000
 贷：盈余公积 400
  利润分配—未分配利润 3 600

▶ 2. 固定资产盘亏的账务处理

在财产清查中，如发现固定资产盘亏，企业应及时办理固定资产注销手续，按盘亏固定资产净值，借记"待处理财产损溢"账户，按已提折旧额，借记"累计折旧"账户；按原值贷记"固定资产"账户。

【例8-7】某企业在财产清查中发现盘亏管理部门的专用设备1台，原价3 000元，已提折旧1 200元。在报批前，作会计分录如下：

借：待处理财产损溢——待处理固定资产损溢 1 800
  累计折旧 1 200
 贷：固定资产 3 000

按规定程序报批后，应按盘亏固定资产的原值扣除累计折旧和过失人及保险公司赔款后的差额，借记"营业外支出"账户，同时按过失人及保险公司的应赔偿款，借记"其他应收款"账户；按盘亏固定资产的净损失，贷记"待处理财产损溢"账户。

盘亏固定资产按规定程序报经批准后转销，作会计分录如下：

借：营业外支出——财产盘亏损失 1 800
 贷：待处理财产损溢——待处理固定资产损溢 1 800

如果经查明是由于过失人造成的毁损，应由过失人赔偿1 000元，作会计分录如下：

借：其他应收款——过失人赔偿款 1 000
  营业外支出——财产盘亏损失 800
 贷：待处理财产损溢——待处理固定资产损溢 1 800

(四) 往来结算款项清查结果的账务处理

在财产清查中查明确实无法收回和无法支付的应付款项，不通过"待处理财产损溢"账户核算，而是在原来账面记录的基础上，按规定程序报经批准后，直接转账冲销。

▶ 1. 应收款项清查结果的账务处理

应收账款计入"坏账准备"，企业因债务人拒付、破产、死亡或债务单位撤销等原因导致应收而无法收回的款项就是坏账。由于发生坏账造成的损失称为坏账损失。对于坏账损失，根据确认的时间不同，在会计上一般有两种核算方法：即直接转销法和备抵法。

(1) 直接转销法是指在实际发生坏账时，确认坏账损失，直接计入当期费用并冲销应收款项的一种核算方法。采用直接转销法核算坏账损失时，将实际损失直接冲减应收款项，应借记"管理费用"账户，贷记"应收账款"账户。

【例 8-8】某企业应收 A 公司的货款 6 000 元，因 A 公司已撤销，而确认无法收回，经批准作坏账处理。企业应编制会计分录如下：

借：管理费用 6 000

　　贷：应收账款——A 公司 6 000

直接转销法对可能发生的坏账不作任何账务处理，方法简单，但不符合权责发生制及收入与功用相配比的原则。

（2）备抵法是指企业在核算中采用一定的方法按期估计坏账损失，计入当期损益"资产减值损失"账户，同时，建立坏账准备金，待实际发生坏账损失时，冲销已计提的坏账准备和相应的应收款项的一种核算方法。在这种方法下，企业应设置"坏账准备"账户。"坏账准备"账户是资产类账户，是对应资产账户"应收账款"等的抵减账户。贷方登记每期提取的坏账准备金额，借方登记实际发生的坏账损失金额和冲减的坏账准备金额，期末余额在贷方，反映企业已经提取但尚未转销的坏账准备金额。

坏账准备可按以下公式计算：

当期提取的坏账准备＝当期按应收款项计算应提取坏账准备金额的贷方余额

当期按应收款项计算应提坏账准备金额大于调整前"坏账准备"账户贷方余额，应按差额提取坏账准备，如果当期按应收款项计算应提坏账准备金额小于调整前"坏账准备"账户的贷方余额，应按差额冲减已计提的坏账准备。如果当期按应收款项计算应计提坏账准备金额为零，应将"坏账准备"账户的余额全部冲回。

企业提取坏账准备时，借记"资产减值损失"账户，贷记"坏账准备"账户。冲减已计提的坏账准备，应借记"坏账准备"账户，贷记"资产减值损失"账户，实际发生坏账时，借记"坏账准备"账户，贷记"应收账款"等账户。如果已确认转销的坏账损失以后又收回时，借记"应收账款"等账户，贷记"坏账准备"等账户，同时借记"银行存款"账户，贷记"应收账款"等账户。

企业采用备抵法进行坏账核算时，首先应按期估计坏账损失。按期估计坏账损失的方法有三种：应收账款余额百分比法、账龄分析法和销货百分比法。在此以应收账款余额百分比法为例予以说明介绍。

应收账款余额百分比法，是根据会计期末应收款项的余额和估计的坏账准备提取比例估计坏账损失，计提坏账准备的方法。坏账准备提取的比例由企业自行确定。

账龄分析法，是根据应收账款入账时间的长短来估计坏账损失。账龄分析法的理论依据是：一般情况下，款项被拖欠得越久，收回的可能性就越小。一般做法是：将应收账款按拖欠时间的长短划分为若干区段，为每一个区段估计一个坏账损失的百分比，计算出各个区段上应收账款的余额，然后确定坏账损失的总额。

销货百分比法，是根据赊销金额的一定百分比估计坏账损失的方法。销货百分比法的具体做法是：首先根据以往的资料和经验，估计一个坏账损失率，然后根据企业销售的情况，每发生一笔赊销，就按照坏账损失率提取一个坏账准备。按照这种方法计提坏账准备，不考虑"坏账准备"账户的期初余额。

【例 8-9】某企业 2015 年年末应收账款余额为 700 000 元，确定的坏账提取比例为 8%，年末计提坏账准备，企业编制会计分录如下：

计提的坏账准备＝700 000×8%＝56 000（元）

借：资产减值损失　　　　　　　　　　　　　　　　　56 000
　　贷：坏账准备　　　　　　　　　　　　　　　　　　　　56 000

【例8-10】该企业2016年，实际发生坏账损失4 000元，按有关规定确认为坏账损失：

借：坏账准备　　　　　　　　　　　　　　　　　　4 000
　　贷：应收账款　　　　　　　　　　　　　　　　　　　　4 000

【例8-11】企业2017年年末应收账款余额为850 000元，本年末"坏账准备"账户应保持的贷方余额为68 000元（850 000×8%）。年末计提坏账准备前，"坏账准备"账户的实际余额贷方52 000元。

本年度应补提坏账准备金额为16 000元，编制会计分录如下：

借：资产减值损失——计提的坏账准备　　　　　　　16 000
　　贷：坏账准备　　　　　　　　　　　　　　　　　　　　16 000

【例8-12】企业2017年7月收到已转销的2016年度坏账损失4 000元，款项已存入银行。企业编制会计分录如下：

借：应收账款　　　　　　　　　　　　　　　　　　4 000
　　贷：坏账准备　　　　　　　　　　　　　　　　　　　　4 000
借：银行存款　　　　　　　　　　　　　　　　　　4 000
　　贷：坏账准备　　　　　　　　　　　　　　　　　　　　4 000

【例8-13】2017年年末企业应收账款余额为7 500 000元，"坏账准备"账户应保持的金额为60 000元，至年末，"坏账准备"账户现有贷方余额为68 000＋4 000＝72 000，本年末应冲减计提的坏账准备金额为12 000元，企业编制会计分录如下：

借：坏账准备　　　　　　　　　　　　　　　　　　12 000
　　贷：资产减值损失——计提的坏账准备　　　　　　　　　12 000

备抵法弥补了直接转销法的不足，符合权责发生制和配比的原则，避免企业虚盈实亏。同时在报表上列示应收款项净额，避免了企业虚列资产，有利于加速企业资金周转。

▶ 2. 应付款项清查结果的账务处理

在财产清查过程中，如发现债权单位撤销或其他原因造成长期应付而无法支付的应付款项，在报经批准后将转作营业外收入处理，借记"应付账款"等账户，贷记"营业外收入"账户。

【例8-14】某企业在财产清查中发现一笔长期无法支付的贷款8 000元，据查该债权单位已撤销。企业报经批准后，予以转销。企业编制会计分录如下：

借：应付账款　　　　　　　　　　　　　　　　　　8 000
　　贷：营业外收入——盘盈利得　　　　　　　　　　　　　8 000

在财产清查中查明确实无法收回的应收款项和无法支付的应付款项，不通过"待处理财产损溢"科目进行核算。

【例8-15】某公司2017年12月31日应收账款账面余额为200 000元，公司已按期末应收账款余额的5%计提坏账准备。在年终财产清查中发现，有一笔B公司所欠的100 000元的应收账款账龄已达8年，经确定此笔款项无法收回，经董事会批准，作为坏账冲销，作会计分录如下：

2017 年年底计提坏账准备：

借：资产减值损失   10 000(200 000×5％)

  贷：坏账准备   10 000

财产清查后冲销长期不能收回的坏账：

借：坏账准备   10 000

  贷：应收账款——B 公司   10 000

冲销坏账后应补提坏账准备

借：资产减值损失   5 000(100 000×5％)

  贷：坏账准备   5 000

练习题

一、思考题

1. 企业为什么要进行财产清查？

2. 什么是财产清查？财产清查有什么意义？

3. 财产清查的范围。

4. 财产清查前应做好哪些准备工作？

5. 试比较永续盘存制和实地盘存制的异、同点和优、缺点。企业在哪些条件下适合采用永续盘存制，哪些情况下适合采用实地盘存制？

6. 造成账实不符的原因有哪些？

7. 什么是未达账项？未达账项的具体表现。

8. 试述财产清查结果会计处理的程序和方法。

二、单项选择题

1. 下列（ ）情况下，企业应当采用局部财产清查。

A. 企业更换财产保管人员时   B. 年终决算前

C. 企业改组为股份制试点企业时   D. 企业清产核资时

2. 下列关于往来款项清查方法的表述中，正确的是（ ）。

A. 技术推算盘点法   B. 函证核对法

C. 余额调节法   D. 实地盘点法

3. 下列关于"待处理财产损溢"科目未转销的借方余额表述中，正确的是（ ）。

A. 等待处理的财产盘亏

B. 尚待批准处理的财产盘盈数小于尚待批准处理的财产盘亏和损毁数的差额

C. 尚待批准处理的财产盘盈数大于尚待批准处理的财产盘亏和损毁数的差额

D. 等待处理的财产盘盈

4. 某企业仓库本期期末盘亏原材料，查明属于一般经营损失，下列经批准后进行会计处理的分录中，正确的是（ ）。

A. 借：待处理财产损溢   B. 借：营业外支出

  贷：管理费用   贷：待处理财产损溢

C. 借：管理费用   D. 借：待处理财产损溢

  贷：待处理财产损溢   贷：原材料

5. 固定资产发生盘亏进行会计处理，下列各项中，应借记的会计科目是(　　)。

A. 材料成本差异　　　　　　　　　B. 固定资产清理

C. 以前年度损益调整　　　　　　　D. 待处理财产损溢

6. 财产清查中发现的财产短缺，如果是由于工作中的收发差错，下列关于会计处理时应借记(　　)科目中。

A. 制造费用　　　B. 生产成本　　　C. 营业外支出　　　D. 管理费用

7. 企业通过实地盘点法先确定期末存货的数量，然后倒挤出本期发出存货的数量，下列选项中，反映这种处理制度的是(　　)。

A. 权责发生制　　　B. 永续盘存制　　　C. 收付实现制　　　D. 实地盘存制

8. 对无法查明原因的现金盘盈进行会计处理时，下列会计科目中，正确的是(　　)。

A. 销售费用　　　B. 营业外收入　　　C. 管理费用　　　D. 其他业务收入

9. 对盘亏的固定资产由保险公司补偿部分进行会计处理时，下列会计科目中，正确的是(　　)。

A. 制造费用　　　B. 管理费用　　　C. 其他应收款　　　D. 生产成本

10. 企业库存现金清查盘点时，(　　)必须在场。

A. 记账人员　　　B. 会计主管　　　C. 单位领导　　　D. 出纳人员

11. 银行存款清查中发现的未达账项，一般应当编制原始凭证，下列各项中，属于该原始凭证的是(　　)。

A. 对账单　　　　　　　　　　　B. 银行存款余额调节表

C. 盘存单　　　　　　　　　　　D. 实存账存对比表

12. 财产清查中填制的"账存实存对比表"是(　　)。

A. 登记总分类账的直接依据　　　　B. 登记日记账的直接依据

C. 调整账面记录的原始凭证　　　　D. 调整账面记录的记账凭证

13. 下列事项中，需要对财产物资进行不定期局部清查的是(　　)。

A. 年终决算前　　　　　　　　　B. 企业进行清产核资时

C. 企业改变隶属关系时　　　　　D. 发生自然灾害造成财产物资损失时

14. 对各项财产物资的盘点结果，企业应编制并据以调整账面记录的原始凭证是(　　)。

A. 出库单　　　B. 入库单　　　C. 清查结果报告表　　　D. 领料单

15. 下列关于应收账款清查采用方法的表述中，正确的是(　　)。

A. 与记账凭证核对法　　　　　　B. 函证法

C. 实地盘点法　　　　　　　　　D. 技术推算法

三、多项选择题

1. 下列情况下，企业应当对财产进行不定期清查的有(　　)。

A. 发现财产被盗　　　　　　　　B. 自然灾害造成部分财产损失

C. 与其他企业合并　　　　　　　D. 财产保管人员变动

2. 下列说法中，正确的有(　　)。

A. 银行存款日记账应该定期或者不定期与开户银行提供的对账单进行核对，每月至少核对三次

B. 出纳人员主要负责登记库存现金日记账和银行存款日记账

C. 库存现金日记账和银行存款日记账，应该定期与会计人员登记的库存现金总账和银行存款总账核对

D. 库存现金日记账由出纳人员根据库存现金的收、付款凭证，逐日逐笔顺序登记

3. 在进行财产清查时，下列各项中，属于应做好的准备工作有（　　）。

A. 有关账簿登记齐全，结出余额

B. 准备好银行对账单

C. 办好各种清查日以前业务的凭证手续，登记入账，并结出余额

D. 准备好各种计量器具，并校对准确

4. 财产清查中，查明各种流动资产盘亏或毁损，据不同原因，经批准可能列入的科目有（　　）。

A. 营业外支出   B. 管理费用

C. 营业外收入   D. 其他应收款

5. 银行存款清查应根据（　　）进行核对。

A. 银行存款余额调节表   B. 银行总分类账

C. 银行存款日记账   D. 银行对账单

6. 企业在编制年度会计报告前，应全面清查资产、核实债务的内容有（　　）。

A. 与债务、债权单位的相关债无、债权金额是否一致

B. 存货实存数与账面数量是否一致

C. 固定资产实存数与账面数量是否一致

D. 各项投资是否存在

7. 下列情况下，企业需要进行全面清查的有（　　）。

A. 单位撤销、合并时   B. 单位改变隶属关系时

C. 年终决算前   D. 清查核资时

8. 关于财产全面清查内容的表述中，正确的有（　　）。

A. 库存现金、银行存款、其他货币资金、各种有价证券

B. 库存材料、在产品、库存商品和各种结算款项、预算缴拨款

C. 在途货币资金、在途材料物资、租入使用、委托加工或代销的财产物资

D. 房屋建筑物、机器设备、运输设备等固定资产及在建工程

9. 下列属于实物资产盘存制度的有（　　）。

A. 权责发生制   B. 收付实现制   C. 实地盘存制   D. 永续盘存制

10. 下列各项中，属于不定期并且全面财产清查的有（　　）。

A. 企业股份制改制前   B. 单位合并、撤销以及改变隶属关系

C. 单位主要领导调离前   D. 年终结算之前

11. 存货在盘亏或毁损时记入"待处理财产损溢"的金额，经批准后可能会记入的科目有（　　）。

A. 其他应收款   B. 其他应付款   C. 营业外支出   D. 管理费用

12. 下列情况下，可能使企业银行存款日记账余额大于银行对账单余额的有（　　）。

A. 企业已收、银行未收   B. 银行已收、企业未收

C. 企业已付、银行未付   D. 银行已付、企业未付

四、综合业务题

1. 2018 年 1 月 31 日，新大企业银行存款日记账月末余额为 10 000 元，银行对账单余额为 16 000 元，经逐笔核对，发现下列款项未达账项：

（1）银行代企业支付水电费 1 000 元，而企业未收到付款通知。

（2）企业开出现金支票 6 000 元，已登账，但是持票人未到银行取走现金。

（3）银行代企业收回货款 2 000 元并登记入账，但企业未收到收款通知。

（4）企业收到转账支票一张，计 1 000 元，已登记入账，而银行尚未入账。

要求：编制银行存款余额调节表。

2. 某公司 2017 年 6 月 30 日银行存款日记账余额是 58 685 元，银行送来的对账单余额为 61 237 元，经逐笔核对发现两者有下列不同之处：

（1）本公司开出转账支票向 A 公司购买文具，价值 1 945 元，A 公司未去银行办理转账手续。

（2）公司委托银行代收销货款 8 500 元，款项银行已收妥入账，公司尚未收到银行的入账通知。

（3）收到 H 公司交来的转账支票 4 700 元，公司已送交银行办理，并已入账，但银行尚未入账。

（4）银行扣收手续费 20 元，但公司尚未入账。

（5）银行代付公用事业费 3 456 元，但公司尚未收到付款通知。

（6）公司本月银行存款利息 283 元，但公司尚未收到银行的入账通知。

3. 某厂年终进行财产清查，在清查中发现下列事项：

（1）盘亏机电设备一台，原价 6 000 元，账面已提折旧 2 000 元。

（2）发现账外设备一台，重置价值 10 000 元，7 成新。

（3）甲材料账面余额 500 千克，价值 20 000 元，实际盘点数为 450 千克。

（4）乙材料账面余额 300 千克，价值 9 000 元，实际盘点数为 360 千克。

（甲、乙两种材料的增值税税率均为 16%）

（5）经查实上列盘亏盘盈，经领导批准，做如下处理：

盘亏机电设备是有关工作人员操作不当造成的，工作人员应赔偿 30%，其他由企业承担损失；账外设备尚可使用，交车间使用，作营业外收入处理；盘亏甲材料有 30 千克属于定额损耗，有 20 千克属于收发计量错误，均作管理费用处理；盘盈乙材料也属于收发计量错误。

要求：编制相关会计分录。

第九章
财 务 报 告

知识目标

1. 了解财务报告的含义及分类。
2. 理解编制财务报告的意义和编制要求。
3. 了解资产负债表的编制原理和格式，基本掌握资产负债表的编制方法。
4. 了解利润表的编制原理和格式，基本掌握利润表的编制方法。
5. 了解现金流量表的编制原理和格式。

案例导入

中央财经大学教授刘姝威在大量研究了蓝田股份的财务报告后，于 2001 年 10 月 26 日在《金融时报》的内部刊物《金融内参》上发表了一篇 600 多字的短文名为《应立即停止对蓝田股份发放贷款》；使得社会公众对蓝田股份的生产运营情况提出了各种疑问，至此揭开了蓝田股份财务造假事件的面纱。

思考： 究竟什么是财务报告，包括什么内容，有什么作用？

第 一 节　财务报告概述

一、财务报告的概念

财务报告是企业对外提供的反映企业某一特定日期财务状况和某一会计期间经营成果、现金流量及所有者权益信息的文件，是财务会计工作最为重要的成果。财务报告包括财务报表和其他应当在财务报告中披露的相关信息和资料。

在自由放任的会计发展阶段，财务报告的编制是没有规范的。在有管制的会计发展阶段，会计工作是按照规则来进行的，财务报告的编制也不例外。实际上，"财务报告"这一概念只是一般的表述，但同时也是国际通用的财务会计术语。根据《中华人民共和国会计法》和《中华人民共和国公司法》，并结合国务院《企业财务会计报告条例》和财政部《企业会计准则——基本准则》《企业会计准则第 30 号——企业财务报表列报》来看，"财务会计报告"和"财务会计报表"也是与此相同的概念，因为即便是称为"财务会计报表"的文献，也明确了财务会计报表不仅包括了财务会计报表本身，也包括了附注。为了与通常的认识保持一致，本章内容中统一称之为"财务报告"。

对财务报告的理解首先需要明确财务报告的报告对象是企业的投资者、债权人等外部使用者，专门为企业内部管理人服务的报告是管理会计报告，不属于财务报告的范畴；其次应当明确本节讲述的财务报告是营利组织的财务报告，虽然政府会计也涉及了财务报告或财务报表的问题，但属于《政府会计准则》和《政府会计制度》规范的问题，与此讲授的问题没有关联；最后应当明确财务报告是根据企业会计准则编制的综合性文件，应当综合反映企业财务状况、经营成果与现金流量的总和信息，不仅仅是反映企业某个方面的零星信息。

二、财务报告的作用

财务报告的目标是通过传递会计信息来实现的。由于不同的财务报告使用人有不同的会计信息需要，而且不同财务报告使用人的会计信息需求可能还比较复杂，因此企业很难按照不同的财务报告使用人来提供各自需要的会计信息。在有管制的会计发展阶段，企业需要提供哪种会计信息是由企业会计准则规定的。至于财务报告应当起到何种作用，虽然会计准则已经站在财务报告提供者的角度进行了规范，也从财务报告使用人的角度，间接明确了财务报告的作用，但财务报告实际上不可能考虑所有可能的财务报告使用人及使用的目的，因而财务报告只能确定一般通用的目标和相应的作用，从而满足更多财务报告使用人的需求。

根据《企业会计准则——基本准则》的要求，财务报告的目标是向投资者、债权人、政府及其有关部门和社会公众等财务报告使用者提供与企业财务状况、经营成果和现金流量等有关的会计信息，反映企业管理层受托责任履行情况，有助于财务报告使用者作出经济决策。

首先，为企业的投资者、债权人及代理人提供关于财务状况、经营成果和现金流量的会计信息，有助于他们分析企业代理人受托责任的履行情况，企业的获利能力、偿债能力、支付能力，进而有利于投资者进行投资决策和经理人薪酬决策，有利于债权人进行信贷决策或赊销政策。

其次，为国家财政、税务机关和其他宏观经济管理部门提供关于财务状况、经营成果和现金流量的会计信息，有助于他们从价值的角度了解及把握企业活动的真实情况，分析判断企业的运行是否合法、合规、合理和有效，进而作出税收及宏观经济调控方面的决策。

再次，向企业内部管理者提供关于财务状况、经营成果和现金流量的会计信息，有助于他们分析企业获利能力、偿债能力、支付能力及其变化和变化的原因。进而总结经验，找出差距，以改善企业的经营管理，增强竞争能力，并为企业制订预算以及保证决策的科学性和准确性提供了重要的信息和依据。

最后，如果是上市公司，还要向社会公众提供关于财务状况、经营成果和现金流量的会计信息。通过会计信息及其附注，社会公众不仅可以深入了解企业的获利能力、偿债能力、支付能力及变化，还可以了解企业社会责任的履行情况，进而有利于潜在的投资人、潜在的债权人和其他社会公众进行投资决策、信贷决策或其他经济决策提供依据。

三、财务报告的构成

财务报告包括财务报表和其他应当在财务报告中披露的相关信息和资料。在会计实务中，财务报告的内容分为强制性报告和自愿性报告两个方面，前者是按照会计准则和其他财经法规的要求进行的报告，后者是企业认为有必要进行的报告。根据《企业会计准则第30号——企业财务报表列报》规定，财务报表至少应当包括资产负债表、利润表、现金流量表、所有者权益(或股东权益)变动表和附注。实际上，四张财务报表和附注构成了财务报告的主要内容。

（一）资产负债表

资产负债表也称财务状况表，是反映企业在某一特定日期财务状况的会计报表。在现行会计实务中，资产负债表主要提供企业在月末的资产、负债、所有者权益及相互关系方面的会计信息。

（二）利润表

利润表也称为损益表，是反映企业在一定会计期间(月度、季度或年度)的经营成果的会计报表。在现行会计实务中，利润表主要提供企业在某一特定期间实现的各种收入，发生的各种费用、成本或支出，增加的利得和损失的会计信息。揭示了企业实现的利润或发生的亏损情况，反映企业经营业绩的主要来源和构成情况。

（三）现金流量表

现金流量表是在原财务状况表变动表的基础上演变而来的。现金流量表反映了企业在一定会计期间(月度、季度或年度)的现金和现金等价物流入和流出情况的会计报表。在现行会计实务中，现金流量表将企业的现金流量按照产生的原因分为经营活动产生的现金流量、投资活动产生的现金流量及融资活动产生的现金流量，并在此基础上来反映各种现金的流入流出情况。

（四）所有者权益变动表

所有者权益变动表是反映所有者权益的各组成部分当期的增减变动情况的报表。所有者权益变动表全面反映一定时期所有者权益变动的情况，不仅包括所有者权益总量的增减变动，还包括所有者权益增减变动的重要结构性信息，特别是要反映直接计入所有者权益的利得和损失，让报表使用者准确理解所有者权益增减变动的根源。

（五）附注

附注是财务报表不可或缺的组成部分，是对在资产负债表、利润表、现金流量表和所有者权益变动表等报表中列示项目的文字描述或明细资料，以及对未能在这些报表中列示项目的说明。

四、财务报告的分类

财务报告按照不同的标准可以进行不同的分类，通过分类可以更加深入地了解财务报告的内容和特征。财务报告分类的标准比较多，主要的有编报的时间和编报的主体。

（一）按编报时间不同的分类

财务报告按照编报主体，也就是财务报告涵盖时间范围的不同可以分为年度财务报告和中期财务报告。

▶ 1. 年度财务报告

年度财务报告是指年度终了对外提供的，以一个完整的会计年度为基础编制的财务报告，也就是涵盖时间为一个完整会计年度的财务报告。起止时间不同国家的会计实践有不同的规定，我国规定的会计年度为每年的 1 月 1 日至 12 月 31。一般包括资产负债表、利润表、现金流量表、所有者权益变动表和附注等内容。

▶ 2. 中期财务报告

中期财务报表是指月份、季度或半年终了对外提供的，以短于一个完整会计年度的报告期间为基础编制的财务报告，也就是涵盖的时间短于一个完整会计年度的财务报告，包括月报、季报和半年报等。根据我国《企业会计准则第 22 号——中期财务报告》的规定，中期财务报告至少应当包括资产负债表、利润表、现金流量表和附注。中期资产负债表、利润表和现金流量表应当是完整报表，格式和内容应当与上年度的财务报表相一致。中期附注也应当按照 22 号准则提供。

（二）按编报主体不同的分类

财务报告按照编报主体，也就是财务报告涵盖空间范围的不同可以分为个别财务报告和合并财务报告。

（1）个别财务报表，是由企业在自身会计核算基础上对账簿记录进行加工而编制的财务报表，主要用以反映企业自身的财务状况、经营成果和现金流量情况。

（2）合并财务报表，是以母公司和子公司组成的企业集团为会计报告主体，根据母公司和所属子公司的个别财务报表，由母公司编制的综合反映企业集团财务状况、经营成果及现金流量的财务报表。

第 二 节　资产负债表

一、资产负债表概述

资产负债表是反映企业在某一特定日期财务状况的报表，主要提供有关企业资产、负债和所有者权益（股东权益）方面的会计信息。

通过资产负债表，可以提供企业在某一特定日期资产的总额及构成，表明企业拥有或控制的资源及其分布的情况；可以提供企业在某一特定日期的负债总额及构成，表明企业未来需要用多少资产或劳务清偿债务以及清偿的时间；可以反映企业所有者在某一特定日期所拥有的权益，据以判断资本保值、增值的情况以及对负债的保障程度。

（一）资产

资产是指由过去的交易或事项形成并由企业在某一特定日期所拥有或控制的，预期会给企业带来经济利益的资源。资产应当按照流动资产和非流动资产两大类别在资产负债表中列示，在流动资产和非流动资产类别下进一步按性质分项列示。

流动资产是指预计在一个正常营业周期中变现、出售或耗用，或者主要为交易目的而持有，或者预计在资产负债表日起一年内（含一年）变现的资产，或者自资产负债表日起一年内交换其他资产或清偿负债的能力不受限制的现金或现金等价物。资产负债表中列示的流动资产项目通常包括：货币资金、交易性金融资产、应收票据、应收账款、预付账款、应收利息、应收股利、其他应收款、存货和一年内到期的非流动资产等。

非流动资产是指流动资产以外的资产。资产负债表中列示的非流动资产项目通常包括长期股权投资、固定资产、在建工程、工程物资、固定资产清理、无形资产、开发支出、长期待摊费用以及其他非流动资产等。

（二）负债

负债是指由过去的交易和事项形成，并由企业在某一特定日期企业所承担的、预期会导致经济利益流出企业的现时义务。负债应当按照流动负债和非流动负债在资产负债表中进行列示，在流动负债和非流动负债类别下再进一步按性质分项列示。

流动负债是指预计在一个正常营业周期中清偿，或者主要为交易目的而持有，或者自资产负债表日起一年内（含一年）到期，或者企业无权自主地将清偿推迟至资产负债表日后一年以上的负债。资产负债表中列示的流动负债项目通常包括短期借款、应付票据、应付账款、预收账款、应付职工薪酬、应交税费、应付利息、应付股利、其他应付款、一年内到期的非流动负债。

非流动负债是指流动负债以外的负债。非流动负债项目通常包括长期借款、应付债券和其他非流动负债等。

（三）所有者权益

所有者权益，是企业资产扣除负债后的剩余权益，反映企业在某一特定日期股东（投资者）拥有的净资产的总额，一般按照实收资本、资本公积、盈余公积和未分配利润分项列示。

二、资产负债表的结构

资产负债表一般有表首、正表两部分。其中，表首概括地说明报表名称、编制单位、编制日期、报表编号、货币名称、计量单位等。正表则列示了用以说明企业财务状况的各个项目。在会计报表编制实践中，资产负债表一般有报告式和账户式两种结构。报告式资产负债表是上下结构，上半部列示资产，中部列示负债，下部列示所有者权益；账户式资产负债表是左右结构，左边列示资产，右边列示负债和所有者权益，其中右上部列示负债，右下部列示所有者权益。

我国企业的资产负债表通常采用账户式的格式,即左侧列报资产,按资产的流动性大小排列,流动性高的资产排在前面;右上部列报负债,也按流动性的大小排列,流动性高的排在前面;右下部列报所有者权益。账户式资产负债表中的资产各项目的合计等于负债和所有者权益各项目的合计,即资产负债表左方和右方平衡。因此,通过账户式资产负债表,可以反映资产、负债、所有者权益之间的内在关系,即"资产=负债+所有者权益"。

企业需要提供不同时期的资产负债表,以便报表使用者通过比较不同时点资产负债表的数据,掌握企业财务状况的变动情况及发展趋势。所以,资产负债表就各项目再分为"年初余额"和"期末余额"两栏分别填列。一般企业资产负债表的简化格式如表 9-1 所示。(注:该表根据财政部 2018 年 6 月 15 日财会〔2018〕15 号文通知之规定,适用于已执行新金融准则或新收入准则的企业,后表均同此)

表 9-1　资产负债表

会企 01 表

编制单位:　　　　　　　　　　　　　　年　　　月　　　日　　　　　　　　　　　单位:元

资　　　产	期末余额	年初余额	负债和所有者权益	期末余额	年初余额
流动资产:			流动负债:		
货币资金			短期借款		
交易性金融资产			交易性金融负债		
衍生金融资产			衍生金融负债		
应收票据及应收账款			应付票据及应付账款		
预付款项			预收款项		
其他应收款			合同负债		
存货			应付职工薪酬		
合同资产			应交税费		
持有待售资产			其他应付款		
一年内到期的非流动资产			持有待售负债		
其他流动资产			一年内到期的非流动负债		
流动资产合计			其他流动负债		
非流动资产:			流动负债合计		
债权投资			非流动负债:		
其他债权投资			长期借款		
长期应收款			应付债券		
长期股权投资			其中:优先股		
其他权益工具投资			永续债		
其他非权益金融资产			长期应付款		
投资性房地产			预计负债		
固定资产			递延收益		
在建工程			递延所得税负债		
工程物资			其他非流动负债		
生产性生物资产			非流动负债合计		
油气资产			负债合计		
无形资产			所有者权益:		
开发支出			实收资本(或股本)		

续表

资　　产	期末余额	年初余额	负债和所有者权益	期末余额	年初余额
商誉			其他权益工具		
长期待摊费用			其中：优先股		
			永续债		
递延所得税资产			资本公积		
其他非流动资产			减：库存股		
			其他综合收益		
			盈余公积		
			未分配利润		
非流动资产合计			所有者权益合计		
资产总计			负债和所有者权益总计		

三、资产负债表的编制

（一）资产负债表项目的填列方法

资产负债表各项目均需填列"年初余额"和"期末余额"两栏。其中"年初余额"栏内各项数字，通常情况下应根据上年末资产负债表的"期末余额"栏内所列数字填列。"期末余额"栏应当据本期期末账户余额来填列。

（1）根据总账科目的余额填列。"交易性金融资产""短期借款""应付票据""应付职工薪酬"等项目，应根据有关总账科目的余额填列。

有些项目则需根据几个总账科目的余额计算填列，如"货币资金"项目，需根据"库存现金""银行存款""其他货币资金"三个总账科目余额的合计数填列。

（2）根据明细账科目的余额计算填列。"应付账款"项目，应根据"应付账款"和"预付账款"两个科目所属的相关明细科目的期末贷方余额合计数填列；"预付账款"项目，应根据"应付账款"和"预付账款"两个科目所属的相关明细科目的期末借方余额合计数填列。

"应收账款"项目，需要根据"应收账款"和"预收账款"两个科目所属的相关明细科目的期末借方余额计算填列；"预收账款"项目，需要根据"应收账款"和"预收账款"两个科目所属的相关明细科目的期末贷方余额计算填列。

（3）根据总账科目和明细账科目的余额分析计算填列。如"长期借款"项目，需根据"长期借款"总账科目余额扣除"长期借款"科目所属的明细科目中，将在资产负债表日起一年内到期且企业不能自主地将清偿义务展期的长期借款后的金额计算填列。

（4）根据有关科目余额减去备抵科目余额后的净额填列。"应收账款""应收票据""长期股权投资""在建工程"项目，应根据相关科目的期末余额填列，已计提减值准备的，还应扣减相应的减值准备；"固定资产""无形资产""投资性房地产"项目，应根据相关科目的期末余额扣减相关的累计折旧（或摊销）填列，已计提减值准备的，还应扣减相应的减值准备，采用公允价值计量的上述资产，应根据相关科目的期末余额填列。

（5）综合运用上述填列方法分析填列。如"存货"项目，应根据"原材料""发出商品""库存商品""周转材料""委托加工物资""材料采购""生产成本"等科目余额合计，减去"存货跌价准备"科目期末余额后的金额填列。有时还要加减"材料成本差异""商品进销差价"

科目的期末余额。

（二）资产负债表项目的填列说明

▶ **1. 资产项目的填列说明**

我国现有的资产负债表框架具有通用框架的性质，不同企业只需选用与本企业相关的项目填列即可。

（1）"货币资金"项目反映企业库存现金、银行结算户存款、外埠存款、银行本票存款、银行汇票存款、信用卡存款、信用证保证金存款等的合计数。本项目应根据"现金""银行存款""其他货币资金"账户的期末余额合计数填列。

（2）"交易性金融资产"项目反映企业为交易目的而持有的债券投资、股票投资、基金投资等交易性金融资产的公允价值。此项目应根据"交易性金融资产"账户的期末余额填列。

（3）"应收票据及应收账款"项目，反映资产负债表以分摊成本计量的、企业因销售商品、提供服务等经营活动应收取的款项，以及收到的商业汇票，包括银行承兑汇票和商业承兑汇票。该项目应根据"应收票据"和"应收账款"科目的期末余额，减去"坏账准备"科目中相关坏账准备期末余额后的金额填列。"应收票据"项目反映企业收到的未到期收款而且也未向银行贴现的商业承兑汇票和银行承兑汇票等应收票据余额，减去已计提的坏账准备后的净额。本项目应根据"应收票据"账户的期末余额减去"坏账准备"账户中有关应收票据计提的坏账准备金余额后的金额填列。"应收账款"项目反映企业因销售商品、提供劳务等而应向购买单位收取的各种款项，减去已计提的坏账准备后的净额。本项目应根据"应收账款"和"预收账款"账户所属各明细账户的期末借方余额合计，减去"坏账准备"账户中有关应收账款计提的坏账准备期末余额后的金额填。

（4）"预付账款"项目反映企业按照购货合同规定预付给供应单位的款项等。本项目根据"预付账款"和"应付账款"账户所属各明细账户的期末借方余额填列。

（5）"其他应收款"项目，应根据"应收利息""应收股利"和"其他应收款"科目的期末余额合计数，减去"坏账准备"科目中相关坏账准备期末余额后的金额填列。

（6）"存货"项目反映企业期末在库、在途和在加工中的各项存货的可变现净值，包括各种原材料、商品、在产品、半成品、发出商品、包装物、低值易耗品和委托代销商品等。本项目应根据"在途物资（材料采购）""原材料""库存商品""周转材料""委托加工物资""生产成本"和"劳务成本"等账户的期末余额合计，减去"存货跌价准备"账户期末余额后的金额填列。材料采用计划成本核算以及库存商品采用计划成本或售价核算的小企业，应按加或减材料成本差异、减商品进销差价后的金额填列。

（7）"合同资产"项目。企业应按照《企业会计准则第 14 号——收入》（2017 年修订）的相关规定根据本企业履行履约义务与客户付款之间的关系在资产负债表中列示合同资产。"合同资产"项目，应根据"合同资产"科目的相关明细科目期末余额分析填列，同一合同下的合同资产应当以净额列示，其中净额为借方余额的，应当根据其流动性在"合同资产"或"其他非流动资产"项目中填列，已计提减值准备的，还应减去"合同资产减值准备"科目中相关的期末余额后的金额填列。

（8）"持有待售资产"项目，反映资产负债表日划分为持有待售类别的非流动资产及划分为持有待售类别的处置组中的流动资产和非流动资产的期末账面价值。该项目应根据"持有待售资产"科目的期末余额，减去"持有待售资产减值准备"科目的期末余额后的金额填列。

（9）"一年内到期的非流动资产"项目反映企业非流动资产项目中在一年内到期的金额，包括一年内到期的持有至到期投资、长期待摊费用和一年内可收回的长期应收款。本项目应根据上述账户分析计算后填列。

（10）"其他流动资产"项目根据不能填入资产负债表流动资产项目的其他项目填。比如：按照《企业会计准则第 14 号——收入》（2017 年修订）的相关规定确认为资产的应收退货成本，应当根据"应收退货成本"科目是否在一年或一个正常营业周期内出售，在"其他流动资产"或"其他非流动资产"项目中填列。

（11）"债权投资"项目，反映资产负债表日企业以分摊成本计量的长期债权投资的期末账面价值。该项目应根据"债权投资"科目的相关明细科目期末余额，减去"债权投资减值准备"科目中相关减值准备的期末余额后的金额分析填列。自资产负债表日起一年内到期的长期债权投资的期末账面价值，在"一年内到期的非流动资产"行项目反映。企业购入的以分摊成本计量的一年内到期的债权投资的期末账面价值，在"其他流动资产"行项目反映。

（12）"其他债权投资"项目，反映资产负债表日企业分类为以公允价值计量且其变动计入其他综合收益的长期债权投资的期末账面价值。该项目应根据"其他债权投资"科目的相关明细科目期末余额分析填列。自资产负债表日起一年内到期的长期债权投资的期末账面价值，在"一年内到期的非流动资产"行项目反映。企业购入的以公允价值计量且其变动计入其他综合收益的一年内到期的债权投资的期末账面价值，在"其他流动资产"行项目反映。

（13）"长期股权投资"项目反映企业不准备在 1 年内（含 1 年）变现的各种股权性质投资的账面余额，减去减值准备后的净额。本项目应根据"长期股权投资"账户的期末余额减去"长期股权投资减值准备"账户期末余额后填列。

（14）"固定资产"项目反映资产负债表日企业固定资产的期末账面价值和企业尚未清理完毕的固定资产清理净损益。该项目应根据"固定资产"科目的期末余额，减去"累计折旧"和"固定资产减值准备"科目的期末余额后的金额，以及"固定资产清理"科目的期末余额填列。

（15）"在建工程"项目反映资产负债表日企业尚未达到预定可使用状态的在建工程的期末账面价值和企业为在建工程准备的各种物资的期末账面价值。该项目应根据"在建工程"科目的期末余额，减去"在建工程减值准备"科目的期末余额后的金额，以及"工程物资"科目的期末余额，减去"工程物资减值准备"科目的期末余额后的金额填列。

（16）"无形资产"项目反映企业持有的各项无形资产的净值。本项目应根据"无形资产"账户期末余额，减去"累计摊销"和"无形资产减值准备"账户的期末余额填列。

（17）"开发支出"项目反映企业开发无形资产过程中能够资本化形成无形资产成本的支出部分。本项目应当根据"研发支出"科目中所属的"资本化支出"明细科目期末余额填列。

（18）"长期待摊费用"项目反映企业尚未摊销的摊销期限在 1 年以上（不含 1 年）的各项费用。本项目应根据"长期待摊费用"账户的期末余额减去将于 1 年内（含 1 年）摊销的数额后的金额填列。

（19）"其他非流动资产"项目反映企业除以上非流动资产项目外的其他非流动资产，本项目应根据有关账户的期末余额填列。

▶ 2. 负债项目的填列说明

（1）"短期借款"项目反映企业借入尚未归还的 1 年期以下（含 1 年）的借款。本项目应根据"短期借款"账户的期末余额填列。

（2）"交易性金融负债"项目，反映资产负债表日企业承担的交易性金融负债，以及企业持有的直接指定为以公允价值计量且其变动计入当期损益的金融负债的期末账面价值。该项目应根据"交易性金融负债"科目的相关明细科目期末余额填列。

（3）"应付票据及应付账款"项目，反映资产负债表企业因购买材料、商品和接受服务等经营活动应支付的款项，以及开出、承兑的商业汇票，包括银行承兑汇票和商业承兑汇票。该项目应根据"应付票据"科目的期末余额，以及"应付账款"和"预付账款"科目所属的相关明细科目的期末贷方余额合计数填列。

（4）"预收账款"项目反映企业按合同规定预收的款项。本项目根据"预收账款"和"应收账款"账户所属各明细账户的期末贷方余额合计填列。

（5）"合同负债"项目。企业应按照《企业会计准则第 14 号——收入》（2017 年修订）的相关规定根据本企业履行履约义务与客户付款之间的关系在资产负债表中列示合同负债。"合同负债"项目，应根据"合同负债"科目的相关明细科目期末余额分析填列，同一合同下的合同负债应当以净额列示，其中净额为贷方余额的，应当根据其流动性在"合同负债"或"其他非流动负债"项目中填列。

（6）"应付职工薪酬"项目，反映企业根据有关规定应付给职工的工资、职工福利费、社会保险费、住房公积金、工会经费、职工教育经费、非货币性福利、辞退福利等各种薪酬。外商投资企业按规定从净利润中提取的职工奖励及福利基金，也在本项目列示。

（7）"应交税费"项目，反映企业按照税法规定计算应交纳的各种税费，企业代扣代交的个人所得税，也通过本项目列示。本项目应根据"应交税费"科目的期末贷方余额填列；如"应交税费"科目期末为借方余额，应以"－"号填列。

（8）"其他应付款"项目，应根据"应付利息""应付股利"和"其他应付款"科目的期末余额合计数填列。

（9）"持有待售负债"行项目，反映资产负债表日处置组中与划分为持有待售类别的资产直接相关的负债的期末账面价值。该项目应根据"持有待售负债"科目的期末余额填列。

（10）"一年内到期的非流动负债"项目反映企业各种非流动负债在一年之内到期的金额，包括一年内到期的长期借款、长期应付款和应付债券。本项目应根据上述账户分析计算后填列。

（11）"其他流动负债"项目，反映企业除以上流动负债项目外的其他流动负债，本项目应根据有关账户的期末余额填列。比如：按照《企业会计准则第 14 号——收入》（2017 年修订）的相关规定确认为预计负债的应付退货款，应当根据"预计负债"科目下的"应付退货款"明细科目是否在一年或一个正常营业周期内清偿，在"其他流动负债"或"预计负债"项目中填列。

（12）"长期借款"项目反映企业借入尚未归还的 1 年期以上（不含 1 年）的各期借款。本项目应根据"长期借款"账户的期末余额减去一年内到期部分的金额填列。

（13）"应付债券"项目反映企业尚未偿还的长期债券摊余价值。本项目根据"应付债券"账户期末余额减去一年内到期部分的金额填列。

（14）"长期应付款"行项目，反映资产负债表日企业除长期借款和应付债券以外的其他各种长期应付款项的期末账面价值。该项目应根据"长期应付款"科目的期末余额，减去相关的"未确认融资费用"科目的期末余额后的金额，以及"专项应付款"科目的期末余额填列。

（15）"其他非流动负债"项目反映企业除以上非流动负债项目以外的其他非流动负债，本项目应根据有关账户的期末余额填列。

▶ 3. 所有者权益项目的填列说明

（1）"股本"项目反映企业各投资者实际投入的资本总额。本项目应根据"股本（实收资本）"账户的期末余额填列。

（2）"资本公积"项目反映企业资本公积的期末余额。本项目应根据"资本公积"账户的期末余额填列。

（3）"盈余公积"项目反映企业盈余公积的期末余额。本项目应根据"盈余公积"账户的期末余额填列。

（4）"未分配利润"项目反映企业尚未分配的利润。本项目应根据"本年利润"账户和"利润分配"账户的期末余额计算填列，如未弥补的亏损，在本项目内以"－"号填列。

【例 9-1】A 公司 2018 年的会计确认、计量和记录工作已经结束，各账户余额已经结出。假设 2018 年 1 月 31 日，各账户的期末余额如表 9-2 所示。但应收账款、预付账款和应付账款三个总账账户所属明细账户均分别同时存在借方余额和贷方余额的情况。

（1）"应收账款"总账账户借方余额为 40 210 元，由所属明细账账户余额合计计算而来。其中，有借方余额的全部明细账借方余额合计为 45 210 元；有贷方余额的全部明细账贷方余额合计为 5 000 元。

（2）"预付账款"总账账户借方余额为 4 000 元，由所属明细账账户余额合计计算而来。其中，有借方余额的全部明细账借方余额合计为 5 000 元；有贷方余额的全部明细账贷方余额合计为 1 000 元。

（3）"应付账款"总账账户贷方余额为 79 120 元，由所属明细账账户余额合计计算而来，其中，有借方有余额的全部明细账账户余额合为计 10 000 元；有贷方有余额的全部明细账账户余额合计为 89 120 元。

表 9-2　科目余额表

2018 年 1 月 31 日　　　　　　　　　　　　　　　　　金额单位：元

科 目 名 称	借 方 余 额	贷 方 余 额
库存现金	850	
银行存款	200 760	
交易性金融资产	20 000	
应收票据	3 000	
应收账款	40 210	
坏账准备		720
预付账款	4 000	
其他应收款	800	
原材料	135 000	
库存商品	138 000	
生产成本	7 200	
长期股权投资	30 050	
长期股权投资减值准备		1 000
固定资产	2 087 520	
累计折旧		804 000
无形资产	600 000	
累计摊销		170 000

续表

科目名称	借方余额	贷方余额
短期借款		512 500
应付账款		79 120
预收账款		10 000
其他应付款		11 100
应交税费		7 950
应付职工薪酬		14 320
长期借款		200 000
实收资本		900 000
盈余公积		302 160
本年利润		20 000
利润分配		234 520
合计	3 267 390	3 267 390

根据表 9-2 的科目余额表及相关特殊情况的说明，填制 A 公司 2018 年 1 月 31 日资产负债表相关项目的期末余额。填列结果如表 9-3 所示。

表 9-3　A 公司资产负债表（简表）

编制单位：A 公司　　　　　　　　　　2019/1/31　　　　　　　　　　金额单位：元

资　产	年初余额	期末余额	负债及所有者权益	年初余额	期末余额
流动资产：			流动负债：		
货币资金		201 610	短期借款		512 500
交易性金融资产		20 000	交易性金融负债		
衍生金融资产			衍生金融负债		
应收票据及应收账款		47 490	应付票据及应付账款		90 120
预付账款		15 000	预收账款		15 000
其他应收款		800	合同负债		
存货		280 200	应付职工薪酬		14 320
合同资产			应交税费		7 950
持有待售资产			其他应付款		11 100
一年内到期的非流动资产			持有待售负债		
其他流动资产			一年内到期的非流动负债		
流动资产合计		565 100	其他流动负债		
非流动资产：			流动负债合计		650 990
债权投资			非流动负债：		
其他债权投资			长期借款		200 000
长期应收款			应付债券		
长期股权投资		29 050	长期应付款		
其他权益工具投资			预计负债		
其他非流动金融资产			递延收益		
投资性房地产			递延所得税负债		
固定资产		1 283 520	其他非流动负债		
在建工程			非流动负债合计		200 000

续表

资 产	年初余额	期末余额	负债及所有者权益	年初余额	期末余额
生产性生物资产			负债合计		850 990
油气资产			所有者权益：		
无形资产		430 000	实收资本(或股本)		900 000
开发支出			资本公积		
商誉			减：库存股		
长期待摊费用			盈余公积		302 160
递延所得税资产			其他综合收益		
其他非流动资产			未分配利润		254 520
非流动资产合计		1 742 570	所有者权益合计		1 456 680
资产总计		2 307 670	负债和所有者权益总计		2 307 670

资产负债表有关数据计算说明如下：

(1)"货币资金"项目金额是根据"库存现金"和"银行存款"两个账户余额合计填列的，即"货币资金"项目金额等于 850 加 200 760 等于 201 610 元。

(2)"交易性金融资产""应收票据""其他应收款""短期借款""其他应付款""应交税费""应付职工薪酬""长期借款""实收资本"和"盈余公积"项目直接根据总账账户余额填列。

(3)"应发票据及应收账款"项目金额等于"应收账款"所属明细账户的借方余额之和加"预收账款"所属明细账户的借方余额之和减"坏账准备"账户的余额等于 45 210 加 0 减 720 等于 44 490 元。

(4)"预收账款"项目金额等于"应收账款"所属明细账户的贷方余额之和加"预收账款"所属明细账户的贷方余额之和等于 5 000 加 10 000 等于 15 000 元。

(5)"应付账款"项目金额等于"应付账款"所属明细账户的贷方余额之和加"预付账款"所属明细账户的贷方余额之和等于 89 120 加 1 000 等于 90 120 元。

(6)"预付账款"项目金额等于"应付账款"所属明细账户的借方余额之和加"预付账款"所属明细账户的借方余额之和等于 5 000 加 10 000 等于 15 000 元。

(7)"存货"项目的金额是根据"原材料""生产成本"和"库存商品"账户余额的合计数填列的，即"存货"项目的余额等于 135 000 加 138 000 加 7 200 等于 280 200 元。

(8)"长期股权投资"项目金额是根据"长期股权投资"账户余额减去"长期股权投资减值准备"账户余额后计算填列的，即"长期股权投资"项目的金额等于 30 050 减 1 000 等于 29 050 元。

(9)"固定资产"项目的金额是根据"固定资产"账户余额减去"累计折旧"账户余额后计算填列的，即"固定资产"项目的金额等于 2 087 520 减 804 000 等 1 283 520 元。

(10)"无形资产"项目的金额是根据"无形资产"账户余额减去"累计摊销"账户余额后计算填列的，即"无形资产"项目的金额等于 600 000 减 170 000 等于 430 000 元。

(11)"本年利润"贷方余额 20 000 元代表公司当年实现的利润，"利润分配"贷方余额 234 520 元代表公司截止到上年末累计留存的利润。在填列资产负债表期末数时，要将这二者加总计算"未分配利润"项目金额，代表截止到本期末累计留存的利润。因此，"未分配利润"金额等于 20 000 加 234 520 等于 254 520 元。

第 三 节　利 润 表

一、利润表概述

利润表是反映企业在特定会计期间的经营成果的财务会计报表。通过利润表，可以反映企业在特定会计期间的收入、费用、利润及构成情况，明确利润的来源情况或亏损的原因所在。帮助财务报告使用者全面了解企业的经营成果，分析企业的获利能力及盈利增长趋势，从而为做出经济决策提供依据。从理论上看，损益表反映了收入、费用和利润三个方面的内容。

▶ 1. 收入

收入有广义和狭义之分。广义的收入包括投资和借贷关系以外的所有活动产生的净资产的增加，可根据会计准则计入营业收入（主营业务收入和其他业务收入）、营业外收入、投资收益、资产增值收益等若干项目；狭义的收入则不包括按照会计准则直接计入所有者权益利得。这些项目在利润表中是根据会计准则的要求来列示的。

▶ 2. 费用

费用也有广义和狭义之分。广义的费用包括投资和借贷关系以外的所有活动所产生的净资产的减少，包括根据会计准则计入营业成本（主营业务成本、其他业务成本）、管理费用、销售费用、财务费用、税金及附加、营业外支出、投资亏损、资产跌价亏损等若干项目；狭义的收入则不包括按照会计准则直接计入所有者权益损失。这些项目在利润表中也需要根据会计准则的要求来列示的。

▶ 3. 利润

不同国家计算利润的方法和步骤不尽相同，有的按收入、费用口径的大小逐步计算主营业务利润、营业利润、利润总额、净利润，如果是股份有限公司，还要计算每股收益等指标；有的按照费用扣除口径的大小逐步计算毛利，费息税前利润、息税前利润、税前利润、税后利润。如果是股份有限公司，同样要计算每股收益等指标。

我国的利润表综合反映了利润和其他综合收益的内容，实际上相当于综合收益表。虽然在利润计算的步骤上总体采用了逐步扩大口径的方法，但将营业外收支项目统一纳入了营业活动的范畴。

二、利润表的结构

利润表有单步式和多步式两种格式。单步式利润表是将当期所有增加利润的收入项目列在一起，同时将所有减少利润的费用项目列在一起，将前者减去后者即得出当期净损益。多步式利润表则是通过对当期的收入、费用项目按性质加以归类，按利润形成过程中的主要环节列示一些中间性利润指标，分步计算当期净损益。

我国企业采用多步式的格式编制利润表，在从营业收入到综合总收益的形成过程中，逐渐加减一些项目，形成了营业利润、利润总额、净利润等中间值，如果是股份有限公司编制的利润表，还要在净利润之后计算列示基本每股收益和稀释每股收益指标（见表9-4）。计算直接提供了更加丰富的会计信息。

表 9-4 利 润 表

会企 02 表

编制单位：　　　　　　　　　　年　月　　　　　　　　　　单位：元

项　　目	本 期 金 额	上 期 金 额
一、营业收入		
减：营业成本		
税金及附加		
销售费用		
管理费用		
财务费用		
其中：利息费用		
利息收入		
资产减值损失		
信用减值损失		
加：其他收益		
投资收益（损失以"－"号填列）		
其中：对联营企业和合营企业的投资收益		
净敞口套期收益（损失以"－"号填列）		
公允价值变动收益（损失以"－"号填列）		
资产处置收益（损失以"－"号填列）		
二、营业利润（亏损以"－"号填列）		
加：营业外收入		
减：营业外支出		
其中：非流动资产处置损失		
三、利润总额（亏损总额以"－"号填列）		
减：所得税费用		
四、净利润（净亏损以"－"号填列）		
（一）持续经营净利润（净亏损以"－"号表示）		
（二）终止经营净利润（净亏损以"－"号表示）		
五、其他综合收益的税后净额		
（一）不能重分类进损益的其他综合收益		
（二）将重分类进损益的其他综合收益		
六、综合收益总额		
七、每股收益		
（一）基本每股收益		
（二）稀释每股收益		

三、利润表的编制

(一)利润表项目的填列方法

我国企业利润表主要包括本期金额和上期金额。上期金额应当填写上年1月至上年本月的累计金额,通常情况下可以根据上年相同期间的利润表"本期金额"填列即可,如果上年该期利润表规定的各个项目的名称和内容同本期不相一致,应对上年该期利润表各项目的名称和数字按本期新的规定进行调整,再填入"上期金额"栏。本期金额应当填写本年1月至本月的累计金额。

▶ 1. 计算营业利润

以当期营业收入为基础,减去同期营业成本、税金及附加、销售费用、管理费用、财务费用、资产减值损失,加上同期公允价值变动收益(减去公允价值变动损失)、投资收益(减去投资损失),其他收益,计算出同期营业利润。

▶ 2. 计算利润总额

以营业利润为基础,加上同期营业外收入,减去同期营业外支出,计算出同期利润总额。

▶ 3. 计算净利润

以利润总额为基础,减去所得税费用,计算出同期净利润(或净亏损)。为了较为全面地揭示利润的构成质量,还要区分持续经营净利润和终止经营净利润两个项目。

▶ 4. 每股收益

如果是股份有限公司,还要披露"基本每股收益"和"稀释每股收益"两个指标。这两个指标是向资本市场投资者披露公司每一股普通股所创造的收益水平。对资本市场投资者而言,是反映投资价值的重要指标,是投资决策最直观、最重要的参考依据,是投资者关注的重点。鉴于此,将这两项指标作为利润表的表内项目列示,同时要求在附注中详细披露计算过程,以供投资者投资决策参考。

▶ 5. 披露综合收益

综合收益,是指企业在某一期间与所有者之外的其他方面进行交易或发生其他事项所引起的净资产变动。综合收益包括净利润和其他综合收益两个构成部分。其中,净利润是根据企业会计准则通过利润计入所有者的利得或损失,其他综合收益是根据会计准则直接计入所有者权益的利得或损失。

根据《企业会计准则》的规定,利润表中的"其他综合收益"反映的是,已经确认的除了利润以外的各项利得和损失扣除所得税影响后的净额,主要包括可供出售金融资产产生公允价值变动产生的利得(或损失)、按照权益法核算的在被投资单位其他综合收益中所享有的份额、现金流套期工具产生的利得(或损失)、外币财务报表折算差额等;"综合收益总额"项目反映企业净利润与其他综合收益的合计金额。

(二)利润表项目的填列说明

(1)"营业收入"项目反映企业经营主要业务和其他业务所确认的收入总额,本项目应根据"主营业务收入"和"其他业务收入"科目的发生额计算填列。

(2)"营业成本"项目反映企业经营主要业务和其他业务所发生的成本总额,本项目应根据"主营业务成本"和"其他业务成本"科目的发生额计算填列。

（3）"税金及附加"项目反映企业经营业务应负担的消费税、城市建设维护税、资源税、土地增值税、教育费附加等，本项目应根据"税金及附加"科目的发生额填列。

（4）"销售费用"项目反映企业在销售商品，或提供劳务过程中发生的包装费、广告费等费用，以及销售本企业商品或提供本企业劳务而专设的销售机构或广告部门的职工薪酬、业务费等经营费用，本项目应根据销售费用科目的发生额填列。

（5）"管理费用"项目反映企业为组织和管理生产经营发生的管理费用，本项目应根据"管理费用"的发生额填列。

（6）"财务费用"项目反映企业筹集生产经营所需资金等而发生的筹资费用，本项目应根据"财务费用"科目的发生填列。

（7）"资产减值损失"项目反映企业各项资产发生的减值损失，本项目应根据"资产减值损失"科目的发生额填列。

（8）"信用减值损失"项目，反映企业按照《企业会计准则第 22 号——金融工具确认和计量》（2017 年修订）的要求计提的各项金融工具减值准备所形成的预期信用损失。该项目应根据"信用减值损失"科目的发生额分析填列。

（9）"公允价值变动收益"项目反映企业应当计入当期损益的资产或负债公允价值变动收益，本项目应根据"公允价值变动损益"科目的发生额分析填列，如为净损失本项目以负号填列。

（10）"投资收益"项目反映企业以各种方式对外投资所取得的收益，本项目应根据"投资收益"科目的发生额分析填列，如为投资损失本项目以负号填列。

如果有来自联营企业和合营企业投资的投资收益，需要在"投资收益"项下进行合并补充列示。

（11）"净敞口套期收益"行项目，反映净敞口套期下被套期项目累计公允价值变动转入当期损益的金额或现金流量套期储备转入当期损益的金额。该项目应根据"净敞口套期损益"科目的发生额分析填列；如为套期损失，以负号填列。

（12）"资产处置收益"项目反映企业出售划分为持有待售的非流动资产（金融工具、长期股权投资和投资性房地产除外）或处置时确认的处置利得或损失、处置未划分为持有待售的固定资产、在建工程、生产性生物资产及无形资产而产生的处置利得或损失、债务重组中因处置非流动资产产生的利得或损失、非货币性资产交换产生的利得或损失也包括在本项目内。净亏损以负号表示。

（13）"其他收益"反映计入其他收益的政府补助等。该项目应根据在损益类科目新设置的"其他收益"科目的发生额填列。

（14）"营业利润"项目反映企业实现的营业利润，如为亏损本项目以负号填列。

（15）"营业外收入"项目反映企业发生的营业利润以外的收益，主要包括债务重组利得、与企业日常活动无关的政府补助、盘盈利得、捐赠利得等。该项目应根据"营业外收入"科目的发生额填列。

（16）"营业外支出"项目反映企业发生的营业利润以外的支出，主要包括债务重组损失、公益性捐赠支出、非常损失、盘亏损失、非流动资产毁损报废损失等。该项目应根据"营业外支出"科目的发生额分析填列。

（17）"利润总额"项目反映企业实现的利润，根据前述项目计算填列。如为亏损本项目以负号填列。

(18)"所得税费用"项目反映企业应从当期利润总额中扣除的所得税费用,该项目应根据"所得税费用"科目的发生额填列。

(19)"净利润"项目反映企业实现的净利润,由利润总额减除所得税费用而得。如为亏损本项目以负号填列。

根据现行会计规范,需要将利润总额区分为"持续经营净利润"和"终止经营净利润"两部分进行补充披露,分别反映净利润中与持续经营相关的净利润和与终止经营相关的净利润。

如果是股份有限公司还要分别计算基本每股收益和稀释每股收益,前者为归属于普通股的净利润除以该会计期间的加权平均普通股数,后者为归属于普通股的净利润除以该会计期间的加权平均普通股数与潜在普通股数。

(20)"其他综合收益"项目反映根据会计准则直接计入所有者权益的利得或损失,本项目应根据"其他综合收益"科目的发生额填列。

(21)"综合收益总额"项目反映本会计期间的最终经营综合成果,由本期净利润加其他综合收益而得。

(22)"每股收益"项目,包括基本每股收益和稀释每股收益两项指标,反应普通股或潜在普通股已公开交易的企业,以及正处在公开发行普通股或潜在普通股过程中的企业的每股收益信息。

【例 9-2】A 公司 2018 年 1 月有关损益类账户发生额表 9-5 所示,根据以上资料编制多步式利润表。

表 9-5　A公司损益类账户发生额

2018 年 1 月　　　　　　　　　　　　　　　金额单位:元

账户名称	发生额	账户名称	发生额
主营业务收入	500 000	管理费用	80 000
主营业务成本	300 000	财务费用	1 500
税金及附加	40 000	投资收益	5 000
销售费用	60 000	营业外收入	500
其他业务收入	15 000	营业外支出	1 000
其他业务成本	8 000	所得税费用	10 000

根据利润表的编制规则和表 9-5 所给定的资料,A 公司 2018 年 1 月的利润表编制结果如表 9-6 所示(没有填列的项目表明该企业没有这些项目)。假设 A 公司不属于股份有限公司,不用计算每股收益。

表 9-6　A公司利润表

编制单位:A 公司　　　　　　　2018 年 1 月　　　　　　　金额单位:元

项目	本月金额	本年累计金额
一、营业收入	515 000	515 000
减:营业成本	308 000	308 000
税金及附加	40 000	40 000
销售费用	60 000	60 000

续表

项　　目	本月金额	本年累计金额
管理费用	80 000	80 000
财务费用	1 500	1 500
其中：利息费用	—	—
利息收入	—	—
资产减值损失	—	—
信用减值损失	—	—
加：其他收益		
投资收益（损失以"—"号填列）	5 000	5 000
其中：对联营企业和合营企业的投资收益	—	—
净敞口套期收益（损失以"—"号填列）		
公允价值变动收益（损失以"—"号填列）		
资产处置收益（损失以"—"号填列）		
二、营业利润（亏损以"—"号填列）	30 500	30 500
加：营业外收入	500	500
减：营业外支出	1 000	1 500
其中：非流动资产处置损失	—	—
三、利润总额（亏损总额以"—"号填列）	30 000	30 000
减：所得税费用	10 000	10 000
四、净利润（净亏损以"—"号填列）	20 000	20 000
（一）持续经营净利润（净亏损以"—"号表示）		
（二）终止经营净利润（净亏损以"—"号表示）		
五、其他综合收益的税后净额		
（一）不能重分类进损益的其他综合收益		
（二）将重分类进损益的其他综合收益		
六、综合收益总额	20 000	20 000
七、每股收益		
（一）基本每股收益		
（二）稀释每股收益		

　　说明：营业收入＝主营业务收入＋其他业务收入＝500 000＋15 000＝515 000（元）

　　　　　营业成本＝主营业务成本＋其他业务成本＝300 000＋8 000＝308 000（元）

第四节 现金流量表

一、现金流量表的概念

　　现金流量表，是反映企业在一定会计期间现金和现金等价物流入和流出的报表。如果不考虑现金等价物，现金流量表就是解释资产负债表中货币资金项目期初期末差额形成原因的一张附表。通过现金流量表可以为财务报表使用者提供企业在一定会计期间内现金和现金等价物流入和流出的信息，便于财务报表使用者了解和评价企业获取现金和现金等价物的能力，据以预测企业未来现金流量，初步了解及把握企业现金支付能力及其变化。

现金流量表的前身为服务于企业内部管理的财务状况变动表(或称为资金表)，出现的时间比较晚，但发展变化较快。19世纪70年代美国会计界最早开始编制用于公司内部管理的财务状况变动表，但基础不同，名称各异。1961年美国注册会计师协会(AICPA)对此进行了研究，并于当年发表了第2号会计研究公报，建议将企业对外提供资金表；1962年美国会计原则委员会(APB)发表了第3号意见书，建议企业编制资金来源和应用表；1971年美国证券交易委员会(SEC)要求上市公司必须填报财务状况变动资料，为了回应美国证券交易委员会(SEC)的要求，美国会计原则委员会(APB)当年随后发表了第9号意见书，替代第3号意见书，要求企业编制反映损益表期间财务状况变动的资料，并正式将此表命名为财务状况变动表；1987年美国财务会计准则委员会(FASB)发布第95号会计准则，明确要求用现金流量表取代财务状况变动表。1977年国际会计准则委员会(IASC)发布第7号国际会计准则(IAS7)，要求企业编制财务状况变动表，1992年重新修了第7号国际会计准则(IAS7)，将财务状况变动改为现金流量表，确立了现金流量表的基本规范。

我国于1992年11月颁布了部分企业会计准则和行业会计制度，明确要求符合要求的企业编制财务状况变动表，但我国1998年年初发布的《企业会计准则——现金流量表》，要求原来需要编制财务状况变动表的企业从1998年开始改为编制现金流量表，不再编制财务状况变动表。

二、现金流量表的编制基础与方法

与财务状况变动以营运资金作为报表编制基础不同，现金流量表以现金及现金等价物作为编制基础。

(一) 现金流量表的编制基础

▶ 1. 现金

现金，是指企业库存现金以及可以随时用于支付的存款，包括库存现金、银行存款和其他货币资金等。从现金流量表的结构及编制要求来看，现金的口径与资产负债表中的货币资金项目的口径一致。

▶ 2. 现金等价物

现金等价物，是指企业持有的期限短、流动性强、易于转换为已知金额现金、价值变动风险很小的投资。"期限短"一般是指从购买日起三个月内到期。现金等价物虽然不是现金，但支付能力与现金的差别不大，可视为现金。现金等价物通常包括三个月内到期的债券投资。企业应当根据具体情况，确定现金等价物的范围，一经确定不得随意变更。

(二) 现金流量的分类

在现金流量表中，现金及现金等价物被视为一个整体，企业的现金及现金等价物之间的形式转换不会产生现金的流入和流出。例如，企业从银行提取现金，是企业以现金存放形式的转换，并未流出企业，不构成现金流量。同样，现金与现金等价物之间的转换也不属于现金流量，例如，企业用现金购买3个月内到期的国库券。

　　根据企业业务活动的性质和现金流量的来源，现行的现金流量表将企业一定期间产生的现金流量分为经营活动现金流量、投资活动现金流量和筹资活动现金流量三个部分加以反映。每个部分又按照现金流的方向分为现金流入和现金流出，同时又根据现金流动的业务的性质分为不同的项目。

▶ **1. 经营活动现金流量**

　　经营活动是指企业投资活动和筹资活动以外的所有交易和事项。各类企业由于行业特点不同，对经营活动的认定存在一定差异。对于工商企业而言，经营活动主要包括销售商品、提供劳务、购买商品、接受劳务、支付税费等。对于商业银行而言，经营活动主要包括吸收存款、发放贷款、同业存放、同业拆借等。对于保险公司而言，经营活动主要包括原保险业务和再保险业务等。对于证券公司而言，经营活动主要包括自营证券、代理承销证券、代理兑付证券、代理买卖证券等。

▶ **2. 投资活动现金流量**

　　投资活动是指企业对长期资产的购建和不包括在现金等价物范围的投资及其处置活动。长期资产是指固定资产、无形资产、在建工程、其他资产等持有期限在一年或一个营业周期以上的资产。投资活动，既包括实物资产投资，也包括金融资产投资。

▶ **3. 筹资活动现金流量**

　　筹资活动是指导致企业资本及债务规模和构成发生变化的活动。企业资本，既包括实收资本(股本)，也包括资本溢价(股本溢价)；企业债务，指外部债务，包括向银行借款、发行债券以及偿还债务等。通常情况下，应付账款、应付票据等属于经营活动，不属于筹资活动。

（三）现金流量表的结构与编制方法

▶ **1. 现金流量表的结构**

　　根据我国会计实践，现金流量表分为经营活动现金流量、投资活动现金流量和筹资活动现金流量等三个重要组成部分。每个部分均分为现金流入量、现金流出量和现金净流量三个方面的内容，其中，现金净流量为现金流入量超过现金流出量的金额，每个部分的流入、流出均分不同的项目进行了反映，见表9-7所示。

　　此外，还要将净利润通过加减不影响当期现金流动的收入、成本和其他影响当期利润的项目，得出当期净利润，作为利润表的附表。

表 9-7　现金流量表

会企 03 表

编制单位：　　　　　　　　　　　　　　年　月　　　　　　　　　　　　　　单位：元

项　　目	本期金额	上期金额
一、经营活动产生的现金流量		
销售商品、提供劳务收到的现金		
收到的税费返还		
收到其他与经营活动有关的现金		
经营活动现金流入小计		
购买商品、接受劳务支付的现金		

续表

项　目	本期金额	上期金额
支付给职工以及为职工支付的现金		
支付的各项税费		
支付其他与经营活动有关的现金		
经营活动现金流出小计		
经营活动产生的现金流量净额		
二、投资活动产生的现金流量		
收回投资收到的现金		
取得投资收益收到的现金		
处置固定资产、无形资产和其他长期资产收回的现金净额		
处置子公司及其他营业单位收到的现金净额		
收到其他与投资活动有关的现金		
投资活动现金流入小计		
购建固定资产、无形资产和其他长期资产支付的现金		
投资支付的现金		
取得子公司及其他营业单位支付的现金净额		
支付其他与投资活动有关的现金		
投资活动现金流出小计		
投资活动产生的现金流量净额		
三、筹资活动产生的现金流量		
吸收投资收到的现金		
取得借款收到的现金		
收到其他与筹资活动有关的现金		
筹资活动现金流入小计		
偿还债务支付的现金		
分配股利、利润或偿付利息支付的现金		
支付其他与筹资活动有关的现金		
筹资活动现金流出小计		
筹资活动产生的现金流量净额		
四、汇率变动对现金及现金等价物的影响		
五、现金及现金等价物净增加额		
加：期初现金及现金等价物余额		
六、期末现金及现金等价物余额		

▶ 2. 现金流量表的编制方法

编制现金流量表时，根据是否直接分项目、方向列报现金流量，可将现金流量表的编制方法分为直接法和间接法。

1）直接法

在直接法下，现金流量需要直接分项目详细反映现金流入量、现金流出量和现金净流入量。如销售商品、提供劳务收到的现金；购买商品、接受劳务支付的现金等就是按现金收入和支出的类别直接反映的。

理论上看，经营活动现金流量、投资活动现金流量和筹资活动现金流量均可以采用直接法进行编制。采用直接法编报的现金流量表，便于分析企业经营活动产生的现金流量的来源和用途，预测企业现金流量的未来前景。

2）间接法

间接法是指以净利润为起点，调整不涉及当期现金流动的收入、费用、营业外收支等有关项目，剔除投资活动、筹资活动对现金流量的影响，据此计算出经营活动产生的现金流量。由于净利润是按照权责发生制原则确定的，且包括了与投资活动和筹资活动相关的收益和费用，将净利润调节为经营活动现金流量，实际上就是将按权责发生制原则确定的净利润调整为现金净流入，并剔除投资活动和筹资活动对现金流量的影响。

理论上看，间接法主要适用于经营活动现金流量的计算和反映。采用间接法编报现金流量表，便于将净利润与经营活动产生的现金流量净额进行比较，了解净利润与经营活动产生的现金流量差异的原因，从现金流量的角度分析净利润的质量。

在根据我国《企业会计准则第 31 号——现金流量表》的要求，在现金流量表主表中，经营活动现金流量、投资活动现金流量和筹资活动现金流量均按直接法进行编制，但还应当使用间接法对经营活动现金流量进行补充计算，将净利润调整为经营活动现金净流量，作为现金流量表的附表。

三、现金流量表的主要项目说明

现金流量表的项目主要有：经营活动产生的现金流量、投资活动产生的现金流量、筹资活动产生的现金流量、汇率变动对现金及现金等价物的影响、现金及现金等价物净增加额、期末现金及现金等价物余额等项目。

（一）经营活动产生的现金流量

▶ 1. 销售商品、提供劳务收到的现金

销售商品、提供劳务收到的现金反映企业销售商品、提供劳务实际收到的现金，包括销售收入和应向购买者收取的增值税销项税额，具体包括本期销售商品、提供劳务收到的现金，以及前期销售商品、提供劳务本期收到的现金和本期预收的款项，减去本期销售和退回的商品及前期销售本期退回的商品支付的现金。企业销售材料和代购代销业务收到的现金，也在本项目中反映。

▶ 2. 收到的税费返还

收到的税费返还反映企业收到返还的各种税费，如收到的增值税、营业税、所得税、消费税、关税和教育费附加返还款等。

▶ 3. 收到的其他与经营活动有关的现金

收到的其他与经营活动有关的现金反映企业除上述各项目外，收到的其他与经营活动有关的现金，如罚款收入、经营租赁固定资产收到的现金、投资性房地产收到的租金收入、流动资产损失中由个人赔偿的现金收入、除税费返还外的其他政府补助收入等。其他与经营活动有关的现金，如果价值较大的，应单列项目反映。

▶ 4. 购买商品、接受劳务支付的现金

购买商品、接受劳务支付的现金反映企业购买商品、接受劳务实际支付的现金，包括支付的货款以及与货款一并支付的增值税进项税额，具体包括本期购买商品、接受劳务支付的现金，以及本期支付前期购买商品、接受劳务的未付款项和本期预付款项，减去本期发生的购货退回收到的现金。为购置存货而发生的借款利息资本化部分，应在"分配股利、利润或偿付利息支付的现金"项目中反映。

▶ 5. 支付给职工以及为职工支付的现金

支付给职工以及为职工支付的现金反映企业实际支付给职工的现金以及为职工支付的现金，包括企业为获得职工提供的服务，本期实际给予各种形式的报酬以及其他相关支出，如支付给职工的工资、奖金、各种津贴和补贴等，以及为职工支付的其他费用，不包括支付给在建工程人员的工资。支付的在建工程人员的工资，在"购建固定资产、无形资产和其他长期资产所支付的现金"项目中反映。

▶ 6. 支付的各项税费

支付的各项税费反映企业按规定支付的各项税费，包括本期发生并支付的税费，以及本期支付以前各期发生的税费和预交的税金，如支付的营业税、增值税、所得税、教育费附加、印花税、房产税、土地增值税、车船使用税等，不包括本期退回的增值税、所得税，本期退回的增值税、所得税等，在"收到的税费返还"项目中反映。

▶ 7. 支付的其他与经营活动有关的现金

支付的其他与经营活动有关的现金反映企业除上述各项目外，支付的其他与经营活动有关的现金，如罚款支出、支付的差旅费、业务招待费、保险费、经营租赁支付的现金等。其他与经营活动有关的现金，如果金额较大的，应单列项目反映。

（二）投资活动产生的现金流量

▶ 1. 收回投资收到的现金

收回投资收到的现金反映企业出售、转让或到期收回除现金等价物以外的长期股权投资等而收到的现金，不包括债权性投资收回的利息、收回的非现金资产，以及处置子公司及其他营业单位收到的现金净额。债权性投资收回的本金，在本项目反映，债权性投资收回的利息，不在本项目中反映，而在"取得投资收益所收到的现金"项目中反映。处置子公司及其他营业单位收到的现金净额单设项目反映。

▶ 2. 取得投资收益收到的现金

取得投资收益收到的现金反映企业因股权性投资而分得的现金股利，因债权性投资而取得的现金利息收入。股票股利由于不产生现金流量，不在本项目中反映；包括在现金等价物范围内的债券性投资，利息收入在本项目中反映。

▶ 3. 处置固定资产、无形资产和其他长期资产收回的现金净额

处置固定资产、无形资产和其他长期资产收回的现金净额反映企业出售固定资产、无形资产和其他长期资产(如投资性房地产)所取得的现金，减去为处置这些资产而支付的有关税费后的净额。处置固定资产、无形资产和其他长期资产所收到的现金，与处置活动支付的现金，两者在时间上比较接近，以净额反映更能准确反映处置活动对现金流量的影响。由于自

然灾害等原因所造成的固定资产等长期资产报废、毁损而收到的保险赔偿收入，在本项目中反映。如处置固定资产、无形资产和其他长期资产所收回的现金净额为负数，应作为投资活动产生的现金流量，在"支付的其他与投资活动有关的现金"项目中反映。

▶ 4. 处置子公司及其他营业单位收到的现金净额

处置子公司及其他营业单位收到的现金净额反映企业处置子公司及其他营业单位所取得的现金减去子公司或其他营业单位持有的现金和现金等价物，以及相关处置费用后的净额。

企业处置子公司及其他营业单位是整体交易，子公司和其他营业单位可能持有现金和现金等价物。这样，整体处置子公司或其他营业单位的现金流量，就应以处置价款中收到现金的部分，减去子公司或其他营业单位持有的现金和现金等价物以及相关处置费用后的净额反映。

处置子公司及其他营业单位收到的现金净额如为负数，则将该金额填列至"支付其他与投资活动有关的现金"项目中。

▶ 5. 收到的其他与投资活动有关的现金

收到的其他与投资活动有关的现金反映企业除上述各项目外，收到的其他与投资活动有关的现金。其他与投资活动有关的现金，如果价值较大的，应单列项目反映。

▶ 6. 购建固定资产、无形资产和其他长期资产支付的现金

购建固定资产、无形资产和其他长期资产支付的现金反映企业购买、建造固定资产，取得无形资产和其他长期资产（如投资性房地产）支付的现金，包括购买机器设备所支付的现金、建造工程支付的现金、支付在建工程人员的工资等现金支出，不包括为购建固定资产、无形资产和其他长期资产而发生的借款利息资本化部分，以及融资租入固定资产所支付的租赁费。为购建固定资产、无形资产和其他长期资产而发生的借款利息资本化部分，在"分配股利、利润或偿付利息支付的现金"项目中反映；融资租入固定资产所支付的租赁费，在"支付其他与筹资活动有关的现金"项目中反映。

▶ 7. 投资支付的现金

投资支付的现金反映企业进行权益性投资和债权性投资所支付的现金，包括企业取得的除现金等价物以外的交易性金融资产、持有至到期投资、可供出售金融资产而支付的现金，以及支付的佣金、手续费等交易费用。

企业购买股票和债券时，实际支付的价款中包含的已宣告但尚未领取的现金股利或已到付息期但尚未领取的债券利息，应在"支付其他与投资活动有关的现金"项目中反映；收回购买股票和债券时支付的已宣告但尚未领取的现金股利或已到付息期但尚未领取的债券利息，应在"收到其他与投资活动有关的现金"项目中反映。

▶ 8. 取得子公司及其他营业单位支付的现金净额

取得子公司及其他营业单位支付的现金净额反映企业取得子公司及其他营业单位购买出价中以现金支付的部分，减去子公司或其他营业单位持有的现金和现金等价物后的净额。

企业购买子公司及其他营业单位是整体交易，子公司和其他营业单位除有固定资产和存货外，还可能持有现金和现金等价物。这样，整体购买子公司或其他营业单位的现金流量，就应以购买出价中以现金支付的部分减去子公司或其他营业单位持有的现金和现金等价物后的净额反映，如为负数，应在"收到其他与投资活动有关的现金"项目中反映。

▶ 9. 支付的其他与投资活动有关的现金

支付的其他与投资活动有关的现金反映企业除上述各项目外，支付的其他与投资活动

有关的现金。其他与投资活动有关的现金，如果价值较大的，应单列项目反映。

（三）筹资活动产生的现金流量

▶ 1. 吸收投资收到的现金

本项目反映企业以发行股票等方式筹集资金实际收到的款项净额（发行收入减去支付的佣金等于发行费用后的净额）。以发行股票等方式筹集资金而由企业直接支付的审计、咨询等费用，在"支付其他与筹资活动有关的现金"项目中反映。

▶ 2. 借款收到的现金

本项目反映企业举借各种短期、长期借款而收到的现金，以及发行债券实际收到的款项净额（发行收入减去直接支付的佣金等于发行费用后的净额）。

▶ 3. 收到的其他与筹资活动有关的现金

本项目反映企业除上述各项目外，收到的其他与筹资活动有关的现金。其他与筹资活动有关的现金，如果价值较大的，应单列项目反映。

▶ 4. 偿还债务所支付的现金

本项目反映企业以现金偿还债务的本金，包括归还金融企业的借款本金、偿付企业到期的债券本金等。企业偿还的借款利息、债券利息，在"分配股利、利润或偿付利息所支付的现金"项目中反映。

▶ 5. 分配股利、利润或偿付利息支付的现金

本项目反映企业实际支付的现金股利、支付给其他投资单位的利润或用现金支付的借款利息、债券利息。不同用途的借款，利息的开支渠道不一样，如在建工程、财务费用等，均在本项目中反映。

▶ 6. 支付的其他与筹资活动有关的现金

本项目反映企业除上述各项目外，支付的其他与筹资活动有关的现金，如以发行股票、债券等方式筹集资金而由企业直接支付的审计、咨询等费用，融资租赁各期支付的现金、以分期付款方式构建固定资产、无形资产等各期支付的现金等。其他与筹资活动有关的现金，如果价值较大的，应单列项目反映。

（四）汇率变动对现金的影响

汇率变动对现金的影响是指企业外币现金流量及境外子公司的现金流量折算成记账本位币时，所采用的是现金流量发生日的汇率或即期汇率近似的汇率，而现金流量表"现金及现金等价物净增加额"项目中外币现金净增加额是按资产负债表日的即期汇率折算。这两者的差额即为汇率变动对现金的影响。

第 五 节 　 所有者权益变动表

一、所有者权益变动表的概念和作用

所有者权益变动表是反映所有者权益各构成部分当期的增减变动情况及其结果的会计

报表，是对资产负债表所有者权益各项目的期初期末余额之间差额形成过程及原因说明。

通过所有者权益变动表，既可以为报表使用者提供所有者权益总量增减变动的信息，也能为报表使用者提供所有者权益增减变动的结构性信息，特别是能够让报表使用者理解所有者权益增减变动的根源。

二、所有者权益变动表的内容和结构

（一）所有者权益变动表的内容

企业所有者权益变动表包括两个方面的内容：一是企业所有者权益及其结构；二是引起所有者权益变化的因素，见表9-8所示。

根据最初企业会计准则，所有者权益包括了实收资本(股本)、资本公积、盈余公积和未分配利润四个部分。但以最新企业会计准则及其相应的说明，其他权益工具和其他综合收益需要单独列示，而且要将库藏股作为资本公积的减项独立作为一个项目来反映。所有这些项目均需填列本期金额和上年金额。

关于所有者权益变化的影响，不同时期的会计准则有不尽相同的归类。目前的会计准则将其归纳为上年末的利润调整、当年取得利润及其他综合收益、当年所有者投入或减少资本、利润分配和所有者权益内部结转等几个方面的内容。

（二）所有者权益变动表的结构

我国现行所有者权益变动表的结构为矩阵式结构(见表9-8所示)。纵向从上到下列示导致所有者权益变动的交易或事项，即所有者权益变动的来源，对一定时期所有者权益的变动情况进行全面反映，包括了前述年末的利润调整、当年取得利润及其他综合收益、当年所有者投入或减少资本、利润分配和所有者权益内部结转涉及的众多项目。

横向从左到右按照实收资本、其他权益工具(含优先股、永续债和其他)、资本公积、库藏股、其他综合收益、盈余公积、未分配利润和所有者权益总额的本年数和上年数。

三、所有者权益变动表的编制

（一）所有者权益变动表项目的填列方法

所有者权益表变动表"上年期末余额"栏内各项数字，应根据上年度所有者权益变动表"本年金额"内所列数字填列。上年度所有者权益变动表规定的各个项目的名称和内容同本年度不一致的，应对上年度所有者权益变动表各项目的名称和数字按照本年度的规定进行调整，填入所有者权益变动表的"上年金额"栏内。

所有者权益变动表"本年金额"栏内各项数字一般应根据"实收资本(或股本)""资本公积""盈余公积""利润分配""库存股""以前年度损益调整"科目的发生额分析填列。

企业的净利润及其分配情况作为所有者权益变动的组成部分，不需要单独编制利润分配表列示。

（二）所有者权益变动表主要项目说明

(1)"上年年末余额"项目，反映企业上年资产负债表中实收资本(或股本)、资本公积、盈余公积、未分配利润的年末余额。

(2)"会计政策变更"和"前期差错更正"项目，分别反映企业采用追溯调整法处理的会计政策变更的累积影响金额和采用追溯重述法处理的会计差错更正的累积影响金额。

表 9-8　所有者权益变动表

编制单位：_____　　　　　　_____年度　　　　　　　　　　会企 04 表
单位：元

项目	本年金额									上年金额								
	实收资本	其他权益工具			资本公积	减：库存股	其他综合收益	盈余公积	未分配利润	所有者权益合计	实收资本	其他权益工具			资本公积	减：库存股	其他综合收益	盈余公积	未分配利润	所有者权益合计
		优先股	永续债	其他								优先股	永续债	其他						
一、上年末余额																			
加：会计政策变更																			
前期差错更正																			
其他																			
二、本年初余额																			
三、本年增减变动金额（减少以"—"号填列）																			
（一）综合收益总额																			
（二）所有者投入和减少资本																			
1.所有者投入的普通股																			
2.其他权益工具持有者投入资本																			
3.股份支付计入所有者权益的金额																			
4.其他																			
（三）利润分配																			
1.提取盈余公积																			
2.对所有者（或股东）的分配																			
3.其他																			
（四）所有者权益内部结转																			
1.资本公积转增资本（或股本）																			
2.盈余公积转增资本（或股本）																			
3.盈余公积弥补亏损																			
4.其他																			
四、本年末余额																			

（3）"本年增减变动额"项目分别反映如下内容。

①"净利润"项目，反映企业当年实现的净利润（或净亏损）金额，并对应列在"未分配利润"栏。

②"其他综合收益"项目，反映企业当年根据《企业会计准则》规定未在损益中确认的各项利得和损失扣除所得税影响后的净额，并对应列在"资本公积"栏。

③"净利润"和"其他综合收益"小计项目，反映企业当年实现的净利润（或净亏损）金额和当年直接计入其他综合收益金额的合计额。

④"所有者投入和减少资本"项目，反映企业当年所有者投入的资本和减少的资本。其中：

"所有者投入资本"项目，反映企业接受投资者投入形成的实收资本（或股本）和资本溢价或股本溢价，并对应列在"实收资本"和"资本公积"栏。

"股份支付计入所有者权益的金额"项目，反映企业处于等待期中的权益结算的股份支付当年计入资本公积的金额，并对应列在"资本公积"栏。

⑤"利润分配"下各项目，反映当年对所有者（或股东）分配的利润（或股利）金额和按照规定提取的盈余公积金额，并对应列在"未分配利润"和"盈余公积"栏。其中：

"提取盈余公积"项目，反映企业按照规定提取的盈余公积。

"对所有者（或股东）的分配"项目，反映对所有者（或股东）分配的利润（或股利）金额。

⑥"所有者权益内部结转"下各项目，反映不影响当年所有者权益总额的所有者权益各组成部分之间当年的增减变动，包括资本公积转增资本（或股本）、盈余公积转增资本（或股本）、盈余公积弥补亏损等项金额。为了全面反映所有者权益各组成部分的增减变动情况，所有者权益内部结转也是所有者权益变动表的重要组成部分，主要指不影响所有者权益总额、所有者权益的各组成部分当期的增减变动。其中：

"资本公积转增资本（或股本）"项目，反映企业以资本公积转增资本或股本的金额。

"盈余公积转增资本（或股本）"项目，反映企业以盈余公积转增资本或股本的金额。

"盈余公积弥补亏损"项目，反映企业以盈余公积弥补亏损的金额。

"其他综合收益结转留存收益"行项目，主要反映：（1）企业指定为以公允价值计量且其变动计入其他综合收益的非交易性权益工具投资终止确认时，之前计入其他综合收益的累计利得或损失从其他综合收益中转入留存收益的金额；（2）企业指定为以公允价值计量且其变动计入当期损益的金融负债终止确认时，之前由企业自身信用风险变动引起而计入其他综合收益的累计利得或损失从其他综合收益中转入留存收益的金额等。该项目应根据"其他综合收益"科目的相关明细科目的发生额分析填列。

第六节　附　注

一、附注的概念

附注是对在资产负债表、利润表、现金流量表和所有者权益变动表等报表中列示项目的文字描述或明细资料，以及对未能在这些报表中列示项目的说明等。

财务报表中的数字是经过分类与汇总后的结果，是对企业发生的经济业务的高度简化和浓缩的数字，如果没有形成这些数字所使用的会计政策，理解这些数字所必须的披露，财务报表就不可能充分发挥效用。因此，附注与资产负债表、利润表、现金流量表、所有者权益变动表等报表具有同等的重要性，是财务报表的重要组成部分。通过附注与资产负债、利润表、现金流量表和所有者权益变动表列示项目的相互参照关系，以及对未能在报表中列示项目的说明，可以使报表使用者全面了解企业的财务状况、经营成果和现金流量。

二、附注披露的基本要求

（1）附注披露的信息应是定量、定性信息的结合，从而能从量和质两个角度对企业经济事项完整的进行反映，也才能满足信息使用者的决策需求。

（2）附注应当按照一定的结构进行系统合理的排列和分类，有顺序地披露信息。由于附注的内容繁多，因此更应按逻辑顺序排列，分类披露，条理清晰，具有一定的组织结构，以便于使用者理解和掌握，也更好地实现财务报表的可比性。

（3）附注相关信息应当与资产负债表、利润表、现金流量表和所有者权益变动表等报表中列示的项目相互参照，以有助于使用者联系相关联的信息，并由此从整体上更好地理解财务报表。

三、附注的主要内容

企业应当按照如下顺序披露附注的内容：

（一）企业的基本情况

（1）企业注册地、组织形式和总部地址。

（2）企业的业务性质和主要经营活动，如企业所处的行业、所提供的主要产品或服务、客户的性质、销售策略、监管环境的性质等。

（3）母公司以及集团最终母公司的名称。

（4）财务报告的批准报出者和财务报告批准报出日。

（二）财务报表的编制基础

财务报表的编制基础是指财务报表是在持续经营基础上还是非持续经营基础上编制的。企业一般是在持续经营基础上编制财务报表的，清算、破产属于非持续经营基础。

（三）遵循企业会计准则的声明

企业应当声明编制的财务报表符合《企业会计准则》的要求，真实、完整地反映了企业的财务状况、经营成果和现金流量等有关信息。以此明确企业编制财务报表所依据的制度基础。如果企业编制的财务报表只是部分地遵循了企业会计准则，附注中不得做出这种表述。

（四）重要会计政策和会计估计

企业应当披露采用的重要会计政策和会计估计，不重要的会计政策和会计估计可以不披露。在披露重要会计政策和会计估计时，企业应当披露重要会计政策的确定依据和财务报表的计量基础，以及会计估计中所采用的关键假设和不确定因素。

会计政策的确定依据，主要指企业在运用会计政策过程中所做的对报表在确认的项目金额最具影响的判断。财务报表项目的计量基础，是指企业计量该项目采用的是历史成本、重置成本、可变现净值、现值还是公允价值。

在确定报表中确认的资产和负债的账面金额过程中，企业有时需要对不确定的未来事项在资产负债表日对这些资产和负债的影响加以估计。如企业预计固定资产未来现金流量采用的折现率和假设。这类假设的变动对这些资产和负债项目金额的确定影响很大，有可能会在下一个会计年度内做出重大调整。因此，强调这一披露要求，有助于提高财务报表的可理解性。

（五）会计政策和会计估计变更以及差错更正的说明

企业应当披露会计政策和会计估计变更以及差错更正的有关情况。

（六）报表重要项目的说明

企业应当以文字和数字描述相结合、尽可能以列表形式披露报表重要项目的构成或当期增减变动情况，并且报表重要项目的明细金额合计，应当与报表项目金额相衔接。在披露顺序上，一般应当按照资产负债表、利润表、现金流量表、所有者权益变动表的顺序及项目列示的顺序，主要包括以下重要项目：

▶ 1. 交易性金融资产

企业应当披露交易性金额资产的构成及期初、期末账面余额等信息。

▶ 2. 应收款项

企业应当披露应收款项的账龄结构和客户类别以及期初、期末账面余额等信息。

▶ 3. 存货

企业应当披露下列信息：

（1）各类存货的期初和期末账面价值。

（2）确定发出存货成本所采用的方法。

（3）存货可变现净值的确定依据，存货跌价准备的计提方法，当期计提的存货跌价准备的金额，当期转回的存货跌价准备的金额，以及计提和转回的有关情况。

（4）用于担保的存货账面价值。

▶ 4. 长期股权投资

企业应当披露下列信息：

（1）子公司、合营企业和联营企业清单，包括企业名称、注册地、业务性质、投资企业的持股比例和表决权比例。

（2）合营企业和联营企业当期的主要财务信息，包括资产、负债、收入、费用等合计金额。

（3）被投资单位向投资企业转移资金的能力受到限制的情况。

（4）当期及累计未确认的投资损失金额。

（5）与子公司、合营企业及联营企业投资相关的或有负债。

▶ 5. 投资性房地产

企业应当披露下列信息：

（1）投资性房地产的种类、金额和计量模式。

（2）采用成本模式的，投资性房地产的折旧或摊销，以及减值准备的计提情况。

（3）采用公允价值模式的，公允价值的确定依据和方法，以及公允价值变动对损益的影响。

（4）房地产转换情况、理由，以及对损益或所有者权益的影响。

（5）当期处置的投资性房地产及对损益的影响。

▶ 6．固定资产

企业应当披露下列信息：

（1）固定资产的确认条件、分类、计量基础和折旧方法。

（2）各类固定资产的使用寿命、预计净残值和折旧率。

（3）各类固定资产的期初和期末原价、累计折旧额及固定资产减值准备累计金额。

（4）当期确认的折旧费用。

（5）对固定资产所有权的限制及金额和用于担保的固定资产账面价值。

（6）准备处置的固定资产名称、账面价值、公允价值、预计处置费用和预计处置时间等。

▶ 7．无形资产

企业应当披露下列信息：

（1）无形资产的期初和期末账面余额、累计摊销额及减值准备累计金额。

（2）使用寿命有限的无形资产，其使用寿命的估计情况；使用寿命不确定的无形资产，其使用寿命不确定的判断依据。

（3）无形资产的摊销方法。

（4）用于担保的无形资产账面价值、当期摊销额等情况。

（5）计入当期损益和确认为无形资产的研究开发支出金额。

▶ 8．职工薪酬

企业应当披露下列信息：

（1）应当支付给职工的工资、资金、津贴和补贴，及期末应付未付金额。

（2）应当为职工缴纳的医疗保险费、养老保险费、失业保险费、工伤保险费和生育保险费等社会保险费，及期末应付未付金额。

（3）应当为职工缴存的住房公积金，及期末应付未付金额。

（4）为职工提供的非货币性福利，及计算依据。

（5）应当支付的因解除劳务关系给予的补偿，及期末应付未付金额。

（6）其他职工薪酬。

▶ 9．应交税费用

企业应当披露应交税费的构成及期初、期末账面余额等信息。

▶ 10．短期借款和长期借款

企业应当披露短期借款、长期借款的构成及期初、期末账面余额等信息。对于期末逾期借款，应分别贷款单位、借款金额、逾期时间、年利率、逾期未偿还原因和预期还款期等进行披露。

▶ 11．应付债券

企业应当披露应付债券的构成及期初、期末账面余额等信息。

▶ 12. 长期应付款

企业应当披露长期应付款的构成及期初、期末账面余额等信息。

▶ 13. 营业收入

企业应当披露营业收入的构成及本期、上期发生额等信息。

▶ 14. 公允价值变动收益

企业应当披露公允价值变动收益的来源及本期、上期发生额等信息。

▶ 15. 投资收益

企业应当披露投资收益的来源及本期、上期发生额等信息。

▶ 16. 减值损失

企业应当披露各项资产的减值损失及本期、上期发生额等信息。

▶ 17. 营业外收入

企业应当披露营业外收入的构成及本期、上期发生额等信息。

▶ 18. 营业外支出

企业应当披露营业外支出的构成及本期、上期发生额等信息。

▶ 19. 所得税

企业应当披露下列信息：

(1) 所得税费用(收益)的主要组成部分。

(2) 所得税费用(收益)与会计利润关系的说明。

▶ 20. 政府补助

企业应当披露下列信息：

(1) 政府补助的种类及金额。

(2) 计入当期损益的政府补助金额。

(3) 本期返还的政府补助金额及原因。

▶ 21. 借款费用

企业应当披露下列信息：

(1) 当期资本化的借款费用金额。

(2) 当期用于计算确定借款费用资本化金额的资本化率。

(七) 其他需要说明的重要事项

其他需要说明的重要事项主要包括或有事项、资产负债表日后非调整事项、关联方关系及其交易等。

第七节　财务会计报表的报送、汇总和审批

一、财务会计报告的报送

企业应向哪些单位报送会计报表，这与各单位的隶属关系、经济管理和经济监督的需

要有关。国有企业一般要向上级主管部门、开户银行、财政、税务和审计机关报送会计报表。同时应向投资者、债权人以及其他与企业有关的报表使用者提供会计报表。股份有限公司还应向证券交易和证券监督管理机构提供会计报表。根据法律和国家的有关规定，对会计报表必须进行审计的单位应先委托会计师事务所进行审计，并将注册会计师出具的审计报告，随同财务会计报告按照规定期限报送有关部门。

公开发行证券的公司季报应于1个月内报出，半年报应于2个月内报出，1年报应于4个月内报出。

二、财务会计报告的汇总

国有企业会计报表报送上级主管部门后，上级主管部门要将所属单位上报的会计报表合并，编制汇总会计报表。汇总会计报表是上级根据所属单位上报的会计报表汇总编制，用来总括反映所属单位财务状况和经营成果的书面文件。在汇编会计报表时，必须先审核后汇总。汇总会计报表的格式和基层单位会计报表的格式基本相同。编制方法是根据所属单位的会计报表和汇编单位本身的会计报表，经过合并、分析计算、汇总而填列的。

各级企业主管部门编好汇总会计报表后，应按规定的期限逐级上报，并及时报送同级财政、计划、税务等国家综合部门，以便及时提供国家宏观管理所需的会计信息。

三、财务报告的审批

企业的会计报表必须由企业领导、总会计师、会计主管人员和制表人员签名盖章后才能报出。单位负责人对会计报表的合法性、真实性负法律责任。

练习题

一、思考题

1. 什么是财务会计报告？有什么作用？
2. 财务报表有哪些种类？简述编制财务报表的基本要求。
3. 什么是资产负债表？简述编制资产负债表的编制方法。
4. 什么是利润表？简要说明利润表计算步骤。
5. 什么是现金流量表？现金等价物包括哪些内容？
6. 财务报告应如何报送和审核？

二、单项选择题

1. 下列各项中，（　　）将会计报表分为内部报表和外部报表。

A. 按会计报表的服务对象　　　　B. 按会计报表的编制时间

C. 按会计报表的编制期间　　　　D. 按会计报表的编制单位

2. 下列各项中，不属于企业财务会计报告组成部分的是（　　）。

A. 旬报　　　　B. 月报　　　　C. 半年报　　　　D. 季报

3. 为使企业会计报表能够如实地反映企业的财务状况、经营成果和现金流动情况，会计报表各项目的数据必须（　　）。

A. 真实可靠　　　　　　　　B. 相关可比

C. 编制及时　　　　　　　　D. 便于理解

4. 下列各项中，符合资产负债表内有关资产项目排列顺序的是（　　　）。

A. 流动资产、固定资产、长期股权投资、无形资产、递延所得税资产

B. 流动资产、长期股权投资、固定资产、递延所得税资产、无形资产

C. 流动资产、长期股权投资、固定资产、无形资产、递延所得税资产

D. 流动资产、长期股权投资、递延所得税资产、固定资产、无形资产

5. 下列资产负债表所有者权益项目中，排列在最后面的项目是（　　　）。

A. 未分配利润　　　　B. 实收资本　　　　C. 盈余公积　　　　D. 资本公积

6. 某企业期末"固定资产"账户借方余额为 200 万元，"累计折旧"账户贷方余额为 80 万元，"固定资产减值准备"账户贷方余额为 30 万元，"固定资产清理"账户为借方余额 2 万元，则该企业资产负债表中"固定资产"项目的期末数应为（　　　）万元。

A. 92　　　　　　　B. 202　　　　　　　C. 120　　　　　　　D. 90

7. 根据企业会计制度的规定，企业的利润表的格式采用（　　　）。

A. 单步式　　　　　B. 多步式　　　　　C. 报告式　　　　　D. 账户式

8. （　　　）能够反映企业某一特定日期财务状况的报表。

A. 利润表　　　　　　　　　　　B. 现金流量表

C. 所有者权益变动表　　　　　　D. 资产负债表

9. 下列报表中，属于对内会计报表的是（　　　）。

A. 资产负债表　　　　　　　　　B. 产品生产成本表

C. 利润表　　　　　　　　　　　D. 现金流量表

10. 下列会计报表中，属于企业对外提供的静态报表的是（　　　）。

A. 利润表　　　　　　　　　　　B. 资产负债表

C. 所有者权益变动表　　　　　　D. 现金流量表

11. 下列各项中，能分析企业的获利能力及利润的未来发展趋势的报表是（　　　）。

A. 现金流量表　　　B. 利润分配表　　　C. 利润表　　　D. 资产负债表

12. 下列关于资产负债表填列方法的表述中，正确的是（　　　）。

A. 必须对账户发生额和余额进行分析计算才能填列

B. 应根据有关账户的发生额填列

C. 都按有关账户期末余额直接填列

D. 有的项目直接根据账户期末余额填列，有的项目需要根据有关账户期末余额分析填列

13. 资产负债表中所有者权益部分的排列顺序是（　　　）。

A. 实收资本、盈余公积、资本公积、未分配利润

B. 资本公积、实收资本、盈余公积、未分配利润

C. 资本公积、实收资本、未分配利润、盈余公积

D. 实收资本、资本公积、盈余公积、未分配利润

14. 企业在填制资产负债表"预收账款"项目金额时，除了根据"预收账款"账户明细账还应根据（　　　）。

A. 费用明细账　　　　　　　　　B. 原材料明细账

C. 应收账款明细账　　　　　　　D. 收入明细账

15. 下列关于编制利润表的表述中，正确的是（　　）。

A. 损益类各账户的本期发生额

B. 资产、负债及所有者权益各账户的本期发生额

C. 损益类各账户的期末余额

D. 资产、负债及所有者权益各账户的期末余额

16. 下列各项中，不会影响营业利润金额增减的是（　　）。

A. 资产减值损失　　　B. 营业外收入　　　　C. 财务费用　　　　D. 投资收益

三、多项选择题

1. 企业会计报表按反映的经济内容可分为（　　）。

A. 现金流量表　　　　　　　　　　B. 利润表

C. 资产负债表　　　　　　　　　　D. 收入支出汇总表

2. 下列各项中，属于中期财务会计报告的有（　　）。

A. 月报　　　　　　B. 半年报　　　　　C. 年报　　　　　D. 季报

3. 下列各项中，登记在企业资产负债表贷方包括的项目有（　　）。

A. 实收资本　　　　　　　　　　　B. 短期借款

C. 交易性金融资产　　　　　　　　D. 递延所得税负债

4. 利润表可以提供不同时期收入、费用和利润的比较数字，这些比较数字应填入的栏次有（　　）。

A. 上年数　　　　　　B. 本月数　　　　　C. 本期计划数　　　D. 本年累计数

5. 下列关于利润表中"营业成本"项目填列依据的表述中，正确的有（　　）。

A."营业税金及附加"发生额　　　　B."其他业务成本"发生额

C."营业外支出"发生额　　　　　　D."主营业务成本"发生额

6. 资产负债表编制的资料来源包括（　　）。

A. 备查登记簿　　　　　　　　　　B. 上年度资产负债表

C. 总账　　　　　　　　　　　　　D. 明细账

7. 下列各项中，不属于我国企业资产负债表编制格式的有（　　）。

A. 单步式　　　　　　B. 多步式　　　　　C. 报告式　　　　　D. 账户式

8. 财务会计报告的内容包括（　　）。

A. 会计报表主表　　　　　　　　　B. 会计报表附注

C. 附表　　　　　　　　　　　　　D. 财务情况说明书

9. 编制资产负债表时，登记在流动负债下的项目有（　　）。

A. 应付账款　　　　　　　　　　　B. 其他应交款

C. 应付债券　　　　　　　　　　　D. 一年类到期的长期负债

10. 下列各项中，属于财务会计报告使用者的有（　　）。

A. 债权人　　　　　　　　　　　　B. 政府及相关机构

C. 投资者　　　　　　　　　　　　D. 单位管理人员

11. 企业编制财务会计报告，应当严格遵循企业会计准则规定的有（　　）。

A. 编制依据　　　　　　　　　　　B. 编制基础

C. 编制方法　　　　　　　　　　　D. 编制原则

12. 会计报表按其填制单位不同分类，下列各项中，符合该分类标准的有（　　　）。

A. 对内会计报表　　　　　　　　B. 合并会计报表

C. 个别会计报表　　　　　　　　D. 对外会计报表

13. 会计报表按其报送对象进行分类，下列选项中，符合该分类标准的有（　　　）。

A. 对内会计报表　　　　　　　　B. 合并会计报表

C. 对外会计报表　　　　　　　　D. 个别会计报表

14. 下列关于资产负债表的表述中，正确的有（　　　）。

A. 是动态报表　　　　　　　　　B. 是反映经营成果的报表

C. 是主要会计报表　　　　　　　D. 是反映财务状况的报表

15. 下列项目中，登记在资产负债表借方的科目有（　　　）。

A. 无形资产　　　　B. 固定资产　　　　C. 流动资产　　　　D. 非流动资产

16. 下列各项中，属于资产负债表中"存货"项目反映内容的有（　　　）。

A. 材料成本差异　　　B. 库存商品　　　C. 发出商品　　　D. 委托加工物资

17. 下列关于资产负债表中"应收账款"项目填列依据的表述中，正确的有（　　　）。

A."应付账款"科目所属明细科目的贷方余额之和减去"坏账准备"账户中有关应收账款计提的坏账准备期末余额

B."应收账款"科目所属明细科目的借方余额之和减去"坏账准备"账户中有关应收账款计提的坏账准备期末余额

C."应收账款"科目所属明细科目的贷方余额之和减去"坏账准备"账户中有关应收账款计提的坏账准备期末余额

D."预收账款"科目所属明细科目的借方余额之和减去"坏账准备"账户中有关应收账款计提的坏账准备期末余额

四、综合业务题

1. 某企业 2017 年 12 月底各账户期末余额见表 9-9。

表 9-9　各账户期末余额表

2017 年 12 月 31 日　　　　　　　　　　　　　单位：元

账户名称	借方余额	账户名称	贷方余额
库存现金	1 350	短期借款	30 000
银行存款	75 700	应付账款	14 050
应收账款	6 000	其他应付款	6 300
其他应收款	1 750	应付职工薪酬	6 000
原材料	340 800	应交税金	19 100
生产成本	45 000	利润分配	264 550
库存商品	50 400	实收资本	600 000
固定资产	628 500	盈余公积	59 000
累计折旧			150 500
合计	1 149 500	合计	1 149 500

另外，本年有关损益类账户累计余额见表 9-10。

表 9-10　本年损益类账户累计余额表　　　　　单位：元

账 户 名 称	借方累计发生净额	贷方累计发生净额
主营业务收入		1 544 900
其他业务收入		550 000
营业外收入		8 000
投资收益	50 000	
主营业务成本	944 000	
其他业务成本	310 000	
税金及附加	64 000	
销售费用	14 600	
管理费用	20 800	
财务费用	5 800	
营业外支出	5 000	

要求：根据上述资料编制某企业 2017 年 12 月资产负债表和利润表。

附　录　A

业务一：

A1-1

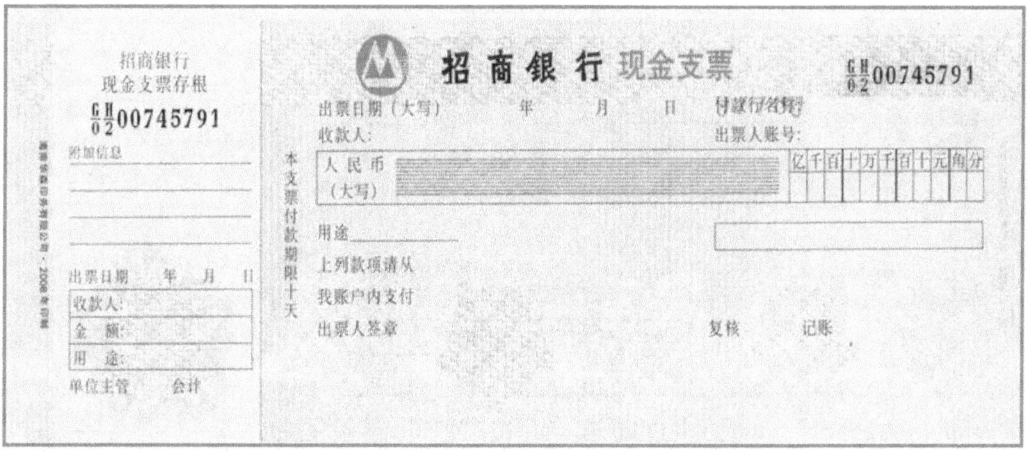

招商银行
现金支票存根
GH 02 00745791
附加信息
出票日期　年　月　日
收款人：
金　额：
用　途：
单位主管　会计

招商银行 现金支票　GH 02 00745791
出票日期（大写）　年　月　日　付款行名称：
收款人：　出票人账号：
本支票付款期限十天
人民币（大写）

亿	千	百	十	万	千	百	十	元	角	分

用途
上列款项请从
我账户内支付
出票人签章　复核　记账

业务二：

A2-1

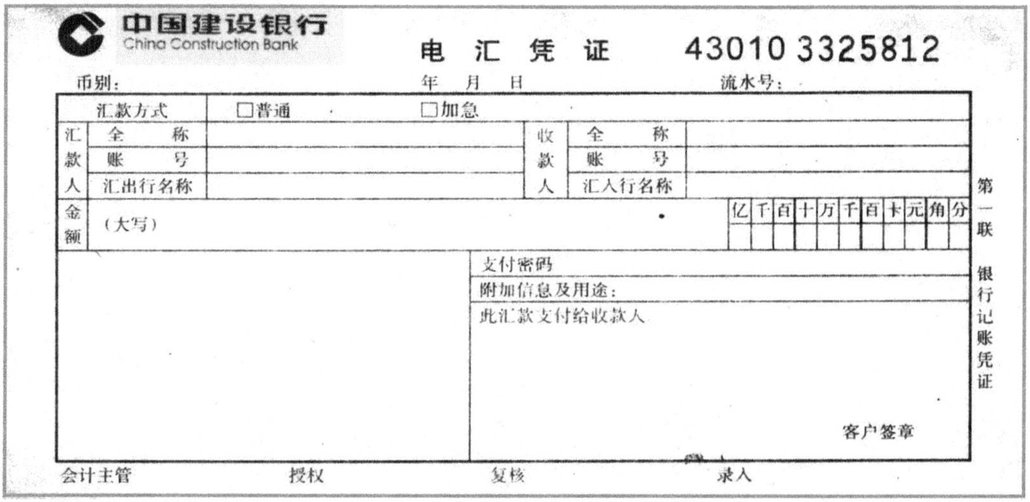

中国建设银行
China Construction Bank
电　汇　凭　证　43010 3325812
币别：　年　月　日　流水号：

汇款方式		□普通	□加急		
汇款人	全　称		收款人	全　称	
	账　号			账　号	
	汇出行名称			汇入行名称	
金额	（大写）			亿 千 百 十 万 千 百 十 元 角 分	

支付密码
附加信息及用途：
此汇款支付给收款人
客户签章

第一联 银行记账凭证

会计主管　授权　复核　录入

A2-2

中国建设银行 China Construction Bank	电　汇　凭　证	43010 3325812

币别：　　　　　　　　　年　月　日　　　　　　　流水号：

汇款方式	□普通	□加急

汇款人	全　称		收款人	全　称	
	账　号			账　号	
	汇出行名称			汇入行名称	

金额	（大写）	亿 千 百 十 万 千 百 十 元 角 分

支付密码

附加信息及用途：

客户签章

第二联　客户回单

会计主管	授权	复核	录入

A2-3

H公司填开增值税专用发票一式三联（A2-3、A2-4、A2-5）。

4300154130	湖南增值税专用发票	№ 01902141

此联不作报销、扣税凭证使用　　　　　开票日期：

税总函〔2015〕341号湖南华泰实业公司

购买方	名　称：		密码区	
	纳税人识别号：			
	地　址、电　话：			
	开户行及账号：			

货物或应税劳务、服务名称	规格型号	单位	数量	单价	金额	税率	税额
合　　计							

价税合计（大写）		（小写）

销售方	名　称：		备注	
	纳税人识别号：			
	地　址、电　话：			
	开户行及账号：			

第一联记账联　销售方记账凭证

收款人：　　　　复核：　　　　开票人：　　　　销售方：（章）

A2-4

	湖南增值税专用发票	
4300154130		№ 01902141
		开票日期：

<table>
<tr><td rowspan="2">购买方</td><td>名　称：</td><td rowspan="4">密码区</td><td rowspan="4"></td></tr>
<tr><td>纳税人识别号：</td></tr>
<tr><td>地址、电话：</td></tr>
<tr><td>开户行及账号：</td></tr>
</table>

货物或应税劳务、服务名称	规格型号	单位	数量	单价	金额	税率	税额
合　　　计							
价税合计（大写）				（小写）			

<table>
<tr><td rowspan="2">销售方</td><td>名　称：</td><td rowspan="4">备注</td></tr>
<tr><td>纳税人识别号：</td></tr>
<tr><td>地址、电话：</td></tr>
<tr><td>开户行及账号：</td></tr>
</table>

收款人：	复核：	开票人：	销售方：（章）

税总函 〔2015〕341号湖南华泰实业公司

第二联：抵扣联　购买方扣税凭证

A2-5

	湖南增值税专用发票	
4300154130		№ 01902141
		开票日期：

<table>
<tr><td rowspan="2">购买方</td><td>名　称：</td><td rowspan="4">密码区</td><td rowspan="4"></td></tr>
<tr><td>纳税人识别号：</td></tr>
<tr><td>地址、电话：</td></tr>
<tr><td>开户行及账号：</td></tr>
</table>

货物或应税劳务、服务名称	规格型号	单位	数量	单价	金额	税率	税额
合　　　计							
价税合计（大写）				（小写）			

<table>
<tr><td rowspan="2">销售方</td><td>名　称：</td><td rowspan="4">备注</td></tr>
<tr><td>纳税人识别号：</td></tr>
<tr><td>地址、电话：</td></tr>
<tr><td>开户行及账号：</td></tr>
</table>

收款人：	复核：	开票人：	销售方：（章）

税总函 〔2015〕341号湖南华泰实业公司

第三联：发票联　购买方记账凭证

运输公司填开运输费发票一式两联（A2-6、A2-7）。

A2-6

湖南增值税普通发票

4300154320　　No 05566439

开票日期：

购买方	名　　称： 纳税人识别号： 地　址、电话： 开户行及账号：					密码区		
货物或应税劳务、服务名称	规格型号	单位	数量	单价	金额	税率	税额
合　　计							
价税合计（大写）				（小写）			
销售方	名　　称： 纳税人识别号： 地　址、电话： 开户行及账号：					备注		

收款人：　　　　　复核：　　　　　开票人：　　　　　销售方：（章）

第一联：记账联 销售方记账凭证

税总函〔2015〕529 号广州东港安全印制有限公司

A2-7

湖南增值税普通发票

4300154320　　No 05566439

开票日期：

购买方	名　　称： 纳税人识别号： 地　址、电话： 开户行及账号：					密码区		
货物或应税劳务、服务名称	规格型号	单位	数量	单价	金额	税率	税额
合　　计							
价税合计（大写）				（小写）			
销售方	名　　称： 纳税人识别号： 地　址、电话： 开户行及账号：					备注		

收款人：　　　　　复核：　　　　　开票人：　　　　　销售方：（章）

第二联：发票联 购买方记账凭证

税总函〔2015〕529 号广州东港安全印制有限公司

业务三：
A3-1

材料入库单

入库部门：   年 月 日

材 料 名 称	规 格 型 号	单 位	入 库 数 量	金 额	备 注

会计主管：   会计：   制单：

业务四：
A4-1

领 料 单

领料部门：   年 月 日

材 料 名 称	规 格 型 号	单 位	发 出 数 量	金 额	备 注

会计主管：   会计：   制单：

业务五：
A5-1

出差旅费报销单

报销日期：   年 月 日

部门		出差人		出差事由	

出发			到达			交通工具	单据张数	车船费用	途中补贴				住勤费				其他费用	
月	日	时	地点	月	日	时	地点				早	中	晚	夜间	金额	早	中	晚	金额	项目	金额

合计

报销总额：人民币（大写）   （小写）¥   预支旅费 日期 金额 补领： 归还：

主管：   审核：   报销人：

业务六：

A6-1

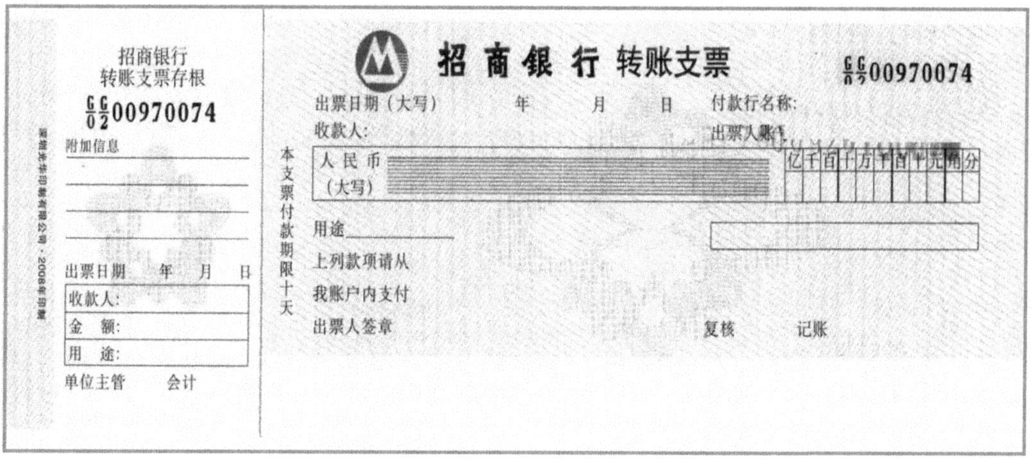

招商银行
转账支票存根
GG 02 00970074
附加信息
出票日期 年 月 日
收款人：
金 额：
用 途：
单位主管 会计

招商银行 转账支票 GG 02 00970074
出票日期（大写） 年 月 日 付款行名称：
收款人： 出票人账号：
本支票付款期限十天
人民币（大写） 亿 千 百 十 万 千 百 十 元 角 分
用途
上列款项请从
我账户内支付
出票人签章 复核 记账

A6-2

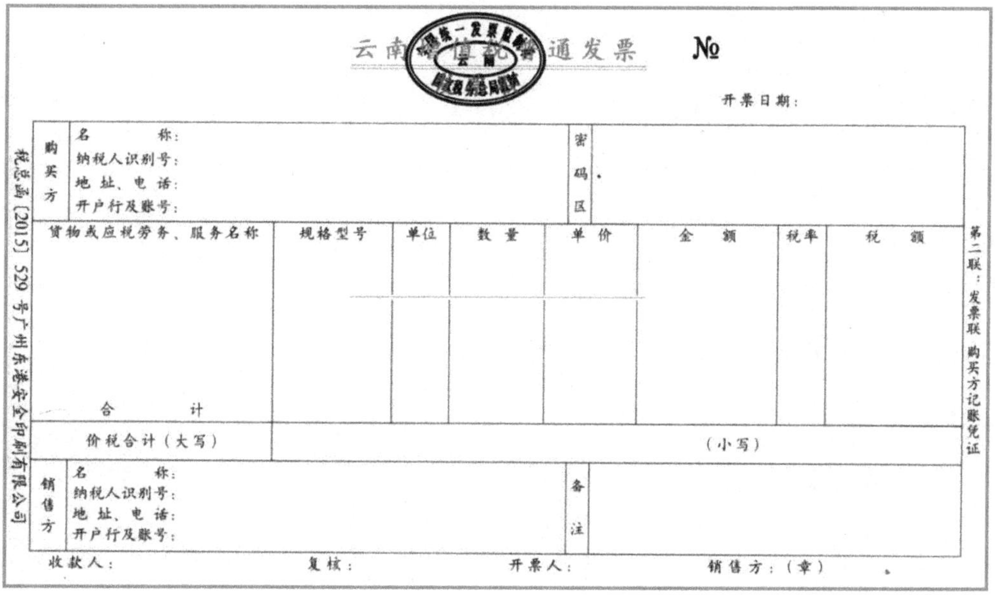

云南增值税普通发票 №
开票日期：

购买方	名称： 纳税人识别号： 地址、电话： 开户行及账号：	密码区					
货物或应税劳务、服务名称	规格型号	单位	数量	单价	金额	税率	税额
合计							
价税合计（大写）					（小写）		
销售方	名称： 纳税人识别号： 地址、电话： 开户行及账号：	备注					

收款人： 复核： 开票人： 销售方：（章）

税总函〔2015〕529号广州东港安全印刷有限公司

第二联：发票联 购买方记账凭证

业务七：

A7-1

				年 月 日			银行 **进账单**（送票回执） **1**		

（表格：出票人 全称/账号/开户银行；人民币 亿千百十万千百十元角分；收款人 全称/账号/开户银行；款项来源）

银行 **进账单**（送票回执） **1**

出票人：全称 / 账号 / 开户银行
收款人：全称 / 账号 / 开户银行
金额 人民币（大写） 亿千百十万千百十元角分
票据种类 票据张数
票据号码
备注：

（银行盖章）

注意：本回执不作进账证明，不作提货依据，仅供查询用

A7-2

银行 **进账单**
（回单或收账通知） **3**
年 月 日

出票人：全称 / 账号 / 开户银行
人民币 亿千百十万千百十元角分
收款人：全称 / 账号 / 开户银行
款项来源
NO 08096153

银行 **进账单**（贷方凭证）**2** NO 08096153
年 月 日

出票人：全称 / 账号 / 开户银行
收款人：全称 / 账号 / 开户银行
金额 人民币（大写） 亿千百十万千百十元角分
票据种类 票据张数
票据号码
备注：
复核 记账

A7-3

中国工商银行
转账支票存根 （浙）
B M 02 2860277
附加信息

出票日期 年 月 日
收款人：
金额：
用途：
单位主管 会计

中国工商银行 **转账支票**（浙）
B M 02 2860277
出票日期（大写） 年 月 日 付款行名称：
收款人：
出票人账号：
人民币（大写） 亿千百十万千百十元角分
用途
上列款项请从
我账户内支付
出票人签章
（使用清分机的，此区域供打印磁性字码）
复核 记账

A7-4

A7-5

A7-6

<table>
<tr>
<td colspan="2" rowspan="2"></td>
<td colspan="5" align="center">云南增值税普通发票　№</td>
</tr>
</table>

	名　　　称：				密	
购买方	纳税人识别号：				码	
	地址、电话：				区	
	开户行及账号：					

开票日期：

货物或应税劳务、服务名称	规格型号	单位	数量	单价	金　额	税率	税　额
合　　　计							

价税合计（大写）	（小写）

	名　　　称：				备	
销售方	纳税人识别号：				注	
	地址、电话：					
	开户行及账号：					

收款人：　　　　复核：　　　　开票人：　　　　销售方：（章）

税总函〔2015〕341号海南华森实业公司

第三联：发票联　购买方记账凭证

业务八：

A8-1

发出商品成本计算表

年　月　日　　　　　　　　　　　　单位：元

商品名称	发出日期	数　量	单　价	合　计

会计主管：　　　　　　　　会计：　　　　　　　　制单：

业务九：
A9-1

工资计算表

年 月 日   单位：元

项目名称	工资总额	职工福利费	工会经费	职工教育经费	合计
生产成本 ——A产品					
生产成本 ——B产品					
制造费用					
管理费用					
合计					

会计主管：   会计：   制单：

业务十：
A10-1

固定资产折旧计算表

年 月 日

固定资产名称	规格型号	使用年限	原价	已提折旧	本月应提折旧额	备注
合计						

审批人：   会计：   制表：

业务十一：
A11-1

制造费用分配表

年 月 日   单位：元

产品名称	分配标准	分配率	应分配费用

会计主管：   会计：   制单：

业务十二：
A12-1

完工产品成本计算表

产品名称：　　　　　　　　　　　　　年　月　日　　　　　　　　　　　单位：元

项　　目	直接材料	直接人工	制造费用	合　　计
期初在产品成本				
本月生产费用				
本月生产费用小计				

会计主管：　　　　　　　　　会计：　　　　　　　　　制单：

A12-2

完工产品入库单

保管部门：　　　　　　　　　　　　　年　月　日

品　　名	规格型号	单　　位	数　　量	单　价	金　　额

会计主管：　　　　　　会计：　　　　　　保管员：　　　　　制单：

业务十三：
A13-1

坏账准备计算表

年　月　日　　　　　　　　　　　单位：元

应收账款年末余额	计提坏账准备比例	坏账准备年末应有余额	坏账准备调整前余额	应补提坏账准备金额

会计主管：　　　　　　　　　会计：　　　　　　　　　制单：

业务十四：
A14-1

利息费用计算表

年　月　日　　　　　　　　　　　单位：元

借款金额	借款利率	本月应计提利息费用	备　　注

会计主管：　　　　　　　　　会计：　　　　　　　　　制单：

业务十五：

A15-1

<h3 style="text-align:center">损益类科目发生额汇总表</h3>

年　月　日

单位：元

科目名称		发　生　额	
代码	名称	借方	贷方

会计：　　　　　　　　　　　　　　　　制表：

参 考 文 献

[1] 李海波，蒋瑛. 会计学原理：基础会计(17 版)[M]. 上海：立信会计出版社，2017.

[2] 朱小平，徐泓. 初级会计学[M]. 北京：中国人民大学出版社，2015.

[3] 潘爱玲. 基础会计学 [M]. 北京：机械工业出版社，2014.

[4] 郭道扬，中国会计史稿 [M]. 北京：中国财经经济出版社，1988.

[5] 刘峰，潘琰，林斌. 会计学基础，三版 [M]. 北京：高等教育出版社，2013.

[6] 财政部. 中国企业会计准则及应用指南，2017.

[7] 国际准则委员会. 国际会计准则(中文版).

[8] 巨潮资讯网.

[9] 和讯网.

教师服务

感谢您选用清华大学出版社的教材！为了更好地服务教学，我们为授课教师提供本书的教学辅助资源，以及本学科重点教材信息。请您扫码获取。

≫ 教辅获取

本书教辅资源，授课教师扫码获取

≫ 样书赠送

会计学类重点教材，教师扫码获取样书

清华大学出版社

E-mail: tupfuwu@163.com
电话：010-83470332 / 83470142
地址：北京市海淀区双清路学研大厦 B 座 509

网址：http://www.tup.com.cn/
传真：8610-83470107
邮编：100084